中国特色高水平高职学校建设系列成果
浙江省优势专业（金融管理）建设成果
浙江省特色专业（农村金融）建设成果
高职高专金融类"十三五"规划系列教材
新形态教材

小额信贷实务
（第二版）
（工作手册式）

XIAOE XINDAI SHIWU

主编　凌海波　邱俊如

中国金融出版社

责任编辑：王　君
责任校对：潘　洁
责任印制：陈晓川

图书在版编目（CIP）数据

小额信贷实务/凌海波，邱俊如主编．—2 版．—北京：中国金融出版社，2020.11
ISBN 978 - 7 - 5220 - 0692 - 5
（高职高专金融类"十三五"规划系列教材）

Ⅰ.①小…　Ⅱ.①凌…②邱…　Ⅲ.①信贷实务—高等学校—教材　Ⅳ.①F830.5

中国版本图书馆 CIP 数据核字（2020）第 140702 号

小额信贷实务（第二版）
XIAO'E XINDAI SHIWU（DI-ER BAN）

出版
发行　中国金融出版社
社址　北京市丰台区益泽路 2 号
市场开发部　（010）66024766，63805472，63439533（传真）
网上书店　www.cfph.cn
　　　　　（010）66024766，63372837（传真）
读者服务部　（010）66070833，62568380
邮编　100071
经销　新华书店
印刷　保利达印务有限公司
尺寸　185 毫米×260 毫米
印张　13.75
字数　307 千
版次　2012 年 3 月第 1 版　2020 年 11 月第 2 版
印次　2022 年 7 月第 2 次印刷
定价　39.00 元
ISBN 978 - 7 - 5220 - 0692 - 5
如出现印装错误本社负责调换　联系电话（010）63263947

前　言

　　贷款仍然是各类经济主体的主要融资方式，数量庞大的农户（居民户）、个体户和小微企业等普惠金融重点客户对贷款具有广泛的需求。"支小""支农"的小额信贷业务是国内 4000 多家银行特别是中小银行和以 7000 多家小额贷款公司为代表的各类非银行类贷款机构的重要贷款业务，需要大量具有专业理论知识和业务处理能力的小额信贷从业人员。开展小额信贷课程教学或自主学习都需要一本理论与实务相结合的优质教材。

　　通过对本教材的学习，读者可以掌握贷款和小额信贷的相关基本知识，熟悉小额贷款业务流程操作规范，理解和应用小额贷款评估分析技术，具体掌握农户贷款、个体户贷款和小微企业贷款的客户特征、产品要素和业务处理，了解小额信贷的岗位工作规范和绩效评价等。本教材既可作为高等职业学校和应用型本科学校相关专业课程的配套教材，也可用于从事小额信贷岗位的新员工和业务人员作为工作手册开展自学。

　　本教材采用项目教材编写模式，每个项目都明确提出知识目标和能力目标，每个项目由若干个具有内在联系、相互独立的内容模块组成，每个内容模块下设若干个活动，每个项目的知识目标和能力目标通过具体的活动来实现；内容模块由来自行业企业的案例导入，根据模块内容增加相关延伸阅读，拓宽知识面，增加信息量，每个项目配备课后习题；具体活动内容的编写，强调理论知识精要、实务操作具体、紧密联系行业企业实际。

　　本教材共分为七个项目：项目一小额信贷概述，主要包括贷款和小额信贷的相关概念内涵、小额信贷模式分类、小额信贷发展历程三个模块；项目二小额信贷业务规范，主要包括小额贷款业务操作流程、小额信贷产品开发与营销、小额信贷客户经理岗位要求三个模块；项目三小额信贷技术，主要包括小额信贷技术概述、交叉检验与逻辑检验、财务与非财务分析三个模块；项目四农户贷款实务，主要包括农户贷款概述、农户贷款模式与产品、农户贷款流程操作三个模块；项目五个体户贷款实务，主要包括个体户贷款概述、个体户贷款产品与方案、个体户贷款流程操作三个模块；项目六小微企业贷款实务，主要包括小微企业贷款概述、小微企业贷款产品与服务创新、小微企业贷款流程操作三个模块；项目七小额信贷绩效评价，主要包括财务绩效评价、社会绩效评价两个模块。具体的项目、模块和活动设计见教材目录。

从小额信贷岗位工作需要的知识和能力出发，基于有利于教学活动开展的需要，本教材进一步优化了教材内容及其编排结构，相对于第一版教材增加了项目三小额信贷技术，删减了原教材的项目六小额信贷风险管理和项目八小额信贷业务拓展，其中小额信贷业务拓展的相关内容调整为本教材项目二的一个模块内容，小额信贷风险管理涉及的贷款风险知识以延伸阅读的形式具体融入到各类贷款操作流程模块。

本教材由凌海波、邱俊如共同编写，俞滨和周冲冲分别参与了项目四农户贷款实务和项目五个体户贷款实务的编写工作，由凌海波完成教材全部内容的修改和总撰工作；天台农商银行、义乌联合村镇银行、杭州联合银行、台州银行等为本教材的编写提供了实地调研、框架建议、资料素材等方面的帮助；中国金融出版社编辑王效端、王君女士为本教材的出版做了大量的工作；本书得到了浙江省"十三五"特色专业（农村金融）、优势专业（金融管理）建设项目以及浙江金融职业学院的支持；本书编写过程中参考了大量的相关教材、论著和网络资料，吸收了其中的一些研究成果；在此一并表示诚挚的感谢！

我国提供小额信贷服务的机构众多，业务产品及具体操作处理方式不尽相同，经营环境不断变化，小额信贷业务也在不断创新。囿于编者的专业功底与知识水平，本书难免存在不妥之处，还望广大读者和各位专家批评指正！

编　者

2020 年 8 月于杭州

目　录

页码	内容
1	项目一　小额信贷概述
1	模块一　相关概念内涵
1	活动1　理解贷款、信贷、授信的概念
2	活动2　掌握贷款的常用分类
4	活动3　理解小额信贷、微型金融与普惠金融
8	模块二　小额信贷模式分类
9	活动1　比较福利主义型与制度主义型
10	活动2　理解村银行模式、小组贷款模式、个人贷款模式
12	活动3　了解各类组织机构操作的小额信贷
12	模块三　小额信贷发展历程
12	活动1　了解国际小额信贷发展历程
14	活动2　了解小额信贷发展的三个阶段
15	活动3　了解国内小额信贷发展历程
17	活动4　了解我国小额信贷行业发展成绩
18	【课后习题】
20	项目二　小额信贷业务规范
20	模块一　小额贷款业务操作流程
23	活动1　贷款申请与受理
26	活动2　贷前调查
31	活动3　审查与审批
33	活动4　签订合同与发放贷款
34	活动5　贷后管理
39	模块二　小额信贷产品开发与营销
40	活动1　理解贷款产品及其构成要素
45	活动2　开发小额信贷产品
48	活动3　营销小额信贷产品
51	模块三　小额信贷客户经理岗位要求
52	活动1　了解信贷客户经理岗位职责

54		活动2　遵守信贷客户经理从业准则
56		【课后习题】
58	**项目三　小额信贷技术**	
58	模块一	小额信贷技术概述
59		活动1　理解信贷技术的内涵
61		活动2　掌握典型小额信贷技术
69	模块二	交叉检验与逻辑检验
69		活动1　理解概念内涵
70		活动2　搜集财务信息与非财务信息
71		活动3　掌握交叉检验的主要线索
73		活动4　掌握营业额、利润及权益检验
76	模块三	财务与非财务分析
76		活动1　掌握客户财务分析
87		活动2　掌握客户非财务分析
93		【课后习题】
95	**项目四　农户贷款实务**	
95	模块一	农户贷款概述
96		活动1　了解农户与农户贷款
97		活动2　理解农户贷款特征与要素
100	模块二	农户贷款模式与产品
101		活动1　理解支农贷款创新模式
103		活动2　了解农户贷款产品
108	模块三	农户贷款流程操作
109		活动1　了解流程操作的基本要求
109		活动2　贷款申请与受理
112		活动3　贷前调查与信用评级
120		活动4　审查审批与放贷
123		活动5　贷后管理与贷款回收
125		【课后习题】
127	**项目五　个体户贷款实务**	
127	模块一	个体户贷款概述
128		活动1　了解我国的个体工商户
131		活动2　理解个体户贷款
133	模块二	个体户贷款产品与方案

133	活动1	了解个体户贷款产品
135	活动2	分析个体户贷款方案
136	模块三	个体户贷款流程操作
137	活动1	贷款申请与受理
140	活动2	贷前调查与信用评级
147	活动3	审查审批与放贷
150	活动4	贷后管理与贷款回收
151	【课后习题】	
154	**项目六　小微企业贷款实务**	
154	模块一	小微企业贷款概述
155	活动1	了解我国的小微企业
160	活动2	了解小微企业贷款
163	模块二	小微企业贷款产品与服务创新
164	活动1	了解小微企业贷款产品
167	活动2	创新小微企业贷款产品服务
168	模块三	小微企业贷款流程操作
169	活动1	贷款申请与受理
171	活动2	贷款调查与信用评级
182	活动3	审查审批与放贷
184	活动4	贷后管理与贷款回收
187	【课后习题】	
189	**项目七　小额信贷绩效评价**	
189	模块一	财务绩效评价
191	活动1	理解财务绩效评价指标
194	活动2	了解财务可持续性评价
196	模块二	社会绩效评价
197	活动1	了解社会责任与社会绩效
198	活动2	理解企业社会绩效与财务绩效的关系
199	活动3	了解小额信贷机构的社会绩效管理
206	【课后习题】	
207	**参考文献**	

项目一

小额信贷概述

XIAOE XINDAI GAISHU

【知识目标】

了解贷款、信贷、授信三个概念及其区别联系；掌握贷款的分类；理解小额信贷、微型金融、普惠金融的概念内涵及其联系与区别；掌握小额信贷的主要分类和发展小额信贷应坚持的基本原则；了解国际、国内小额信贷发展的历程，以及各阶段的主要特点；了解我国小额信贷行业发展的主要成绩。

【能力目标】

能够分析小额信贷到微型金融再到普惠金融的发展脉络，深入理解和科学评价小额信贷行业发展的目标定位和任务使命，能够分析不同模式类型小额信贷的主要特点，陈述我国小额信贷行业的发展。

模块一　相关概念内涵

活动1　理解贷款、信贷、授信的概念

一、贷款

发放贷款是商业银行最重要的资产业务，但并不是只有银行能够发放贷款，贷款公司、小额贷款公司、农村资金互助社、小额信贷机构等也可以发放贷款。贷款是指商业银行或其他信用机构以一定的利率和按期归还为条件，将货币资金使用权转让给其他资金需求者的信用活动。我国1996年8月1日施行的《贷款通则》中所称贷款是指贷款

人对借款人提供的并按约定的利率和期限还本付息的货币资金。贷款人是指中国境内依法设立的经营贷款业务的中资机构等。借款人是指从经营贷款业务的机构取得贷款的法人、其他经济组织、个体工商户、自然人等。

二、信贷

信贷是指一切以实现承诺为条件的价值运动形式，是债权人贷出货币，债务人按期偿还并支付一定利息的信用活动。

广义的银行信贷是银行筹集债务资金、借出资金或提供信用支持的经济活动。狭义的银行信贷是银行借出资金或提供信用支持的经济活动，主要包括贷款、担保、承兑、信用证、减免交易保证金、信贷承诺等。

三、授信

授信是指银行向客户直接提供资金支持，或对客户在经济活动中的信用向第三方作出保证的行为。授信按期限分为短期授信和中长期授信，短期授信指一年以内（含一年）的授信，中长期授信指一年以上的授信。表内授信形式包括贷款、项目融资、贸易融资、贴现、透支、保理、拆借和回购等，表外授信形式包括贷款承诺、保证、信用证、票据承兑等。"表"是指资产负债表，凡涉及"出借货币资金使用权"的均反映在表内，不涉及实际资金占用的就不记入资产负债表，即反映在表外。银行一般先根据客户的信用状况，对客户进行综合授信，然后客户在授信额度内进行贷款等信贷活动。

可见，贷款是信贷的一种主要形式，贷款也是授信使用的一种主要形式。

活动2　掌握贷款的常用分类

一、根据经营模式，分为自营贷款、委托贷款、特定贷款、银团贷款

自营贷款是指贷款人以合法方式筹集的资金自主发放的贷款，其风险由贷款人承担，并由贷款人收回本金和利息。

委托贷款是指由政府部门、企事业单位及个人等委托人提供资金，由贷款人（即受托人）根据委托人确定的贷款对象、用途、金额期限、利率等代为发放、监督使用并协助收回的贷款。贷款人（受托人）只收取手续费，不承担贷款风险。

特定贷款是指国务院批准并对贷款可能造成的损失采取相应补救措施后责成银行发放的贷款。

银团贷款是指由两家或两家以上银行基于相同贷款条件，依据同一贷款合同，按约定时间和比例，通过代理行向借款人提供的本外币贷款或授信业务。

二、根据贷款期限，分为短期贷款、中期贷款、长期贷款

短期贷款通常是指贷款期限在1年以内（含1年）的贷款，中期贷款通常是指1年以上（不含1年）5年以内（含5年）的贷款，长期贷款通常是指贷款期限在5年以上（不含5年）的贷款。

三、根据贷款方式，分为信用贷款、担保贷款

信用贷款是指凭借款人的信誉发放的贷款。根据担保方式的不同，担保贷款通常分为保证贷款、抵押贷款和质押贷款。

保证贷款是指按《中华人民共和国担保法》（以下简称《担保法》）规定的保证方式以第三人承诺在借款人不能偿还贷款时，按约定承担一般保证责任或者连带保证责任而发放的贷款。保证人可以是放贷机构认可的个人、企业，也可以是担保公司、保险公司等。

抵押贷款是指按《担保法》规定的抵押方式以借款人或第三人的财产作为抵押物发放的贷款。

质押贷款是指按《担保法》规定的质押方式以借款人或第三人的动产或权利作为质物发放的贷款。

四、根据贷款风险程度，分为正常贷款、关注贷款、次级贷款、可疑贷款、损失贷款

正常贷款是指借款人能够履行合同，没有足够理由怀疑贷款本息不能按时足额偿还。

关注贷款是指尽管借款人目前有能力偿还贷款本息，但存在一些可能对偿还产生不利影响的因素。

次级贷款是指借款人的还款能力出现明显问题，完全依靠其正常营业收入无法足额偿还贷款本息，即使执行担保，也可能会造成一定损失。

可疑贷款是指借款人无法足额偿还贷款本息，即使执行担保，也肯定要造成较大损失。

损失贷款是指在采取所有可能的措施或一切必要的法律程序之后，本息仍然无法收回，或只能收回极少部分。

根据贷款的风险程度对贷款资产质量进行分类，也称为"五级分类"，实际上是判断借款人及时足额归还贷款本息的可能性，有利于银行及时发现贷款发放后出现的问题，更准确地识别贷款的内在风险，便于及时采取措施，提高信贷资产质量。次级贷款、可疑贷款和损失贷款属于不良贷款。

我国引进贷款"五级分类"管理实际上从 1994 年就已开始。1994 年至 1997 年，在世界银行技术援助项目下，中国人民银行在对部分商业银行的资产质量检查中，试用了"五级分类"方法。1997 年 11 月，全国金融工作会议明确提出，要参照国际惯例，结合我国实际情况，完善现行信贷资产质量分类和考核办法。2001 年 12 月，中国人民银行发布《关于全面推行贷款质量五级分类管理的通知》，要求政策性银行、国有独资商业银行、股份制商业银行和城市商业银行在试点的基础上实施贷款风险分类管理办法。2001 年 12 月 24 日，中国人民银行印发《贷款风险分类指导原则》（银发〔2001〕416 号）。从 2002 年起，在我国各类银行全面施行贷款质量五级分类管理。

五、根据贷款期限管理，分为正常贷款、逾期贷款、呆滞贷款、呆账贷款

这种分类主要是以贷款是否超过合同期限及超过时间长短为依据，其特点是便于统

计、简单易行,其缺陷是对贷款质量的识别滞后,难以及时、全面和真实地衡量贷款的实际风险。也称为"四级分类",后三类为不良贷款,简称"一逾两呆"。逾期贷款是指借款合同到期未能归还的贷款,呆滞贷款是指逾期超过一年期限仍未归还的贷款,呆账贷款则指不能收回的贷款。

此外,还有其他分类,如根据货币种类可分为人民币贷款、外汇贷款,根据客户类型可分为个人贷款、公司贷款等,根据偿还方式可分为利随本清贷款、分期偿还贷款,根据利率可分为固定利率贷款、浮动利率贷款,根据用途可分为固定资产贷款、流动资金贷款、项目融资、并购贷款、住房贷款、消费贷款等。

活动3　理解小额信贷、微型金融与普惠金融

【案例导入】

穷人的经济学家尤努斯:借出一个和平奖

诺贝尔奖委员会宣布,孟加拉国银行家穆罕默德·尤努斯(Muhammad Yunus)及其创办的孟加拉乡村银行(Grameen Bank,也译作格莱珉银行),获得2006年度诺贝尔和平奖。颁奖辞称:"持久的和平,只有在大量人口找到摆脱贫困的方法后才成为可能,尤努斯创设的小额贷款正是这样的一种方法。"

尤努斯和他的乡村银行做了一件了不起的事情:贷款业务向穷人和乞丐开放,不需要任何抵押,有时甚至不用支付利息,就能从他的银行借到钱。

1940年6月28日,尤努斯出生在孟加拉吉大港的一个中产阶级家庭。父亲是当地有名的珠宝商,母亲是一位接受过良好教育的知识女性,对穷人总是怀着一份同情心。在自传《穷人的银行家》一书中,他回忆:"是母亲对家人和穷苦人的关爱感染了我。"

1976年,尤努斯偶然走访了乔布拉村一个叫苏菲亚的农村妇女。单身的苏菲亚还带着三个孩子,以做竹凳为生。每天清晨,她以相当于22美分的价格从中间商手里赊来竹子,傍晚把做好的竹凳卖给中间商,抵偿完竹子的费用后只能赚到2美分。就这样,苏菲亚只能不停地赊竹子再卖竹凳,从而陷入了贫困的恶性循环。

当时,像苏菲亚这样无力提供担保的人根本无法从银行贷到款,因为银行家们认为穷人是没有信用的,他们会赖账不还。这件事深深地触动了尤努斯。他拿出27美元,以小额贷款的形式借给了42个农村女性,她们由此摆脱了中间商的盘剥,获得了销售竹凳的全部利润,很快就把钱还给了尤努斯。事实证明,穷人的信用丝毫不比富人差,尤其是这些以母爱为天职的女性,看似柔弱,但也最有能力自力更生、谋求幸福。

尤努斯把这次探索命名为"格莱珉工程",在孟加拉语中,"格莱珉"是乡村的意思。后来,这项工程像滚雪球一样越做越大,最终得到孟加拉政府的认可,1983年,政府正式批准尤努斯成立格莱珉银行。至此,尤努斯的小额信贷业务走上了规模经营之路。到2006年,格莱珉银行累计放贷高达53亿美元,帮助400万穷人脱贫自立。现在,

这一小额贷款模式已被复制到了100多个国家，不仅包括中国等发展中国家，连美国也开始学习效仿。穆罕默德·尤努斯被誉为"国际小额信贷之父"。

格莱珉银行是世界金融史上第一个属于穷人的草根银行，其贷款对象主要是孟加拉650万穷人，其中贫穷妇女要占到96%，每笔小额贷款以100美元为单位。格莱珉银行鼓励贷款者成为持股者，他们可以购买格莱珉银行的股份，成为一名股东。同时，规定一个人只限购一股，但有权投票选举董事会，也有资格成为董事会成员。这样，贷款者、存款者、持股者三位一体，就形成了贷款者的归属感和责任感。格莱珉银行的贷款者拥有银行76.01%的股权，其他23.99%为政府所拥有，从股份占比可以看出，格莱珉银行是真正意义上的"穷人的银行"。

更让经济学界感到不可思议的是，格莱珉银行竟然向乞丐提供贷款，还不收取利息。在尤努斯看来，与其向乞丐施舍，不如给他们贷款并指导他们做生意，大约有6万多名乞丐参加了这个项目，先从银行贷款，然后用这笔钱买食物，上门推销给妇女和孩子，这样乞丐就变成了自食其力的推销员。

资料来源：选编自穷人的经济学家尤努斯：借出一个和平奖［J］．南方人物周刊，2006．

☞ 请思考：基于材料，格莱珉银行为什么要将穷人作为贷款对象？

一、小额信贷

小额信贷（Microcredit）是指专门向低收入群体、小微企业等弱势群体提供持续的、较小额度贷款服务的金融活动。其基本特征是额度较小、服务于金融弱势群体、无抵押、表格和程序流畅且简单、操作方式接近客户。

小额信贷起源于非政府组织（NGO），以扶贫为宗旨，以创新的金融理念、制度、手段，开展服务于弱势群体的经济社会活动。实践证明，小额信贷是最有效的扶贫武器。小额信贷可以由专门的小额信贷机构或组织（MFI）[①] 提供也可以由商业银行、农村信用社等正规金融机构提供。在一些国家和地区，正规金融机构已成为小额信贷供给的主力军。

世界银行扶贫协商小组（CGAP）将小额信贷的低收入客户群体界定在贫困线左右的人群，具体包括极贫者、贫困者、脆弱的非贫困者或可加上一般收入者，但不包括赤贫者和富裕者。实践中，小额信贷机构或产品的服务对象主要有低收入居民、农业户、个体工商户、小企业主、微型企业主等。

关于小额信贷的额度实际上没有统一的标准，根据国际主流观点，小额信贷的单笔放贷额度应不高于本国或本地区人均GDP或人均GNI的2.5倍。当前我国农户小额信用贷款的额度在经济欠发达地区一般为10万元以内，经济发达地区一般为30万元以内。自2018年起，中国人民银行重点监测统计的普惠型小微企业贷款，即单户授信总额1000万元以下的贷款。

---

① MFI是指专门针对中低收入群体提供小额度信贷服务的商业机构或民间团体。

人们常用的名词小额贷款（Small Loan）主要是指较小额度的贷款，小额信贷较小额贷款具有更丰富的内涵特征，比如特定类型的客户对象。

二、微型金融

微型金融（Microfinance）是指为小额信贷客户群体提供包括信贷、储蓄、保险、支付等的金融服务。与富人一样，贫困和低收入群体也寻求各种金融工具组合，以便灵活地管理其各种脆弱性。他们努力使自己的金融工具组合多样化，以分散风险，避免依赖任何一种工具。1997年美国华盛顿峰会后，微型金融概念被创造出来，逐渐取代小额信贷并被接受和使用，使得为贫困和低收入群体提供金融服务进入了一个新阶段。从概念上说，小额信贷是微型金融的一个组成部分。

如今，传统的微型金融与更广泛意义上的金融体系之间的边界变得越来越模糊。在一些国家，银行和其他商业组织已经进入微型金融行业，建立完全面向贫困人口和弱势群体的金融体系。

三、普惠金融

普惠金融（Financial Inclusion）是一个与金融排斥（Financial Exclusion）相对的概念，普惠金融是解决金融排斥的主要力量。普惠金融的发展经历了从小额信贷到微型金融，再到普惠金融的演化历程。2005年，联合国推广"国际小额信贷年"时将微型金融进一步发展，提出建设普惠金融体系。

在普惠金融领域，两本奠基性的重要报告分别是联合国（UN）于2006年出版的《建设普惠金融体系》（*Building Inclusive Financial Sectors for Development*，俗称《普惠金融蓝皮书》）和CGAP于2006年出版的《众途：建设普惠金融系统》（*Access for All*：*Building Inclusive Financial System*）。国际上对普惠金融只有Inclusive Financial System（普惠金融体系）和Financial Inclusion（金融普惠化或普惠性）两种用词，普惠金融不是金融业务，不是金融机构，不是金融产品，而是一个金融生态系统。普惠金融包括"普"和"惠"两个层面，"普"即广泛包容性，指金融机构能够为社会各个阶层提供金融服务；"惠"即能够以合理的价格为居民、企业提供金融产品，是"惠及"、"覆盖"而不是"优惠"。

普惠金融体系的核心是金融服务的覆盖率，强调的是金融服务的普遍性，体现的是一种平等权利。普惠金融有明确而强烈的扶贫倾向，其核心是消除社会最底端群体的金融排斥现象，如果一个金融体系里还有最底端的群体被排斥在外，即便其他群体的金融服务得到改善，这个金融体系也不是普惠的。同时，需要认识到普惠金融既然是一个体系概念，就不必要求所有机构为穷人服务，而应该建立多层次广覆盖的金融机构体系，让不同类型的机构针对不同的市场分层提供最适当最有效的金融服务。《普惠金融蓝皮书》对普惠金融体系的前景是如此描述的："在健全的政策、法律和监管框架支持下，每一个发展中国家都应有一套相互关联的金融机构，共同为所有阶层的人们提供合适的产品和服务。"

值得注意的是，21世纪初以来，互联网和IT技术进步极大地促进了普惠金融体系的发展。例如，网上银行和手机银行提高了消费者获取金融服务的便携度，降低了获取金融服务的时间成本；以利用互联网技术进行金融运作的非银行金融机构、P2P网络借贷平台以及众筹为代表的互联网金融模式蓬勃发展，它们在降低信息不对称和交易成本方面具有很大优势。

2009年10月，中国银监会正式启动全国金融机构空白乡镇基础金融服务全覆盖工作。到2017年6月底，全国金融机构空白乡镇从启动时的2945个减少到1295个，基础金融服务覆盖率97.29%，力争在2020年底全面消除金融机构空白乡镇，在具备条件的行政村推动实现基础金融服务"村村通"。

2012年，时任国家主席胡锦涛在墨西哥举办的在二十国集团峰会上第一次在公开场合正式使用普惠金融概念。2013年，习近平总书记主持中国共产党十八届三中全会通过的《中共中央关于全面深化改革若干重大问题的决定》首次正式将"发展普惠金融"作为完善金融市场体系的重要内容。此后在中国，普惠金融的理念、理论和实践得以倡导和快速发展。

2015年底，国务院颁布《推进普惠金融发展规划（2016—2020年）》（国发〔2015〕74号），将普惠金融定义为立足机会平等要求和商业可持续原则，以可负担的成本为有金融服务需求的社会各阶层和群体提供适当、有效的金融服务。小微企业、农民、城镇低收入人群、贫困人群、残疾人和老年人等特殊群体是当前我国普惠金融重点服务对象。发展普惠金融的主要目标是提升金融服务的覆盖率、可得性和满意度，也是提升实体经济运行效率的必要前提和基本保证。普惠金融如能切实帮助中国经济实现提质增效，也就能够成为一项适应经济发展新阶段投融资需求的金融发展战略。

2016年，杭州G20峰会通过《数字普惠金融高级原则》，成为数字普惠金融领域首个国际纲领。

2017年，银监会印发《大中型商业银行设立普惠金融事业部实施方案》，鼓励大中型商业银行积极提供普惠金融服务和产品，并成立普惠金融事业部。

2018年"中央一号文件"指出我国的普惠金融重点要放在乡村。

✉ 【延伸阅读1-1】

世界银行扶贫协商小组（CGAP）的小额信贷基本原则

1. 穷人需要多样化的金融服务，不仅是贷款，还包括储蓄、保险和资金结算等；
2. 小额信贷是与贫困斗争的有力工具；
3. 小额信贷意味着要建设为穷人服务的金融体系；
4. 小额信贷能够实现自负盈亏，而且，如果它的目标是服务于非常大规模的穷人，它也必须这样做，也就是说它的服务收费应足以覆盖其运营的一切成本；
5. 小额信贷的目标在于建立持久的地方金融机构；
6. 小额信贷并不是万能的，对于那些没有收入或缺乏还贷手段的赤贫者，其他形式的扶持可能更有效；

7. 利率封顶的限制政策，由于使穷人难以得到贷款而伤害了他们，小额贷款的成本高于大额贷款，利率封顶使小额信贷机构难以覆盖其运营成本，因此不利于对穷人贷款的供给；

8. 政府的职责应是使金融服务有效，而不是自己去提供金融服务，政府自己几乎不可能很好地运作贷款业务，但它能营造良好的政策支持环境；

9. 捐助者的资金与私营资本应是互补而不是竞争的关系，捐助者的补贴应设计为一定时期的支持，尤其是在机构启动时提供支持，以使它顺利发展到能够吸引私人资金的投入；

10. 小额信贷发展的主要瓶颈是缺少强有力的机构和经营管理团队，捐助者的支持应集中在能力培训和提升上；

11. 小额信贷机构不仅需要提供准确和可比较的财务运营报告（如还贷和自负盈亏状况），也需要提供社会发展状况指标（如服务客户的数量和客户的贫困状况）。

资料来源：杜晓山. 小额信贷与普惠金融体系［J］. 中国金融，2010（10）.

请思考：基于材料，谈谈你对做好小额信贷事业的理解。

模块二　小额信贷模式分类

【案例导入】

易县扶贫经济合作社及其信贷运作模式

易县位于河北省中西部，太行山北端东麓，华北平原西北边缘。总面积约2534平方公里，其中山区1414平方公里，占全县面积的55.83%，丘陵929平方公里，占全县面积的36.68%，平原仅有190平方公里，占全县面积的7.49%，属中国政府划分的老、少、穷、旱地区。1988年被河北省定为重点贫困县，1994年被列入国家实施"八一"扶贫攻坚计划重点扶持的国定贫困县，2001年再次被列为省级贫困重点扶贫开发县。

易县扶贫经济合作社（以下简称扶贫社）在易县民政局登记注册，取得《社会团体法人登记证书》，业务范围为引进和接受国内外扶贫开发资金，开展扶贫活动。该扶贫社是在中国社会科学院农村发展研究所、美国福特基金会和易县县委、县政府的支持下，由中国社会科学院农村发展研究所研究员杜晓山带领的小额信贷项目组在河北建立的第一家扶贫社，于1993年10月正式成立的民间社团组织，是最早以民间组织公益形式借鉴孟加拉乡村银行模式在全国开创小额信贷扶贫试验单位，旨在借鉴国际先进扶贫经验并结合易县农村的实际情况，向广大农村贫困户提供小额信贷服务，使广大贫困农户能够直接和持续地获得稳定性的生产经营性资金，最终实现脱贫致富。杜晓山被誉为"中国小额信贷之父"。

扶贫社已形成较为成熟的运作模式，贫困户加入扶贫社，5户自愿组成小组，再由

6到8个小组组成中心,由小组自己选出小组长和中心组主任,实行自我管理,以市场利率运作和商业经营管理实现双赢为目标。

扶贫社贷款回收的原则是整贷零还。根据路途、山区等情况施行的两种小组贷款分别按两周、四周还款,利息按贷前贷后两次各付50%进行。短期贷款时间根据项目周期,由信贷员指导、贷户自己确定等相结合在约定3个、6个、9个月的时间内来确定分批分别还款时间,其分期还款比例根据借款金额确定,结息均为按月结息,利随本减和利随本清。

扶贫社重视风险的管控,逐步完善了有效的追责制度、账务处理制度以及风险准备金制度,从而保障扶贫社的持续发展,如五户联保、风险共担、一户不还、四户平摊的追责制度;实施员工第一信贷责任人终身追责制度和绩效工资激励制度,分社设有信贷审批小组等。

资料来源:王海净,田原,杨伟坤.如何做到扶贫与经济双赢?——河北易县扶贫经济合作社调查[J].银行家,2016(3).

 请思考:基于材料,谈谈扶贫社小额信贷模式的特点。

活动1　比较福利主义型与制度主义型

根据理念目标的不同,小额信贷可以划分为福利主义型(Institutionist)和制度主义型(Welfarist)两大派系。

福利主义型强调社会服务功能,注重小额信贷对改善穷人的经济和社会福利的作用,一般来说贷款利率较低,不注重小额信贷机构的可持续性。"福利主义型"小额信贷机构认为若通过提高利率以达到可持续性,将变得越来越商业化,从而使得机构的盈利动机取代社会目标,最贫困者被边缘化。但是,这种类型的小额信贷机构因为没有压力去改进经营,缺乏效率,可能最终会倒闭,低利率也会导致贷款不能送达真正需要它的贫困者手中。

制度主义型强调小额信贷机构的可持续发展,认为客户能够为小额信贷服务接受必要的利率,目标客户群体是那些处于传统正规金融机构贷款边缘的群体,利率甚至可以高于银行等金融机构的贷款利率。实践中,金融机构提高利率后,客户群体并没有减少对贷款的需求,因为借款人所能赚取的利润远远超过贷款利息,所以大多数借款人都继续申请贷款,且按期偿还贷款。CGAP指出,慈善家的资金是有限的,若小额信贷机构只依赖捐赠资金来进行运营,其所提供的贷款服务只能到达一小部分贫困者,而实现可持续性的小额信贷机构还能够吸引市场资金,可以为更多贫困人群提供金融服务。

两种模式虽然不尽相同,但是均包括覆盖面和可持续性两个基本层次的含义。

覆盖面主要是指服务的广度和深度,即小额信贷服务的低收入阶层客户的数量和对贫困人口特别是最贫困人口的服务状况。

可持续性是指机构的生存能力,一般将财务可持续作为小额信贷可持续发展的最重要指标。国际上，一般采用经营自足（Operational Self Sufficiency，OSS）和财务自足（Financial Self Sufficiency，FSS）来衡量小额信贷机构的可持续发展能力。经营自足即经营自负盈亏率，也称操作自负盈亏率，这是实现可持续发展的最低标准，它测量经营收入补偿经营费用的程度。财务自足即财务自负盈亏率，也称金融自负盈亏率，测量经营收入补偿所有费用的程度。实现财务自足的小额信贷机构能在接受很少或完全不接受捐赠的情况下，提供可持续性的服务，从而实现机构的可持续发展。具体计算公式如下：

$$OSS = 经营收入 \div （经营费用 + 财务成本 + 贷款损失准备金）$$

$$FSS = 经营收入 \div （经营费用 + 财务成本 + 贷款损失准备金 + 资本成本）$$

一般来说，只有当财务可持续性比率大于100%时，我们才认为小额信贷机构实现了可持续发展。

活动2　理解村银行模式、小组贷款模式、个人贷款模式

根据客户的组织形式，可划分为村银行模式、小组贷款模式、个人贷款模式。

村银行模式（Village Banking Model）指的是小额信贷机构以一个村的整体信用为支撑，在村范围内发放小额贷款。首先，由村民自发成立互助信贷组织，存放一定的储蓄，然后以集体名义向外部小额信贷机构申请联合贷款。得到贷款后，由村银行在成员内部分配使用，内部资金使用利息由村银行自定，成员不直接与小额信贷机构发生关系，不直接承担还款义务。村银行定期召开会议，讨论贷款分配和还款。

小组贷款模式（Grouping Lending Model）是一种以社会担保代替实物担保的贷款模式，面向小组成员团体发放小额贷款，是小额信贷的主要发放模式。社会经济地位相近的借款人自愿形成小组，一般每5人组成一个贷款小组，组员之间相互担保，若违约，则全体成员无法继续获得贷款，借款人面临小组成员的社会压力，采用2—2—1顺序放贷，小组长最后得到贷款，体现"先人后己，为人服务"精神，但小组成员之间并不承担连带责任。一般每6个小组建立一个中心，借款人参与中心活动，定期开会。小组贷款的核心内容是连带责任，即同一社区经济地位相近的贫困者自愿组成借款小组，向金融机构申请贷款，贷款者若不履行还款义务，借款小组成员要承担连带责任。例如，孟加拉乡村银行和玻利维亚阳光银行都广泛运用小组贷款模式发放贷款。现实中，这种贷款模式已经扩展到个体工商户、小微企业等借款人群体，推出了相应的联保贷款产品。

个人贷款模式（Individual Lending Model）指的是直接对自然人发放小额贷款。随着小额信贷客户的成熟，贷款额度也在不断地增加。有些小额信贷机构为迎合客户的需求，开始发放个人贷款，这种模式的主要特点为个人向小额信贷机构提出贷款申请；小额信贷机构员工进行贷款审批，将贷款发放到个人；根据现金流和还款能力确定贷款额度。如中国农业银行的扶贫贴息贷款、农村信用社的农户小额信用贷款、城市商业银行针对下岗失业人员的小额担保贷款等可视为个人贷款模式。现实中，这种贷款模式的客

户对象也可以是个体工商户、小微企业等。

【延伸阅读1-2】

国际著名小额信贷机构的信贷模式

1. 孟加拉乡村银行（Grameen Bank，GB）

孟加拉乡村银行模式（GB模式）经历了传统模式和第二代乡村银行模式。

在传统模式中，GB实行小组贷款制度，主要特点为：（1）瞄准最贫困的农户，并以贫困家庭中的妇女作为主要目标客户；（2）提供小额短期贷款，按周期还款，整贷零还；（3）无须抵质押，以5人小组联保代替担保，相互监督，一人无法按期还款即取消小组所有成员贷款资格，从而形成内部约束机制；（4）贷款优先贷给最贫穷的2人，然后贷给另外2人，最后贷给组长；（5）贷款利率采取市场化定价原则；（6）按照一定比例的贷款额收取小组基金和强制储蓄作为风险基金；（7）执行小组会议和中心会议制度，检查项目落实和资金使用情况，办理放款、还款、存款手续，同时还交流致富信息，传播科技知识，提高贷款人的经营和发展能力。

2002年起，GB开始推行更周到和更灵活的第二代模式：取消了小组基金，小组成员不再承担连带责任，可同时获得贷款，还款方式更加灵活，借款人可以提前偿还所有贷款，将无法按期偿还的贷款列入"灵活贷款"。

孟加拉乡村银行模式的关键点在于详细了解客户群体的经营状况，挖掘潜在客户，找到那些有创收能力但缺少资金的客户。该模式于1993年被引入中国。

2. 印度尼西亚人民银行（BRI）

印尼人民银行（Bank Rakyat Indonesia，BRI）是印尼最大的国有商业银行，成立于1895年。

1984年BRI在内部建立农村银行（以下简称村行），在有效地向低收入人口提供信贷服务的同时，也获得了巨大的商业成功。

BRI的村行系统的核心业务是按照商业化原则运行的小额信贷，其员工激励计划不以贷款户的增加为基数，而是以盈利为基础。

BRI的农村银行建立在乡镇，高度自治，村行经理拥有贷款决定权，村行对自然村派出工作站，工作站负责吸收储蓄和回收贷款。村行向支行提交报告，支行负有监督和监测职能，并帮助村行处理问题，支行经理对村行提供的报告负责。BRI的分行除了对支行具有领导检查权外，也充当支行和总部之间的信息中介。

BRI总部的村行发展部负责开发、运行和控制村行系统。BRI分行以上机构的员工只占工作人员总数的不到1.1%，从事业务管理和行政管理的员工只占工作人员总数的0.6%，反映了村行系统的权力下放和一线业务人员的首要地位。

BRI设计了面向无地者、农业劳动力、用谷物交租的佃农、家庭农业加工者、边缘小农、小养殖户、小渔民、谷物商人和手工业者的小额信贷产品，小额信贷服务以联保小组而非个人为对象。贷款额度根据需求和小组还款能力确定，还款频率可灵活确定。

☞ 请思考：比较2家机构的小额信贷模式，它们对做好小额信贷有何启发？

活动3　了解各类组织机构操作的小额信贷

根据小额信贷业务（项目）操作的组织机构，可划分为非政府组织操作的小额信贷、政府部门操作的小额信贷和金融机构操作的小额信贷。国际赠款、公益投资、政府资源的投入助推了很多小额信贷机构从默默无闻的非政府组织（NGO），逐步发展为商业化机构，再进一步发展为微型金融银行，如蒙古国的哈斯银行（Xac Bank）、柬埔寨的爱喜利达商业银行（ACLEDA Bank）等。

非政府组织操作的小额信贷是中国小额信贷发展的一个重要力量。具有代表性的NGO小额信贷案例包括中国社科院的扶贫经济合作社、中国扶贫基金会管理的贫困农户自立能力建设服务社、联合国开发计划署与中国国际经济技术交流中心管理的部分乡村发展协会，香港乐施会的部分项目、中国计划生育协会等运作的"幸福工程"支持的"农家女"项目等。

政府部门操作的小额信贷，主要是指借助小额信贷这一金融工具以实现扶贫攻坚为宗旨，以国家财政资金和扶贫贴息贷款为资金来源，由政府部门（如扶贫办）和金融机构（如中国农业银行、农村信用社）协作来操作政策性小额信贷扶贫项目。此外，还有政府出资担保的为解决城市下岗失业人员就业问题的小额担保贷款等。

随着小额信贷事业的发展，开展小额信贷业务的金融机构越来越多，已经成为小额信贷的供给主体。在我国，主要包括银行业金融机构、小额贷款公司和P2P网贷公司等。很多银行业金融机构大力发展小额信贷业务，特别是以城市商业银行、农信社系统、村镇银行为代表的中小银行将金融服务定位到中小微企业或"支农支小"，具有显著的小额信贷特征。此外，我国的国家开发银行、中国邮政储蓄银行、中国工商银行等大型商业银行、全国性股份制商业银行等大中银行也都开展了小额信贷服务。

外资金融机构（如德国复兴信贷银行、汇丰银行、富登金融控股公司）和一些国际组织（如国际金融公司等）也参与进来，通过参股中小商业银行、发起设立村镇银行、小额贷款公司等经营小额信贷业务。近年来，以P2P为代表的互联网贷款快速发展，也逐渐成为小额信贷市场的一支生力军。

模块三　小额信贷发展历程

活动1　了解国际小额信贷发展历程

一、小额信贷萌芽时期

小额信贷的发展历史可以追溯到15世纪的欧洲，意大利天主教堂于1462年成立了第一家官办的典当行，以应对社会上的高利贷，服务社区穷人，随后，这些典当行在欧洲城市地区广泛发展。其后经历约三个世纪，西方资本主义社会获得了重大发展，近代金融服务体系开始形成，相应的金融服务多样化和均等化理念与实践也得到发展。

18世纪70年代，"爱尔兰贷款基金系统"成立，向没有抵押担保的贫困农户提供小额贷款。到1840年，该体系已拥有大约300家基金，遍及爱尔兰。在爱尔兰贷款基金运营的高峰时期，每年给20%的爱尔兰家庭提供贷款。

19世纪欧洲出现了更大规模、更正规的储蓄贷款机构，致力于向乡村和城市贫困人口提供金融服务。例如，19世纪50年代，德国建立了信贷合作社，帮助农村人口打破对放贷者的依赖。1865年起，合作社运动在欧洲和北美快速发展，德国的合作社对当代非洲、拉丁美洲和亚洲的合作社都有影响。

20世纪初期，现代意义的金融体系开始建立，不仅在欧洲等老牌资本主义国家，甚至在拉丁美洲等新兴资本主义和殖民国家，也开始出现各种各样的存贷款机构。

20世纪50—70年代，国有政策性金融机构、农民合作社及捐赠者们开始向小户农民及那些处于社会边缘的农民提供农业信贷，这些机构获得低息贷款资金再以补贴利率贷给借款户，但这些贷款由于低利率无法覆盖成本和大量借款户违约，损失了绝大多数的资本金，并最终破产。更严重的是，很多时候，信贷资金并没有到更需要资金的低收入者的手里，而是被那些较有影响力和生活水平更高的农民获得。

二、现代小额信贷形成并蓬勃发展时期

20世纪70年代初，现代意义上的小额信贷诞生，以非政府组织为代表的国际性机构和有关国家的国内机构起到了关键作用。一些试验项目向贫困妇女提供小额贷款，帮助他们开展微型的生产经营活动。这些先驱者包括孟加拉乡村银行、拉丁美洲的行动国际（ACCION International）、印度自我就业妇女协会（SEWA）银行等。1976年，尤努斯创办的孟加拉乡村银行，开创了向金字塔最底层穷人提供小额信贷服务的先河，使这些在正规金融体系下无法获得金融服务的穷人获得了发展的起步资本。

20世纪80年代，小额信贷在全球快速发展起来，世界上众多的小额信贷项目不断地改进创新，以便能够可持续发展，服务于更大规模的客户群体。例如，印尼人民银行（BRI）改造传统模式，不断使自己的农村信贷部成为能覆盖成本（通过合理利率）和达到高还贷率的小额信贷和农村金融机构，使它能可持续发展和服务于大规模的客户群体。

三、从微型金融到普惠金融服务时期

从20世纪90年代开始，小额信贷作为一种扶贫的有效工具开始受到国际社会的普遍重视，被越来越多的人所接受。数以万计的小额信贷项目和小额信贷机构力图把金融服务推进到那些以往得不到此类服务的低收入阶层和小微企业中。以孟加拉乡村银行为代表的小额信贷模式逐渐被东亚、非洲、南美洲、北美洲和欧洲等很多发展中国家甚至发达国家效仿。越来越多的机构开始认识到，不能仅向低收入客户提供贷款，还要提供包括借贷、储蓄、保险以及转账在内的一系列全面金融服务，小额信贷被微型金融所取代。

1995年世界银行扶贫协商小组（CGAP）的成立标志着小额信贷被主流发展组织所接受。1997年，首届小额信贷峰会在华盛顿召开。1998年12月，联合国大会将2005年定为"国际小额信贷年"。2005年，联合国在"国际小额信贷年"推广活动中，率先提出了普惠金融体系（Inclusive Financial System）概念，强调建立能有效、全方位地为社会所有阶层和群体提供服务的金融体系。

普惠金融主张通过业务创新和技术创新扩大金融服务边界，向消费者提供多样化的金融服务选择，提高获得金融服务的便利性。值得注意的是，互联网和IT技术进步极大地促进了普惠金融体系的发展。

活动2　了解小额信贷发展的三个阶段

如果以孟加拉乡村银行为小额信贷的开端，小额信贷实现可持续发展的历程可以分为三个阶段。

一、强调为穷人提供贷款资金和穷人偿还能力为中心目标的阶段

在这一阶段，小额信贷作为一种实验性的项目首先在孟加拉乡村银行开始了先驱性的工作。因为客户贫困的资信特征及其信贷需求特点不符合传统贷款技术对借款人的要求，因此孟加拉乡村银行基于贫困客户特征采用颠覆传统的贷款技术（如小额度贷款、重复贷款、小组联保等方式）开展小额信贷服务。该阶段通过发展各种方法以不断地扩大对客户的覆盖率以及实现其较高还款率。这一阶段的小额信贷的还贷率一般持续稳定在95%以上，这几乎是任何其他金融机构在经营小额贷款方面不可能实现的成绩。

二、在实现第一阶段目标的同时，收取高利息以弥补借款成本的阶段

在经历了第一阶段的发展并实现第一阶段目标的同时，收取高利息以弥补借款成本成为小额信贷实现可持续发展的目标。因为如果小额信贷的经营难以覆盖其资金成本，小额信贷将难以持续下去，那么向更多的农村人口提供金融服务就不可能实现，这一点得到了许多成功小额信贷项目的证实。到20世纪90年代中期，普遍被认同的观点是小额信贷的经营至少应该收取覆盖其资金成本的利率，如果小额信贷机构希望将其服务扩展到更多的潜在客户，那么实行没有补贴的利率是必要的。

三、吸引商业渠道资金达到金融可持续，进而逐渐实现正规化的阶段

这里的"正规化"是指原来从事小额信贷的非政府组织转变为融入正规金融体系的金融机构，并且开始开展小额信贷业务。小额信贷在高客户覆盖率和弥补资金成本方面取得的成功吸引了越来越多的捐助资金进入，但是这些由捐助机构提供的廉价资源具有不可持续性和不稳定性。同时，小额信贷不断扩大的客户群体使得单纯依赖捐助资金的机构难以满足越来越多的需求。因此，小额信贷的发展进入了第三阶段。

鉴于大多数小额信贷机构本身不具有金融机构身份，各国的金融法规都对非金融机构吸收公众存款有所限制。因此，许多从事小额信贷的非政府组织转变为正规金融机

构，纳入正规金融体系。如1984年印度尼西亚人民银行的农村银行就成为正规金融机构从事小额信贷业务的典范，1992年玻利维亚阳光银行也从金融主管部门得到执照。同时，小额信贷潜在的巨大利润吸引着越来越多的正规金融机构进入小额信贷领域；市场面临越来越激烈的竞争。

活动3　　了解国内小额信贷发展历程

新中国成立初期就有国家银行的扶贫小额贷款和农村信用合作社的小额贷款业务。

利用国际援助资金的小额信贷最早从1981年联合国国际农业发展基金（IFAD）在内蒙古8旗（县）开展的北方草原与畜牧发展项目开始，直到1993年，我国的小额信贷项目基本上都只是国际援华扶贫项目的一个组成部分或者一种特殊的资金使用方式而已。

此后至今，我国现代小额信贷发展经历了试点的初期阶段、项目的扩展阶段、全面试行并推广阶段和商业化运作阶段。

一、试点的初期阶段

从1993年底到1996年10月，小额信贷作为一种扶贫理念和独特的信贷技术逐渐传入我国，并主要在国际资金（附有优惠条款的软贷款或者捐赠资金）和技术援助下，由国内的非（半）政府组织操作，以非政府组织形式运行。这些非政府组织小额信贷在技术上主要借鉴孟加拉乡村银行小组贷款模式，后来也有项目采用村银行模式和个人贷款模式。

自1993年开始，中国社会科学院农村发展研究所先后在河北省和河南省与当地政府合作成立了4个"扶贫经济合作社"，引入孟加拉乡村银行模式开展扶贫试验，实现了信贷扶贫资金真正到达贫困户的"真扶贫，扶真贫"良好效果。另一个代表性的NGO小额信贷项目是由联合国开发计划署（UNDP）援助、中国商务部直属事业单位中国国际经济技术交流中心（CICETE）从1995年开始运行的，在中国17个省的48个县（市）推行以扶贫等为目标的小额信贷项目。UNDP和CICETE项目在技术上仍然借鉴孟加拉乡村银行的小组贷款模式，但组织结构适应我国政府组织系统，通过与不同的地方政府部门合作成立专门的"乡村发展协会"来管理和实施。此外，还有澳大利亚国际开发署（AusAID）援助的青海海东农行小额信贷项目，以及由中国扶贫基金会承办的陕西安康和四川阆中的世界银行项目等。中和农信资产管理公司就是起源于中国扶贫基金会执行的世界银行贷款秦巴山区扶贫项目，该公司于2008年独立出来，目前已成为国内最大的农村小额信贷机构。

这一阶段的明显特征是，资金来源主要依靠国际捐助资金和软贷款，基本上没有政府资金的介入；运作模式重点探索的是孟加拉乡村银行式模式在中国的可行性，以半官方或民间机构运作，并注重项目运作的规范化。这类半官方或民间机构，几乎都是在民政部门注册的群众性团体，本身并不具备开展包括信贷在内的金融服务资格，但在扶贫名义下，实际开展着小额信贷工作。其特点是扶贫资金到户率高、还贷率高、项目成功率高和贫困户素质提高快，被誉为"真扶贫，扶真贫"的好方法。

二、项目的扩展阶段

1996年10月至2000年，为实现千年扶贫攻坚计划和新世纪扶贫任务，借鉴NGO小额信贷的技术和经验，中国主要采用孟加拉乡村银行的传统小组联保模式，以国家财政资金和扶贫贴息贷款为资金来源，政府开始在较大范围内推广政府主导型小额信贷项目。随着国家扶贫政策的演进，政策性小额信贷扶贫项目在一些有非政府组织小额信贷经验的省（自治区）如山西、四川、云南、河北、广西、贵州等迅速发展起来，国务院扶贫办系统、民政系统、社会保障部门、残疾人联合会、妇联和工会等先后参与其中。1999年前主要是由政府扶贫办下设的扶贫社代理中国农业发展银行扶贫贴息贷款，1999年改由中国农业银行直接发放到农户。

随着国有企业改革提速和城镇下岗再就业任务日益严重，依托政府再就业基金、工会"送温暖基金"和妇联网络，由政府部门自行设计和执行，面向下岗失业人员和城镇低收入人口的城市小额信贷项目，也在这一时期开始运行。

此外，大部分扶贫资金由中国农业银行管理并直接以"扶贫贴息贷款"形式发放到户，也是我国政策性小额信贷的重要组成部分。

这一阶段的明显特征是，政府从资金、人力和组织方面积极推动，并借助小额信贷这一金融工具来实现扶贫攻坚的目标。与此同时，人们在实施国际援助项目时也更注意与国际规范接轨。在这一阶段，以中国农业银行或农村信用社为代表的金融机构，开始用国家政策性扶贫资金和银行资本金从事小额贷款活动，这种贷款活动也称为金融机构小额信贷，其特点是资金雄厚、管理规范严谨、操作相对简便，但存在扶贫目标不准如贷富不贷贫、项目成功率低等问题。

三、全面试行并推广阶段

2000年至2005年6月，在促进"三农"发展的战略背景下，农信社根据中国人民银行扶持"三农"的要求，开始以农信社存款和中国人民银行再贷款为资金来源，在地方政府的配合下发放"农户小额信用贷款"和"农户联保贷款"，解决农户"贷款难"问题，成为对农户放贷的主力。从2002年开始，借鉴农信社的经验，城市商业银行陆续开展小额信贷和小额担保贷款业务，为城乡小微企业、个体工商户和下岗失业人员的创业提供支持，在吸收消化国际微贷技术的基础上，开发出适合中国小微企业特点的微贷技术，逐渐发展成为城市小额信贷和普惠金融的主力军。这标志着我国正规金融机构开始大规模介入小额信贷领域，小额信贷的目标也从"扶贫"扩展到"为一般农户及小企业服务"的广阔空间。

四、商业化运作阶段

2005年6月以后，我国小额信贷进入探索"商业性小额信贷"的全新阶段，小额信贷进入了迅猛发展的阶段。在人民银行和政府推动下，农村信用社小额信贷项目全面铺开。2005年底，中国人民银行批准设立"只贷不存"的商业性小额贷款公司，其政策定位是在县域内发放小额、分散的贷款，服务实体经济，填补农村金融服务的空白，2008

年5月，中国银监会、中国人民银行联合发布《关于小额贷款公司试点的指导意见》。截至2020年6月末，全国共有小额贷款公司7333家，贷款余额8841亿元。

2006年，中国政府开始在全国特定贫困区域开展贫困村互助资金试点工作，全国前后大约有2万个贫困村设立了互助资金，通过中央和地方财政支持、农户资金入股和社会捐赠等方式筹集到的资金总量约达50亿元。

《关于小额贷款公司试点的指导意见》

2006年底，中国银监会发布《关于调整放宽农村地区银行业金融机构准入政策更好支持社会主义新农村建设的若干意见》，以"低门槛、严监管"为特点，开放农村金融市场，允许设立村镇银行、小额贷款公司和资金互助合作社。自2007年开始，中国村镇银行快速发展，至2017年底，全国已组建村镇银行1601家，10年间村镇银行累计为634万农户和小微企业等各类客户发放贷款1000余万笔，累计发放贷款金额超过4万亿元，成为服务乡村振兴战略、助力普惠金融发展的金融生力军。

2007年8月，中国银监会印发《关于银行业金融机构大力发展农村小额贷款业务的指导意见》，将发放农村小额贷款的机构拓展到所有银行业金融机构；将小额贷款发放对象拓展到农村传统种养户、多种经营户、个体工商户以及农村各类小微企业；将小额贷款用途拓展到支持有利于发展现代农业、提高农民收入和改善农民生产生活环境的重点领域和各个关键环节；将小额贷款额度提高到发达地区10万元至30万元，欠发达地区1万元至5万元，联保贷款额度可在信用贷款额度基础上适度增加；将贷款期限结合农业季节特点、生产项目的不同周期和贷款用途以及借款人综合还款能力等合理确定，期限可延长至3年。同时，发放农村小额贷款的机构应在法规和政策允许范围内，自主确定贷款利率，简化农村小额贷款手续，缩短贷款审查时间，改进小额贷款服务方式。

2008年中共十七届三中全会进一步提出允许有条件的农民专业合作社开展信用合作，2013年中共十八届三中全会再一次明确提出，鼓励农村发展合作经济，允许合作社开展信用合作。2010年及2012—2017年的七个中央"一号文件"也都明确提出支持、引导和规范农民资金互助组织发展。2013年中共十八届三中全会再一次明确提出，鼓励农村发展合作经济，允许合作社开展信用合作。

党的十八大以来，"扶贫小额信贷"被纳入精准扶贫十大工程，成为中国国家贫困治理的重要政策工具。作为为建档立卡贫困户量身定做的金融精准扶贫产品，其政策要点是"5万元以下、3年期以内、免担保免抵押、基准利率放款、财政贴息、县建风险补偿金"。

活动4　了解我国小额信贷行业发展成绩

在1993—2018年的25年里，中国的小额信贷发生了巨大变化，由扶贫的涓涓细流发展成为蓬勃的服务普罗大众和小微实体经济的普惠金融大潮，其功能从农村扶贫工具发展成扶持城乡小微企业和"大众创业、万众创新"的金融手段，其业务内容从单一的小额贷款发展到包括存款、支付、汇兑、保险等综合性的小微金融服务，其从业机构由公益性小额信贷机构的一枝独秀发展到农民资金互助、农村合作金融机构、各类商业银行、政策性银行、小额贷款公司和互联网金融企业竞相参与的百花齐放，其技术手段从手工操作发展到互联网、大数据和人工智能等金融科技的应用，其理论与政策视野从小额信贷扶贫产品与机理发展到包含宏观法律政策环境、中观基础设施和中介服务、微观金融产品与服务机制的普惠金融体系。这些变化是新时代解决不平衡、不充分发展问题的有效路径，是全面建成小康社会和实现社会公平正义的必然要求。

小额信贷行业的健康发展离不开行业协会组织的推动和自律。目前中国小额信贷行业协会组织主要由三个层级组成：一是全国性小额信贷行业协会组织，如中国小额信贷联盟、中国小额信贷机构联席会、中国小额贷款公司协会等；二是省市级小额信贷行业协会组织；三是地市级小额信贷行业协会组织。2005 年中国社会科学院农村发展研究所、中国国际经济技术交流中心和全国妇联发展部联合发起成立了"中国小额信贷发展促进网络"，后更名为中国小额信贷联盟，成为中国首家全国性小额信贷行业协会组织。2011 年中国小额信贷机构联席会成立，成为以小额贷款公司和省市级小额贷款公司协会为主要会员的全国性小额信贷行业协会组织。2015 年银监会发起成立了中国小额贷款公司协会。小额信贷行业协会组织在政策倡导、行业自律、能力建设和信息交流等方面发挥了重要作用。

中国小额信贷联盟简介

中国小额信贷机构联席会简介

中国小额贷款公司协会简介

【课后习题】

一、单项选择题

1. 当前，我国商业银行最主要的资产业务是（　　）。
   A. 存款业务　　　B. 贷款业务　　　C. 证券投资业务　　　D. 现金业务
2. 以第三人承诺在借款人不能偿还贷款时，按约定承担一般保证责任或者连带保证责任而发放的贷款是（　　）。
   A. 信用贷款　　　B. 保证贷款　　　C. 抵押贷款　　　D. 质押贷款
3. 按贷款风险分类法尽管借款人目前有能力偿还贷款本息，但存在一些可能对偿还产生不利影响的因素的贷款应归为（　　）。
   A. 正常　　　B. 关注　　　C. 次级　　　D. 可疑
4. 国际上，小额信贷模式被广泛效仿的现代小额信贷先驱者是（　　）。
   A. 印尼人民银行　　　　　　　B. 玻利维亚阳光银行
   C. 孟加拉乡村银行　　　　　　D. 拉美行动国际
5. 普惠金融体系概念是联合国于哪一年提出的？（　　）
   A. 2002　　　B. 2003　　　C. 2004　　　D. 2005
6. 联保贷款属于下列哪种小额信贷模式（　　）。

A. 小组贷款模式　　B. 村银行模式　　C. 个人贷款模式　　D. 组合贷款模式

二、多项选择题

1. 按照贷款方式划分，贷款可以分为（　　）。
A. 信用贷款　　B. 抵押贷款　　C. 质押贷款　　D. 担保贷款
E. 票据贴现

2. 下列属于贷款五级分类不良贷款的是（　　）。
A. 关注贷款　　B. 次级贷款　　C. 可疑贷款　　D. 损失贷款
E. 逾期贷款

3. CGAP 界定的小额信贷客户包括（　　）。
A. 赤贫者　　B. 极贫者　　C. 贫困者　　D. 一般收入者
E. 富裕者

4. 当前，在我国从事小额信贷业务经营的机构类型有（　　）。
A. 大型商业银行　　B. 中小商业银行　　C. 小额贷款公司　　D. P2P 网贷公司
E. 一些 NGO 组织

5. 我国小额信贷行业协会组织中全国性层级的包括（　　）。
A. 中国小额信贷联盟　　　　　　　B. 中国小额贷款联盟
C. 中国小微贷款协会　　　　　　　D. 中国小额信贷机构联席会
E. 中国小额贷款公司协会

6. 根据《推进普惠金融发展规划（2016—2020 年）》，当前我国普惠金融重点服务对象包括（　　）。
A. 农民　　B. 小微企业　　C. 贫困人群　　D. 城镇低收入人群
E. 残疾人和老年人

三、简答题

1. 请简述贷款、信贷、授信的概念及其区别联系。
2. 请简述小额贷款、小额信贷、微型金融、普惠金融的概念及其区别联系。
3. 试比较分析福利主义型和制度主义型小额信贷。
4. 小额信贷机构成功的两个标准及其衡量指标是什么？
5. 孟加拉乡村银行小组贷款模式的主要特点有哪些？
6. 试阐述小额信贷发展的主要趋势。

四、实训题

1. 分组学习《推进普惠金融发展规划（2016—2020 年）》，并以思维导图形式展示该文件主要内容。
2. 分组开展调研，以某经营小额信贷业务的机构为例，简要分析该机构的小额信贷服务情况。

参考答案：一、BBBCDA；二、ADE、BCD、BCD、ABCDE、ADE、ABCDE

《推进普惠金融发展规划（2016—2020 年）》

项目二
小额信贷业务规范

XIAOE XINDAI YEWU GUIFAN

【知识目标】

掌握小额贷款业务操作流程及其每个环节的工作内容、工作要求及相关规定;理解小额信贷产品的构成要素;了解小额信贷产品开发和营销的基本知识和基本方法;理解小额信贷客户经理的岗位职责和从业准则。

【能力目标】

能够向客户介绍贷款业务的操作流程和各流程环节的主要工作,指导客户进行贷款申请、签订合同、贷款发放、偿还贷款等相关事宜;能够独立受理贷款申请,开展贷前调查与分析;能够向客户推介小额贷款产品,阐述贷款产品的要素特点;能够遵守和执行小额信贷客户经理岗位的从业要求。

模块一　小额贷款业务操作流程

【案例导入】

富国银行贷款"三查"中的44个流程环节

美国富国银行(Wells Fargo)创立于1852年。富国银行的贷款全流程非常严谨,一笔普通贷款的"三查"流程必须经历44个环节,每个环节都必须形成完整记录(书面记录或系统记录),并对内部风险管理部门、合规部门、内审部门和外部的审计机构、监管机构完全开放。

（一）贷前调查流程

1. 初步财务状况分析（客户经理）。
2. 研究贷款需求（客户助理、客户经理、操作风险经理、审贷员）。
3. 准备所需要的资料清单（客户助理）。
4. 现场拜访（客户经理）。所需了解的公司状况包括：公司概述、商业模式、经营战略和投资理念、目标回报率和资产状况、竞争者情况、流动性情况和前瞻、组织架构运作情况和变革计划。
5. 拟定贷款条件清单（客户经理）。
6. 将客户资料和贷款申请录入信贷管理系统（客户助理）。
7. 准备贷款申请书面材料和电子档案材料（客户助理）。
8. 收回客户签字确认的贷款条件清单及其他信息资料（客户经理）。

（二）贷中审查和贷款发放流程

9. 完成财务分析（客户经理）。
10. 在信贷系统内完成成本收益评估、贷款可行性评估和环保评估（客户助理）。
11. 准备合规部门所需的材料（客户助理）。
12. 了解外部法律顾问的意见（审贷员）。
13. 准备贷前调查和确认客户不在美国政府"黑名单"内（客户助理）。
14. 准备有助于了解客户的其他辅助性材料（审贷员）。
15. 审阅所有的第三方对抵押物的评估报告（审贷员）。
16. 根据 UCC（美国统一商法典）要求，进行所需保险项目的评估（客户助理）。
17. 审查项目预算、准备贷款预算、联系贷款申请登记部门（客户经理）。
18. 在信贷数据系统中建立贷款申请项目（审贷员）。
19. 准备审贷材料（审贷员）。
20. 在贷款申请通过后，收到开贷通知书（客户经理）。
21. 对全部贷款合同文件进行终审，并寄送借款人（客户经理、审贷员、法律顾问等）。
22. 完成全部合规性审查和财产保险工作（客户助理）。
23. 完成所有相关费用的计算，出具终稿（审贷员）。
24. 协调所有参与该笔贷款业务的人员，确认贷款发放前的全部工作结束。
25. 再次确认内外部贷款合同和文件的完整性（审贷员）。
26. 将第 25 个流程环节涉及的内外部合同和文件存档（审贷员）。
27. 完成贷款概览表并呈交上级审贷官备案，同时通知贷款作业中心进行放贷和簿记工作（审贷员）。
28. 将其他相关的文件材料存档（审贷员）。
29. 在 UCC 和纳税系统中建立工作档案（客户助理）。

（三）贷后管理流程

30. 开始贷后管理流程工作，完成"高风险客户"分析报告（客户助理）。
31. 完成对在建工程的现场检查计划（客户经理）。

32. 列出例外事项和棘手问题的清单，供贷后监管之用（审贷员）。

33. 完成合规自查清单（客户经理及其上级主管）。

34. 监督信贷资金的划付是否与贷款申请一致，并将不符情况提交部门主管和客户经理（贷款作业中心）。

35. 对信贷资金的使用情况进行跟踪和报告，并对借款人采取相应行动（客户经理）。

36. 每月出具贷后监管简报，对借款人财务指标和非财务因素的较大变化作出分析，对抵质押物情况进行评估和判断（客户经理）。

37. 每月收集和分析第三方评价报告，出具月度综合分析尽职报告，报送上级管理层直至批发业务条线负责人（贷后管理人员）。

38. 定期查阅 CRAS 系统，确保业务和流程的合规性（合规人员）。

39. 每季度根据借款人的季度财务报告进行内部评级（AQR）工作，即通过借款人评级（BQR）和抵质押物评级（CQR）计算 AQR 变动情况，并追溯历史记录以了解 AQR 变动趋势，并将变化上报上级管理层（客户经理）。

40. 按月生成贷款业务综合报告（Portfolio Credit Summary），提交批发业务信贷委员会，包括当月贷款与贷款承诺余额、新增贷款情况、新建信贷关系情况、AQR 降级客户情况、问题贷款情况等（贷后管理部门）。

41. 统计分析借款人的还款情况是否与原定还款计划一致，并将其反馈至部门主管和客户经理（贷款作业中心）。

42. 对还款情况进行跟踪和报告（客户经理），并对借款人采取相应行动。

43. 借款人到期全部还本付息，解除抵质押（客户经理、贷后管理部门）。

44. 将 AQR7 级及以下的贷款、部分恶化趋势明显的 AQR6 级贷款、非应计贷款和其他足够形成不安理由的贷款转交资产保全部（Workout Group）处理（客户经理、资产保全部人员）。

资料来源：搜狐网. 美国富国银行贷款管理全流程："5 个维度"与"44 个流程环节"[EB/OL]. [2016-11-29]. https://www.sohu.com/a/120228649_499067.

☞ **请思考**：结合材料，谈谈对贷款业务操作流程的认识。

1996 年 8 月 1 日起施行的《贷款通则》是我国最早全面规范商业银行信贷业务的法规文件，其第六章将贷款程序分为贷款申请、对借款人的信用等级评估、贷款调查、贷款审批（指审查后报批）、签订借款合同、贷款发放、贷后检查、贷款归还。其中，第二步对借款人的信用等级评估，要求商业银行应当根据借款人的领导者素质、经济实力、资金结构、履约情况、经营效益和发展前景等因素，评定借款人的信用等级。《中国人民银行信用评级管理指导意见》要求企业信用评级应主要考察企业素质、经营能力、获利能力、偿债能力、履约情况和发展前景六项要素。鉴于评价因素指标属性不同，对不同要素及指标需要分别采取定性分析或定量分析的方法进行评估、测量和判别。信用评级可由贷款人独立进行，内部掌握，也可由有权部门批准的评估机构进行。

2009年7月至2010年2月,中国银监会陆续发布了四个贷款新规——《个人贷款管理暂行办法》《流动资金贷款管理暂行办法》《固定资产贷款管理暂行办法》《项目融资业务指引》,即"三个办法一个指引",进一步完善了我国银行业金融机构的贷款业务法规,对各类贷款业务流程做了详细规定。

《贷款通则》

《个人贷款管理暂行办法》

《流动资金贷款管理暂行办法》

《固定资产贷款管理暂行办法》

《项目融资业务指引》

一笔贷款业务从客户申请到贷款收回,主要经历以下环节(见图2-1):

图2-1 小额贷款业务操作流程

活动1　贷款申请与受理

一、贷款申请

客户可以主动到商业银行、小额贷款公司等信贷机构申请贷款,也可以联系业务受理专员上门办理,也有越来越多的银行等信贷机构提供网上申贷平台。在一笔贷款业务中,客户是借款人,银行等信贷机构是贷款人。

根据《贷款通则》和《个人贷款管理暂行办法》,对借款人基本条件要求为借款人应是经工商行政管理机关或主管机关核准登记的企事业法人、其他经济组织、个体工商户,具有中华人民共和国国籍的具有完全民事行为能力的自然人或符合国家有关规定的境外自然人。

对于提出贷款需求的客户,客户部门业务受理专员应尽可能通过面谈或者电话等方式完成贷款申请与受理环节的相关工作,包括了解客户基本信息、基本生产经营信息、借款用途、借款金额、借款期限,向客户介绍相关贷款产品的特点,办理贷款业务的流程,对借款人申请条件进行初步判断,引导客户作出理性正确的贷款申请等。

对于符合条件的客户,应当向客户提供制式的"借款申请书",并指导客户按照要求填写,其内容应包括客户基本情况、申请业务品种、金额、期限、用途、担保方式、还款来源及方式等。对有保证人的申请,应向保证人明确说明其应承担的保证责任。

"借款申请书"在法律上相当于要约,是双方建立合同关系的开始;客户填写"借款申请书"表明愿意认真对待贷款申请;申请书中的一些内容,如关于借款人基本情况的填写,可以作为调查专员调查核实的基本对象和依据,也是追究客户虚假陈述责任的重要证据之一。

此外,还应向客户提供一份"贷款申请材料清单",客户根据清单准备相关申请材料,具体包括客户身份证明、收入证明、财产证明、贷款用途证明类等。借款人不得向贷款人提供虚假的或者隐瞒重要事实的资产负债表、损益表等申请材料,不得采取欺诈手段骗取贷款。

表 2-1　　　　　　　　　　借款申请书样本
（适用于个人借款和流动资金贷款业务）

申请日期：　　年　　月　　日

申请人名称		证件号码	
住　　址			
固定电话（传真）		手机号码	
借款金额（大写）		贷款用途	
还款来源		还款日期	
还款方式	□一次还款　□分期还款	存款账号	
担保方式	□保证　□抵押　□质押	我行贷款余额	
一、担保人信息			
保证人名称	联系电话	身份证号或营业执照号码	
二、抵（质）押物信息			
抵押人（出质人）名称	抵（质）押财产名称	抵（质）押财产权证号	
其他事项：			
申请人声明：申请人自愿向贵行提出申请,并按照贵行的要求提供有关资料,愿意按照贵行规定办理贷款手续;授权贵行对申请人的资信情况在人民银行征信系统中进行查询和报送。			
借款人签字（签章）：			
联系人：		联系方式：	

二、贷款受理

业务受理专员在收到客户填好的"借款申请书"和材料清单所列材料后，对客户基本情况、借款用途、项目可行性等情况进行初步审查，认定客户是否具备办理贷款业务的基本准入条件，根据获得的信息对客户的信用状况、偿还能力作出初步分析，结合信贷投放计划给出受理意见。如认为客户不符合贷款条件，业务应告知客户贷款申请未通过，不予受理，并做好解释工作；如受理通过，应告知客户须专款专用、不得转移贷款用途。贷款资金不得用于从事股本权益性投资、注册资本金、注册验资、增资扩股，不得用于从事股票、期货、金融衍生产品等投资，不得套取贷款用于借贷牟取非法收入，不得违反国家外汇管理规定使用外币贷款，不得用于国家明令禁止的产品或项目以及其他违反国家法律法规和政策的项目。

申请和受理阶段的主要工作是初步筛选，其主要目的是初步确定是否接受该客户的贷款申请，是否值得投入更多的时间和精力进行后续的贷前调查等环节。在此阶段，不必对客户进行面面俱到的调查，只需了解客户的基本情况和贷款需求，并对客户是否满足贷款要求进行初步判断。

在客户初步筛选中，应充分利用多种渠道调查了解客户的资信状况，包括但不限于征信查询、工商信息查询、被执行人及失信被执行人查询等。

申请与受理环节通常主要考虑因素：

1. 客户作为借款主体是否具备完备的主体资格，或存在明显的法律障碍；
2. 该客户从事的行业是否是国家支持的，或明令禁止、限制的行业，或者是否符合本机构业务操作的相关行业指引；
3. 提供资料是否齐全、完整，填写是否符合要求；
4. 客户借款用途是否明确合法；
5. 对于担保贷款，能否按规定提供必要的担保措施；
6. 客户的资信情况是否存在明显的不足与缺陷等。

一般不予受理的情形：

1. 年龄在18周岁（不含）以下，或在60周岁（不含）以上；
2. 不能提供合法有效身份证明或固定住所证明；
3. 无具体贷款用途或贷款用途不符合公司贷款规定；
4. 不能按照要求如实完整提供相应材料；
5. 提供虚假证明材料，如虚假的营业执照、租赁合同、购销合同、产权证明、银行账户流水、担保人收入证明等；
6. 从事非法经营生产活动；
7. 有重大不良信用记录等。

需要说明的是，银行开展小企业贷款业务实行客户经理制。很多商业银行、小额贷款公司等信贷机构并没有严格区分业务受理专员、业务调查专员等岗位，在贷款申请、受理、调查等环节都是由贷款客户经理（或者信贷员）完成的。一般来说，银行不得向关系人发放信用贷款，向关系人发放担保贷款的条件不得优于其他借款人同类贷款条件，银行授信工作人员对关系人申请的贷款业务，应申请回避。而关系人是指商业银行的董事、监事、管理人员、信贷业务人员及其近亲属，以及上述人员投资或担任高级管理职务的公司、企业和其他经济组织。

活动2　贷前调查

一、贷前调查概述

对于同意受理的贷款申请，则进入贷前调查环节。贷前调查是贷款业务操作的重要一环和核心环节。贷前调查坚持以实地调查为主、间接调查为辅，采取观察、座谈、查账、查询等方式对申请人、保证人及抵（质）押品进行实地调查，全面了解申请人在经营活动中的问题及风险，推断其提供的财务状况、经营成果及现金流量信息的真实程度，测定贷款的风险度，为信贷决策提供依据。

必要时，贷款人在不损害借款人合法权益和风险可控的前提下，可将贷款调查中的部分特定事项审慎委托给具有资质条件的第三方代为办理。应酌情、主动向政府有关部门及社会中介机构索取相关资料，以验证客户提供材料的真实性，并作备案。对后续贷款审查环节提出的问题，解释不清的，有责任再次进行调查。对于调查中新发现的重要资料、内容，调查专员应在核对原件无误的前提下，留存新内容资料的复印件。

二、贷前调查原则

贷前调查坚持双人调查、实地调查、真实反映、抓住重点等原则。

双人调查原则。贷前调查至少由主办和协办两名信贷人员参与，主办调查人员对调查内容的真实性、完整性承担主要责任。

实地调查原则。实地调查是指调查专员进行现场调查，通过实地核查、面谈、核实账务等手段获取客户有关信息。调查专员必须深入客户生产经营场所进行现场调查核实，对客户的财务、经营等情况必须进行账账、账实、账表核对，要对客户资料的真实性和有效性进行核实，深入客户、担保人、重要关联客户等生产经营场所现场了解核实相关信息，现场查看申请人、保证人的经营管理情况、资产分布状况和抵（质）押品的现状等。

真实反映原则。真实反映原则是指调查专员实事求是反映贷前调查所了解的情况，不回避风险点。如果调查专员经过深入调查，提出了不予贷款的明确意见，任何人不得要求调查专员更改意见。

抓住重点原则。根据小额贷款业务小额、分散、快速的特点，对于贷款申请人存在的一些无关紧要的风险点，贷前调查专员没必要花过多的时间纠缠其中，而应将主要精力用于那些对其偿债能力、持续经营能力等有重大不利影响的事项上。重要性原则要求调查专员对贷款申请人的相关风险点具有良好的专业判断力，如果调查专员不具备敏锐的判断力，则很难达到调查所需的高效率。

三、贷前调查的内容

根据《个人贷款管理暂行办法》，贷款尽职调查包括但不限于以下内容：（1）借款人基本情况；（2）借款人收入情况；（3）借款用途；（4）借款人还款来源、还款能力及还款方式；（5）保证人担保意愿、担保能力或抵（质）押物价值及变现能力。

根据《流动资金贷款管理暂行办法》，贷款尽职调查包括但不限于以下内容：（1）借款人的组织架构、公司治理、内部控制及法定代表人和经营管理团队的资信等情况；（2）借款人的经营范围、核心主业、生产经营、贷款期内经营规划和重大投资计划等情况；（3）借款人所在行业状况；（4）借款人的应收账款、应付账款、存货等真实财务状况；（5）借款人营运资金总需求和现有融资性负债情况；（6）借款人关联方及关联交易等情况；（7）贷款具体用途及与贷款用途相关的交易对手资金占用等情况；（8）还款来源情况，包括生产经营产生的现金流、综合收益及其他合法收入等；（9）对有担保的流动资金贷款，还需调查抵（质）押物的权属、价值和变现难易程度，或保证人的保证资格和能力等情况。

四、贷前调查的流程

（一）调查准备

调查专员开展贷前调查前的准备工作主要包括：（1）及时整理、审阅申请人提供的申请资料，对存在要件缺失、内容不详、资料前后数据不连续等情况的，要求申请人及时补充资料或书面说明；（2）对所收集的申请资料和有关公共信息进行初步分析后，了解客户的行业特征、经营状况以及主要经营风险，根据不同的业务申请和申请人的不同性质列出内容详细、重点突出的调查提纲；（3）调查专员在外出调查前，应提前预约客户或保证人，商定现场调查时间，并提示客户需要准备的材料、需要到场的当事人，准备好笔、笔记本、相机、移动办贷设备等必要的调查工具。

（二）资料审核

资料审核是对申请贷款客户提供的资料、信息进行收集、整理和审核，以确定这些信息的有效性、完整性和真实性。除客户提供的资料、信息外，还应从人民银行、工商、税务、法院、乡镇（街道）、村以及客户的供应商、用户等获取客户相关信息。对资料、信息审核过程中必须明确、补充、核实之处就是进行实地调查的重点。

资料审核要点如下：

1. 按"材料清单"要求提供的材料是否齐全、有效，要求提供的原件与复印件是否完备，复印件是否与原件一致，复印材料是否加盖公章。各种文件是否在有效期内，应年检的是否已年检。

2. 有关各文件的相关内容要核对一致，逻辑关系要正确。通过对企业客户的成立批文、合同、章程、董事会决议、验资报告、立项批文、可行性研究报告、资信等级、环保及市场准入等具体文件的审核，了解借款人和担保人是否具备资格、合法合规。

3. 财务报表是否由中介机构出具了审计报告，是否是无保留意见报告，初步分析财务状况，记录疑点，以便实地调查核实。

4. 对担保人提供的文件资料的审核要求与以上3点基本相同，重点是审核担保人提供的担保措施是否符合《担保法》、《物权法》和有关法律法规（如房地产、土地、海关）及有关抵（质）押登记管理办法的规定，抵押物、质物的权属（权利凭证）是否明晰。

(三) 实地调查

除对客户进行信用记录分析、账户分析、同行情况了解等非现场调查之外，至少要对借款人、担保人以及相关部门和人员进行实地调查一次，实地调查要点如下：

1. 询问借款人本人及股东、负责生产经营、销售、财务的相关人员，访问员工、近邻、客户、供货商和职能管理部门等有关当事人。了解借款人基本信息和项目背景、生产经营情况、产品竞争力和市场行情、销售和利润、生产资料供应等情况，弄清借款用途和还款来源。企业客户应考察企业管理团队的整体素质（文化程度、主要经历、技术专长、经营决策、市场开拓、遵纪守法等方面），了解主要领导人的信用状况、能力和综合素质。

2. 对需进一步核实的材料，要求提供原件核对。比如，借款人身份证件、户口本、婚姻状况证明、相关经营证照、经营资质证明、代理经销协议、供货合同、销售合同、客户订单、水电气费发票、销售发票、工资单、客户欠款单等。

3. 考察主要生产经营场所，现场观察生产经营的运行情况，查看库存情况等。通过走、看、问，判断企业实际生产、经营情况，印证有关资料记载和有关当事人介绍的情况。

4. 对财务报表的调查审核，应根据企业的实际情况，主要调查核实以下内容：（1）了解企业的主要会计政策，是否按会计准则记账；（2）企业的财务内部控制制度是否完备并有效执行；（3）通过采用抽查大项的方式，审核企业是否做到了账表、账账、账证、账实相符，核实资产、负债、权益是否有虚假；（4）有保留意见的审计报告的保留意见部分，或有损失和或有负债情况。

5. 查看抵押物、质押物。如以房地产抵押的，要查看、了解抵押物的面积、用途、结构、竣工时间、原价和净值、周边环境等；以动产抵押、质押的，要查看、了解抵押物、质物的规格、型号、质量、原价和净值、用途等；以汇票、本票、债券、存款单、仓单、提单等出质的，要查看权利凭证原件，辨别真伪，必要时请有关部门鉴定。

6. 通过第三方侧面了解客户的资信状况，进一步核实客户提供的信息。从第三方了解客户资信状况时，要注意方式方法，正确判断第三方提供的信息是否客观、准确。需从第三方了解的信息主要包括客户的为人、诚信状况；客户的家庭关系是否和睦，是否孝敬老人；客户的生活习惯，是否勤俭，是否有赌博、酗酒等不良嗜好；家庭生活水平如何；客户主要的债权债务，特别是民间借贷情况；客户的雇员流动率、是否能按时发放工资；客户生产经营的历史等。

7. 对保证人的保证意愿和担保能力进行核实。应向借款人和保证人分别询问其关系历史、保证人愿意为借款人担保的原因、保证人与借款人之间有无债权债务关系等。通过其他渠道对保证人的个人基本信息、住址、联系方式、工作单位、职务以及收入状况进行调查核实和交叉检验，了解保证人是否具有担保能力。

对于保证人为国家公务员、大中型企事业单位正式职工或教师、医生等有相对稳定收入人群的，可通过非现场调查向其工作单位核实保证人的身份真实性、工作单位和劳务关系的真实性，验证保证人收入状况的合理性。对于保证人为小微企业主或者有稳定收入的村民的,应对保证人进行现场调查(包括家庭住址和经营场所),并留下影像信息,通过查验保证人生意的关键财务数据等方式,评估保证人担保能力。

(四)调查结果初评

在贷前调查过程中,若发现客户不满足贷款申请条件或是禁止发放贷款对象,客户(保证人)存在故意欺骗或提供虚假信息时,应立即停止对该客户的调查,明确拒绝该客户的申请。

在贷前调查结束之后,调查专员应根据调查获得的信息,从客户的借款用途、还款意愿、还款能力等方面进行初评,重点要落实借款人的第一还款来源,判断是否满足贷款要求;对于不满足的,应委婉拒绝客户的贷款申请。对保证人进行调查后,调查专员应根据调查获得的信息,对保证人的担保资格作出初步判断;对于不达标的,应要求客户更换或者增加保证人,否则应拒绝借款人的贷款申请。

五、撰写调查报告

对于初评结果通过的客户,调查专员应及时根据贷前调查与相关分析结果形成贷前调查报告。调查报告须对证明客户还款意愿和还款能力的关键信息进行详细说明,写明调查结论和贷款建议,调查专员和本部门或分支机构负责人应在调查报告上共同签字确认。在小额贷款业务的实际操作中,信贷机构主要采用贷款调查表替代调查报告。

贷前调查报告须符合下列要求:(1)撰写贷前调查报告应以贷前审核与实地调查的结果为基础;(2)贷前调查报告应内容翔实、数据准确、及时完整,格式统一规范;(3)对客户的经营现状、财务状况和发展前景的综合评价应客观、公正、科学;(4)贷款种类、金额、期限、利率、担保方式等要素齐全、明确、无误。

贷前调查报告的具体内容包括:

1. 基本情况,主要是借款人的贷款主体资格,基本条件是否符合要求;

2. 经营状况,主要是借款人近年的生产、销售、效益情况和发展前景预测;

3. 财务状况与还款能力,主要是借款人近年的资产负债、资金结构、资金周转、盈利能力、现金流量等现状及变化,落实还款来源和还款能力;

4. 信誉状况,主要是借款人有无拖欠金融机构的贷款本息和不良信用记录;

5. 经营者素质,主要是法定代表人和主要领导层的学识、经历、业绩、品德和经营管理能力;

6. 担保情况,主要是抵(质)押物的权属,价值和变现难易程度,保证人的保证资格和保证能力;

7. 贷款风险分析与提示。

✉ 【延伸阅读2-1】

贷款实地调查技巧

一、调查如何开场

见到客户时,应先向客户问好,或者先寒暄几句。然后向客户说明自己的来意,比如说"按照我们的制度要求,需要对您进行贷前调查。希望您积极配合我们的工作,这些都将利于您快速得到贷款"。调查应从客户熟悉和并不隐私的内容开始,如客户的经营历史、经营情况。

二、调查中如何与客户交流

调查时应尽可能在安静的环境下交流,信贷员要以平静、平等的心态,多与客户进行互动,多目光接触,适当谈些客户感兴趣的话题,不能让客户产生"被审问"的感觉。

在调查过程中,还应把握调查的节奏。有的客户喜欢说个不停、喋喋不休,这样的客户需要引导按照事先确定的调查重点询问,或者及时转移话题,但不是生硬地打断客户的讲话。有的客户存在戒心,不喜欢多说,对于这种情况,应该鼓励客户多提供信息,并告知客户较多的信息对贷款的迅速审批有帮助,且保证不透露客户的信息给他人。

信贷员不能对客户许下贷款额度等方面的承诺,可以给客户什么时候能够答复的承诺。对于涉及客户的销售收入、应收款、负债、应付款等重要信息时,应多角度进行提问、交叉验证。对于关键的问题,应向客户多询问几次,以确认客户的回答,对于有矛盾的回答要客户解释。

对于一问三不知的客户,可明确告诉他如果再不配合,将终止调查。

三、如何询问一些财务数据

1. 如何询问销售收入。一般不要直接询问客户的销售收入,可以从销售量、价格,进货数量、进货频率、存货、销货单、进货单、成本等入手,也可以从不同渠道如雇员获得收入收据。对于销售收入必须从不同渠道获得收据,要取得尽量多月份的收入数据,且要描述详细。对于不愿透露的客户要让他知道其提供的关于收入方面的信息越多,对于其贷款获得批准就越有利。

2. 如何询问应收款。应收款应根据客户所处行业、经营特点、生意的周期性、结算方式等判断是否应该有应收款。服务和商贸类客户的应收款一般比较少,生产制造业的应收款会比较普遍。一般客户在回答时都倾向于夸大自己的应收款以显示自己的实力,但是我们一定要看到欠条或笔记之类的纸质证明才能计入应收款。

有些客户不愿意透露,我们可以问"来您这拿货的,有多少不能当时结清","上级要求我们必须看一下您的赊销登记本,您支持一下,给我们翻翻吧"。

应收账款的登记本一般都比较破旧,且字迹较乱,比较随便地放在抽屉里,有的商户是按照业务员分别保管的。

3. 如何询问应付款和负债。如果对客户直接询问,客户一般说没有或者少说。在询问时,可以旁敲侧击地询问,如"您有这么大的生产规模,每月都要进很多货,这些进货的钱怎么解决?"或者通过应收款项来估计应付款项数据。对于不愿意说的客户,要让他明白负债是很正常的事情,我们在做市场调查时,发现基本上每户都有欠别人货款,别人也欠他货款的情况,再问这个客户情况如何。

4. 如何询问所有者权益。与负债相比,客户更愿意透露所有者权益的信息。询问的方法是问本钱和持续投入等情况，如"您当初开始经营的时候投入了多少本钱"，要询问不同的本钱状况，包括资金、货物和设备等，并要搞清楚客户当时的本钱是如何筹集的。再问持续投入的情况，如"前几年的经营很顺利吧，每年的盈利大概是……最近几年的盈利平均下来有……""这些年赚的钱除了大的开销都投到生意里边了吧？"根据客户提供的信息估算客户的所有者权益。所有者权益的数据可以用来验证客户的负债信息。

四、如何确认贷款的用途

一般的贷款用途可能有以下一些情况：应收账款周期较长，占用正常周转资金；为销售旺季准备，采购原材料或货物；接到新的订单，需要前期投入；扩大生产经营规模或改善经营条件；投入新项目；家庭大额支出等。

对贷款用途真实性的判断上，首先，需关注客户的解释是否合理，与实际情况是否相符等。其次，要注意观察客户是否了解贷款用途的每一个细节，比如，贷款具体的用途，贷款的必要性，购买什么、金额、时间、供货方等。也可以询问申请人的家人是否了解该贷款，如果家庭成员不了解，一般用于转借的可能性较大。

五、如何判断客户的还款意愿

客户的还款意愿必须通过各种非财务的信息去分析，由于这些软信息包含大量非量化信息，需要信贷员通过多种渠道仔细观察获取。具体观察内容如下：（1）观察客户的外表——衣物打扮，接待其客户的态度；（2）观察客户家庭——是否温馨，是否有孩子的物品，是否有宠物，如果混乱，什么原因，是否有麻将桌，是否有酒精味道；（3）观察客户的经营场所——是否与生意要求符合，是否干净整洁，是否有辅助物品；（4）与其妻子或丈夫不经意地交谈——感觉妻子是否参与生意经营，是否知道以及支持贷款（要仔细观察反应）；（5）与其雇员不经意地交谈——雇员受雇多久了，雇员哪里人，随意问问什么时候忙。

活动3　审查与审批

贷前调查通过后进入贷款评审环节，贷款评审是指相关信贷管理人员，对信贷风险事项进行审查、审议、审批决策的过程，也是对其实施风险识别、风险计量、风险控制的过程。贷款评审方式一般根据业务种类、风险程度等情况，采取有权岗位或部门审查、贷款审查委员会审议、有权审批人审批等方式。

一、贷款审查

贷款调查人将借款人和担保人提交的各项资料和"贷款调查报告"提交信贷管理部或专职审查人进行审查，审查人在贷款审查时应遵循客观公正、独立审贷、依法审贷的原则。贷款审查应对贷款调查内容的合法性、合理性、准确性进行全面审查，重点关注调查人员工作尽职情况、借款人的偿还债务能力、信用状况、担保情况、抵（质）押比率、风险程度等，准确揭示业务风险，提出降低风险的对策，并按规定提交有权审批人予以审批。

贷款审查内容具体包括：

1. 基本要素审查。主要审查客户及担保人应提供的信贷资料是否齐备，信贷业务内部运作资料是否齐全，资料的合规性、真实性和完整性。如关键要素是否填写完整，借款人及相关人员是否签字，调查报告是否按要求填写完整、关键财务指标计算是否准确、前后内容是否符合逻辑等。

2. 主体资格审查。主要审查客户及担保人主体资格是否符合规定，客户生产经营项目或服务是否符合规定，法人客户法定代表人、其他高管人员或个人客户及其家庭主要成员、有关联的主要社会关系有无不良记录，社会信誉、道德品行等方面是否良好等。

3. 贷款政策审查。主要审查客户信用等级是否符合本行客户准入条件，贷款用途是否合法、合规、合理，是否符合国家或上级部门和本行有关政策规定，贷款额度、期限、方式、利率等要素是否适合客户实际情况、是否符合本行贷款政策等。

4. 贷款风险审查。主要审查信用评级结果的公允性、准确性以及贷款利率执行的准确性、贷款额度合理性、贷款方式有效性和风险可控性等，审查、复测、分析、揭示客户的财务风险、经营风险、市场风险，审查调查专员是否按规定履行了实地调查职责、调查专员与申请人是否为关系人等。

5. 贷款调查审查。审查贷款客户经理是否按规定履行了实地调查职责，客户经理与贷款申请人是否为关系人，贷款调查意见是否客观、属实等。

审查完成后，审查人员应根据贷款资料的合规性、真实性和完整性，以及电话核实结果，签署审查意见。对于符合条件的客户，即可提交审批；对于不符合条件的业务，须退回调查专员，由调查专员根据审查意见，进行相应的材料补充或委婉拒绝。

二、贷款审批

贷款人应根据审慎性原则，完善授权管理制度，规范审批操作流程，明确贷款审批权限，实行审贷分离、分级审批，确保贷款审批人员按照授权独立审批贷款。有权审批人在审阅有关资料和审查人的审查意见后，根据审查要点进行审查，并对贷款进行签批，决定贷与不贷，贷多贷少以及贷款方式、期限和利率等。

根据贷款额度大小、风险情况及小额信贷机构的流程设计不同，有的贷款在给最终审批人签批之前，可能还需经贷款审查委员会（以下简称贷审会）进行审议。贷审会成员根据贷款资料，对客户贷款目的的合理性、影响客户还款能力和还款意愿的因素，以及调查不完整或存在疑问的信息进行提问，由调查专员、风险控制专员等当面进行回答。贷审会成员根据回答情况和贷款资料内容，独立作出同意、复议或不同意的决策。

有权审批人在授权范围内根据审查报告、会议纪要等资料，在审批表上就审议事项签署最终审批意见，可以提出更为严格的信贷条件，但不得放宽审议通过的信贷条件。

有权审批人审批结果为同意的贷款业务，一般由业务部门通知客户，明确贷款种类、金额、期限、利率或费率、还款方式、担保方式、限制性条款、贷款管理要求及审批有效期等，并与客户约谈合同签订与贷款发放等事宜。

活动 4　签订合同与发放贷款

一、签订合同

贷款经审批通过后，应及时通知借款人、担保人办理有关签约手续。贷款人应与借款人签订借款合同及其他相关文件，需担保的贷款应同时签订担保合同。借款合同应当约定借款种类，借款用途、金额、利率，借款期限，还款方式，借、贷双方的权利、义务，违约责任和双方认为需要约定的其他事项。

借款合同内容填写必须完整，不得涂改。业务种类、金额、期限、利率、还款方式和担保应与最终审批一致。客户提供抵（质）押担保的，根据法律规定办理抵（质）押担保登记（公证）手续，并取得相关登记证明。

签约程序如下：

1. 准备空白合同文本，包括借款合同、担保合同及其他需准备的资料。
2. 由信贷业务部、风险控制部门（法律事务部门）审核上述合同文本，对需要调整和修改的合同条款应及时与有关当事人协商、谈判，将修改意见报有权签批人审定。
3. 经办人登记"贷款项目合同登记表"，确定合同编号，填写合同内容并在经办人处签字。
4. 对填写完内容的合同文本再进行一次审核。
5. 涉及股东代表、法定代表人、董事会成员、财产共有人、担保人等签字盖章的情况，当事人必须当面签字、盖章，贷款机构至少应有两人在现场。
6. 贷款机构法定代表人签章、盖贷款机构公章。
7. 抵（质）押登记与保险。需进行抵押登记的，客户经理要持相关合同与抵（质）押人一起到抵（质）押登记部门办理抵（质）押登记手续。需进行财产保险的，需到保险公司投保，保单上注明信贷机构为保险赔偿第一受益人。

二、发放贷款

借款合同生效后，贷款人应按合同约定及时发放贷款。贷款人应遵循审贷与放贷分离的原则，贷款资金划付之前，由独立的放款管理部门或岗位负责落实放款条件，如相关登记、保险手续是否办妥等，然后按照约定发放贷款。贷款发放时，由借款人根据信贷业务合同约定的用款计划，一次或分次填制借款凭证（借据），签字并盖章。一般来说，商业银行、农村信用社等银行金融机构的贷款发放工作在本行（社）内即可完成。小额贷款公司等专业信贷机构一般将放贷通知书、借据等移交给合作的商业银行，由其审核后办理账务手续。

贷款人按照合同约定通过贷款人受托支付或借款人自主支付的方式对贷款资金的支付进行管理与控制，监督贷款资金按约定用途使用。贷款人受托支付是指贷款人根据借款人的提款申请和支付委托，将贷款资金支付给符合合同约定用途的借款人交易对象。借款人自主支付是指贷款人根据借款人的提款申请将贷款资金直接发放至借款人账户，并由借款人自主支付给符合合同约定用途的借款人交易对象。

有下列情形之一的个人贷款，经贷款人同意可以采取借款人自主支付方式：
1. 借款人无法事先确定具体交易对象且金额不超过三十万元人民币的；
2. 借款人交易对象不具备条件有效使用非现金结算方式的；
3. 贷款资金用于生产经营且金额不超过五十万元人民币的；
4. 法律法规规定的其他情形的。

具有以下情形之一的流动资金贷款，原则上应采用贷款人受托支付方式：
1. 与借款人新建立信贷业务关系且借款人信用状况一般；
2. 支付对象明确且单笔支付金额较大；
3. 贷款人认定的其他情形。

《固定资产贷款管理暂行办法》规定，单笔金额超过项目总投资5%或超过500万元人民币的贷款资金支付，应采用贷款人受托支付方式。

活动5　贷后管理

贷后管理是指从客户使用贷款后，到该贷款完全终止前各个环节的管理。贷后管理包括贷后检查、合同变更、贷款归还、贷款风险分类与不良贷款管理、贷款档案管理等。

一、贷后检查

贷后管理中，最基础性的工作就是贷后检查。贷后检查是指贷款发放后，贷款人采取有效方式对贷款资金使用、借款人执行借款合同情况、借款人的信用及担保情况变化等进行跟踪检查和分析，防范化解贷款资产风险。贷后检查遵循双人交叉、现场检查、预警报告、适时处理、综合评价的原则，检查完毕后做好贷后检查记录。

贷款人应针对借款人所属行业及经营特点，通过定期与不定期现场检查与非现场监测，分析借款人经营、财务、信用、支付、担保及融资数量和渠道变化等状况，掌握各种影响借款人偿债能力的风险因素；应动态关注借款人经营、管理、财务及资金流向等重大预警信号。对检查发现生产经营不善、现金流量不足、无发展前景及被风险预警的客户，需根据合同约定及时采取提前收贷、追加担保、到期减少续贷、停止贷款或诉讼、清收贷款本息等有效措施防范化解贷款风险。

二、合同变更

在合同履行期间，经客户申请，并经有关责任人各方协商同意，可对合同相关内容进行变更，如合同主体变更、还款账号变更、还款方式变更、贷款展期、贷款期限调整、分期还款额调整、担保变更等。

所有变更申请必须由合同当事人（包括借款人、保证人等）提出书面申请。在担保期内，根据合同约定必须事先征得担保人书面同意的，须事先征得担保人的书面同意。如需办理抵（质）押变更登记的，还应到原抵（质）押登记部门办理变更抵（质）押登记手续及其他相关手续。

不能按期归还贷款的,借款人应当在贷款到期日之前,向贷款人申请贷款展期。是否展期由贷款人决定,同意展期的贷款需签订贷款展期协议,需要办理抵(质)押登记手续延期的,还应到相关登记部门办理抵(质)押登记延期手续,并取得法定凭证。申请保证贷款、抵押贷款、质押贷款展期的,还应当由保证人、抵押人、出质人出具同意的书面证明。已有约定的,按照约定执行。

短期贷款展期期限累计不得超过原贷款期限,中期贷款展期期限累计不得超过原贷款期限的一半,长期贷款展期期限累计不得超过3年。国家另有规定的除外。

三、贷款归还

贷款人在短期贷款到期1个星期之前、中长期贷款到期1个月之前,应当向借款人发送还本付息通知单。贷款人对不能按借款合同约定期限归还的贷款,应当按规定加罚利息;对不能归还或者不能落实还本付息事宜的,应当督促归还或者依法起诉。

(一)正常还款

正常还款是指借款人主动按照借款合同约定的期限和还款方式足额偿还贷款本息。约定扣划还款的,可按约定于贷款还款日自动从约定的客户扣划账户中划收。

客户还清贷款不再续贷的,客户部门应将抵(质)押权利凭证交还抵(质)押人,并作客户签收登记。设定抵(质)押登记的,应及时向客户提供办理注销抵(质)押登记的必备资料,协助客户办理注销手续。

客户归还贷款后,客户经理应与客户保持联系,及时调查了解客户资金需求情况,开展相关业务的再营销。

(二)提前还款

根据客户是否自愿分为客户要求提前还款和信贷机构要求客户提前还款或强制收回。经审批同意客户提前还款的,客户经理通知客户办理提前还款手续。对于提前归还部分贷款的,若不涉及解除部分抵(质)押权的,可按正常还款手续办理。若涉及解除部分抵(质)押权的,在客户按提前还款手续归还部分本金后,还应办理部分解除抵(质)押权手续。对不同意客户提前还款的应通知客户,并做好解释工作。对于全额提前还款的,其还款手续的处理一般按照正常还款手续办理。

(三)贷款催(清)收

贷款业务到期之日营业终了尚未归还的贷款业务列入逾期催收管理,客户部门填制逾期催收通知书,并约见客户,督促客户落实可行的还款计划,必要时通知律师向客户发出律师催收函。

协商后的还款计划仍然不能得到落实,则通过法律途径处理贷款违约,具体措施包括:(1)依法纠正借款人的违约行为;(2)对逾期贷款计收罚息;(3)停止发放未发放的贷款;(4)依法追索保证人的连带责任;(5)依法要求保险人履行保险责任;(6)依法处理抵(质)押物;(7)依法行使债权人其他权利。

四、贷款风险分类和不良贷款管理

贷款风险分类是指按照规定的标准和程序对贷款资产进行分类。贷款风险分类遵循不可拆分的原则，即一笔贷款只能处于一种贷款形态。目前主要采用贷款风险五级分类，即正常贷款、关注贷款、次级贷款、可疑贷款、损失贷款，其中后三类为不良贷款。根据规定，商业银行对发放的贷款要计提贷款损失准备金，主要包括一般准备金（也叫普通准备金）、专项准备金和特别准备金。一般准备金是商业银行按照贷款余额的一定比例提取的贷款损失准备金，我国现行标准是贷款余额的1%；专项准备金是根据贷款风险五级分类的结果，对不同类别的贷款按照建议比例进行计提；特别准备金是针对贷款组合中的特定风险，按照一定比例提取的贷款损失准备金，一般只有遇到特殊情况才计提特别准备金。

客户部门、资产保全部门及其他相关部门，应紧密配合，上下联动，对不良贷款采取以下处置措施：

1. 确认不良贷款金额和形成原因；
2. 重新审核贷款文件，征求法律、审计、不良贷款管理等专家意见；
3. 对于尚未发放的贷款额度，依照约定条件和规定予以终止。依法难以终止或终止将造成客户经营困难的，应对未发放的贷款额度专户管理，未经有权部门批准，不得使用；
4. 向借款人发出贷款催收通知书或提前归还贷款通知书；
5. 要求保证人履行保证责任，追加担保或行使担保权；
6. 向所在地的司法部门申请保全冻结问题贷款客户的相应资产，以减少损失；
7. 其他必要的处理措施。

对确实无法收回的不良贷款，贷款人按照相关规定对不良贷款进行核销后，继续向债务人追索或进行市场化处置。

五、贷款档案管理

贷款档案是指在办理贷款业务过程中形成的，记录和反映贷款业务申请、审批、发放、管理、收回全过程的重要文件和凭据，主要由相关契约及凭据、借款人的基本资料、借款人的贷款业务资料、各部门贷款管理资料等组成。贷款档案管理是指对贷款资料的收集整理、归档登记、保存、借（查）阅管理、移交及管理、退回和销毁的全过程。贷款档案涉及国家、信贷机构和客户秘密的，档案管理人员、调阅人员均需严格执行保密制度。

信贷部门应配备具有一定信贷业务知识、责任心强、办事仔细认真、严守秘密的专（兼）职档案管理员，负责对接收档案的完整性和规范性进行检查，对信贷业务档案进行编号、立卷、归档，并负责对档案调阅、移交、销毁的管理。应设立专用信贷业务档案库或档案专区。档案库应符合防盗、防火、防渍、防腐蚀、防有害生物的要求。涉及担保的权证类信贷档案专库保管。

（一）贷款档案内容

1. 借款人及合同等相关资料（以企业客户为例）。

（1）企业营业执照（特殊行业需提供特殊行业经营许可证）、居住证明、婚姻证明、营业执照等证明其经营合法性和经营范围的有关证明文件；

（2）企业法定代表人的身份证复印件、授权委托书；

（3）公司章程、验资报告或非独资企业的各股东有关协议、联营协议或者合伙企业的合同或协议等；

（4）企业或经营者个人相关自有资产的权属证明，抵（质）押物价值证明材料及专业评估机构的评估报告；

（5）企业最近一期的财务报表和近两年的年度财务报表；

（6）保证人同意提供担保的证明、决议等；

（7）借款人、保证人的资信证明；

（8）借款、贷款审批意见书；

（9）借款合同、抵押合同、质押合同、保证合同；

（10）保险合同、保险单据、贷款凭证（业务部门留存联）等。

2. 贷后管理相关资料。贷后审查记录和审查报告、逾期贷款催收通知书、贷款制裁通知书、法律仲裁文书、依法处理抵押物和质押物等形成的文件、贷款核销文件等。

（二）贷款档案管理制度

1. 贷款档案收集整理。主管客户经理及时对贷款文件材料进行复制和清理，检查文件材料的有效性和完整性，对文件材料进行整理，合理编排顺序，填写档案清单和案卷封面。

2. 贷款档案归档登记。主管客户经理将档案卷宗移交档案管理人员，档案管理人员对归档材料的完整性和合规性进行必要的审查，并按照立卷原则对归档资料进行整理和归档登记。

3. 贷款档案使用。建立贷款档案借阅制度，完善贷款档案借阅手续。对于借阅有关贷款的重要档案资料，必须经过有权人员的审批同意。档案管理员应对档案借阅、归还等进行登记。

4. 档案的退回和销毁。借款人还清贷款本息后，一些档案材料需要退还借款人，其余档案资料仍须根据不同的贷款业务品种保管一定的期限。保管期结束后，贷款档案经鉴定、登记造册、权利人签批，进行集中销毁。

《商业银行授信工作尽职指引》

【延伸阅读 2-2】

农信机构贷款"三查"工作中存在的问题

由贷前调查、贷时审查、贷后检查构成的贷款"三查"制度，是信贷管理的基础，是防范信贷风险基本措施，贷款"三查"制度的执行直接关系到信贷资产质量的好坏。现实中，由于受外部环境和内部机制等因素的影响，农信机构在贷款"三查"工作中仍存在一些问题。通过与农信机构信贷、审批、监察审计等不同岗位、不同级别人员的座谈，对"三查"制度的执行情况进行了梳理，分贷前、贷时、贷后三个阶段对存在问题进行了归纳。

（一）贷前调查流于形式，未能有效识别风险

1. 听任借款人"包装"财务数据。农信机构大部分借款人为小微企业，财务制度不健全，财务报表数字不精确。个别信贷人员为了满足信贷的准入要求，默认甚至帮助企业在财务报表上动手脚。

2. 过分依赖第二还款来源，轻视对第一还款来源的分析。部分信贷员只要借款人提供房产抵押，不对借款人所经营的项目和第一还款来源作深入分析就给予办贷。但现实工作中，即便该抵押物变现能力再强，在对其进行处置时也要花费大量的时间和精力。

3. 调查缺乏完整性。例如，以听取借款人的口述代替实地调查。只注重调查借款人表面上不易变现的固定财产，轻视对借款人的人品、人格和信用记录的调查。以借款人的个人行政官位，代替其人品和信用观念、还款实力和意愿，调查报告往往与借款人的实际情况相差很大。

4. 高估抵押物价值、弱化担保能力。抵押贷款一般受到抵押率的限制，当抵押率满足不了借款人对贷款额度的要求时，借款人往往会要求评估机构对抵押物进行超过公允价值的评估。或者，借款人为了凑数随便找两个没有担保能力的自然人担保，而信贷人员在调查时没有对担保人的担保能力进行认真细致的调查，导致贷款担保能力弱化。

（二）贷时审查存在走过场，未能堵住风险

1. 对贷款调查报告内容真实性缺乏审查。表现为在审查审批贷款时，审批人只根据下级上报的调查报告作出贷与不贷的决定，未对调查报告内容真实性进行实地审查。

2. 对贷款的安全性缺乏认真审查。部分审批人未能通过对报审项目的风险分析，审查贷款的可偿还性，揭示贷款的风险点并提出风险防范措施。

（三）贷后检查弱化，不能有效发现风险

1. 贷后检查报告不能及时反映借款人的现金流量的变化情况，不能给借款人还款能力准确评估提供依据。

2. 不能及时反映借款人重大变动事项。部分贷后人员忽视借款人财务数据的重大变化，不能及时反映借款人改制等重大情况，给信用不良企业逃废银行债务留下了可乘之机。

3. 对已诉讼贷款和已核销贷款贷后跟踪不到位。特别在大面积拆迁的地区，很多拆迁户是已核销贷款的借款人，在得到一定数额的拆迁补偿款后，很多人具备还款意愿和能力。但部分信贷人员由于未能密切关注贷后管理，在一定程度上放弃了收回贷款的机会。

资料来源：中国农村金融网. 农信机构贷款"三查"工作中存在的问题与改进建议［EB/OL］.［2017-03-22］. http://www.zgncjr.com.cn/content/200000234/C99160CFBF5A422B8966A9DD7AB7BA7C/1.html.

☞ 请思考：基于材料，谈谈在贷款业务操作流程中对信贷人员的工作要求。

✉ 【延伸阅读 2-3】

银行业金融机构信贷业务七不准

银行业金融机构要认真遵守信贷管理各项规定和业务流程，按照国家利率管理相关

规定进行贷款定价,并严格遵守下列规定,即"信贷业务七不准":

1. 不得以贷转存。银行信贷业务要坚持实贷实付和受托支付原则,将贷款资金足额直接支付给借款人的交易对手,不得强制设定条款或协商约定将部分贷款转为存款。

2. 不得存贷挂钩。银行业金融机构贷款业务和存款业务应严格分离,不得以存款作为审批和发放贷款的前提条件。

3. 不得以贷收费。银行业金融机构不得借发放贷款或以其他方式提供融资之机,要求客户接受不合理中间业务或其他金融服务而收取费用。

4. 不得浮利分费。银行业金融机构要遵循利费分离原则,严格区分收息和收费业务,不得将利息分解为费用收取,严禁变相提高利率。

5. 不得借贷搭售。银行业金融机构不得在发放贷款或以其他方式提供融资时强制捆绑、搭售理财、保险、基金等金融产品。

6. 不得一浮到顶。银行业金融机构的贷款定价应充分反映资金成本、风险成本和管理成本,不得笼统将贷款利率上浮至最高限额。

7. 不得转嫁成本。银行业金融机构应依法承担贷款业务及其他服务中产生的尽职调查、押品评估等相关成本,不得将经营成本以费用形式转嫁给客户。

资料来源:节选自《中国银监会关于整治银行业金融机构不规范经营的通知》(银监发〔2012〕3号)。

模块二 小额信贷产品开发与营销

【案例导入】

浙江农信网络贷款产品"浙里贷"

浙江农信不忘服务"三农"的初心,牢记"支农支小"的使命,坚守"姓农、姓小、姓土"的核心定位,承担了浙江全省1/2农户贷款和1/5小微企业贷款,以及绝大多数低收入农户贷款,创出了富有浙江特色的普惠金融模式。

浙江农信顺应"互联网+普惠金融"发展大势,深入推进金融科技融合发展,研发推出纯线上小额信用贷款"浙里贷",进一步解决农村金融服务不平衡不充分的问题。

"浙里贷"产品的信贷模式:"1+2+3"。

"1"是"一键申请",客户只要登录丰收互联即可一键申请;

"2"是"2分钟",通过系统自动评级,2分钟内就能走好全部流程;

"3"是"30万元",以发放30万元以下小额信用循环贷款为主。

"浙里贷"产品的五大创新亮点:

1. 授信一步到位。依托浙江农信经过连续10年的"走千家、访万户"积累了海量客户信息,并依托公积金、税务、工商、人民银行征信等政府公共数据,一步到位精准授信。

2. 资金一贷通用。在符合信贷政策的前提下,既可用于住房装修、购买汽车和旅游度假等日常消费项目,还可以用于购买原料设备、店面装修、支付租金等生产经营性项目,资金用途更为灵活多元。

3. 办贷一次不跑。"浙里贷"采用人脸识别、移动支付等信息技术,支持贷款业务全流程线上办理、自主操作、随借随还,让客户"一次不跑"就可享受到便捷服务,大幅改进了边远山区、海岛百姓的金融体验。

4. 费用一分不收。贷款利率远低于互联网贷款等产品定价,"浙里贷"产品的年利率最低仅为5.22%,并且不收任何附加的服务费、手续费等,有效解决担保难、融资贵等问题。

5. 风险一键排查。依托浙江农信丰收信用体系,系统创新接入人民银行征信、信用中国、信用浙江等最具公信力的信用数据,形成"丰收信用体系",并设置了白名单自动筛选、风险预警系统实时对、贷款资金流向监测等功能,运用大数据风控技术一键排查客户风险。同时,结合线下贷前尽职调查和贷后风控,以及人头熟、底子清、信息灵等"软信息",可以最大限度地降低信贷风险。

资料来源:[1] 搜狐网. 浙江农信发布了一款网络贷款产品[EB/OL]. [2018-07-13]. https://www.sohu.com/a/241047442_618595.

[2] 搜狐网. 浙江百姓有福啦,浙江农信"浙里贷"全面来袭![EB/OL]. [2018-07-13]. https://www.sohu.com/a/241067748_175037.

 请思考:结合材料,谈谈贷款产品通常包括哪些基本要素?

活动1　理解贷款产品及其构成要素

一、贷款产品概念与分类

推进贷款业务发展需要不断创新贷款产品和服务。贷款产品是金融产品的一个重要类别,是实现间接融资的载体之一。贷款产品根据不同的标准可以分为不同的类型,贷款用途和客户对象通常是划分贷款产品的常用标准,当然根据贷款期限、贷款担保方式、还款方式等也可以给贷款产品分类。

根据贷款用途一般可分为消费贷款和生产经营贷款,消费贷款可细分为住房按揭贷(安居贷)、汽车抵押贷、随薪贷、乐农贷、助学贷等,生产经营贷款可细分为易农贷、创业贷、电商贷、流动资金贷、固定资产贷等。

根据贷款的客户对象可分为个人贷款、农户贷款、企业贷款、农村经济组织贷款等。以浙江农信的贷款产品为例,其农户及个人贷款细分为丰收创业贷、丰收小额贷、农户联保贷、市场经营户贷、青年创业贷、大学生自主创业贷、农户住房贷、低收入农户创业贷等,农村经济组织贷细分为农家乐贷、林权抵押贷、农民专业合作社贷、农村流转土地经营权抵押贷、农村基础设施建设贷、海域使用权抵押贷等。

当前,各类信贷机构的贷款产品具有高度的同质性,不同机构的贷款产品之间只是在贷款的额度、期限、利率、担保要求、还款方式、申请条件、办理流程等某些方面有所不同。任何一家信贷机构的某种贷款产品创新，都比较容易被其他同类机构复制或模仿。在贷款产品雷同的情况下，各家信贷机构发展贷款业务更需要比拼贷款服务。

二、贷款产品构成要素

贷款产品的构成要素一般包括产品名称、贷款对象、贷款用途、贷款额度、贷款期限、贷款定价、担保方式、还款方式、办理条件、办理流程10个方面。

（一）产品名称

为了突出贷款产品的特征，方便开展贷款产品的市场营销和推广，商业银行、贷款公司等信贷机构越来越重视对设计开发的贷款产品进行命名，贷款产品的名称要能够准确传达该产品的主要特征，最好能够很容易被客户记住。

命名的方法各不相同，有打造爆款产品的命名方法，如中国工商银行的"商友贷"、中国民生银行的"商贷通"、宁波银行的"白领通"、杭州银行的"公鸡贷"、浙江农信的"浙里贷"等；还有针对同类客户的系列贷款采用系列命名的方法，如上海农商银行将小企业鑫融计划的特色产品命名为"鑫通融""鑫速融""鑫易融""鑫联融"。

（二）贷款对象

贷款对象就是贷款的客户，信贷机构一般将客户分为个人客户、公司客户，设计开发贷款产品时，通常要对个人客户和公司客户再进行细分。比如，个人客户可以细分为城市居民、农村居民（农户）、青年人、创业者、低收入人群、公务员、事业单位员工、下岗人员、学生等；公司客户可细分为大企业、中小企业、小微企业、农村合作经济组织等。

（三）贷款用途

贷款用途指的是贷款资金的具体去向，反映贷款用于解决哪一方面的资金需要。客户借款的用途是多种多样的，可能是用于消费，也可能是用于生产经营；可能是补充流动资金或者购买机器设备，也可能是用于偿还到期贷款。客户借款用途应满足真实、合理、合规、合法等基本要求，借贷双方须在借款合同中写明。商业银行等金融机构不得发放无指定用途的贷款。

（四）贷款额度

贷款额度是指银行等信贷机构给借款人授信的具体金额数量。信贷机构在充分考虑借款人的借款需求、借款用途、还款能力、担保方式、资信状况等基础上决定授信额度。额度应当适度，应与借款人偿债能力和实际需求相匹配，超过其实际偿债能力或实际需求或额度不够都存在风险。超额贷款，客户可能会因挪用贷款作为他用造成风险；不足额，客户有可能无法完成项目或寻求其他高息借款，风险同样很大。

关于贷款额度限制：第一，对同一借款人的贷款余额不得超过商业银行资本余额的10%，商业银行对最大一家集团客户授信总额不得超过资本净额的15%；第二，对同一借款人的贷款余额不得超过小额贷款公司资本净额的5%。一般来说，信贷机构在此标准内结合所在地经济状况和人均地区生产总值水平，制定最高授信额度。

（五）贷款期限

贷款期限是指借贷双方依照有关规定，在合同中约定的贷款使用期限。贷款期限应根据贷款的种类、性质、用途和客户的还款现金流状况来确定。在借款合同中，当事人订立借款期限条款必须全面、详细、具体、明确，以确保合同的顺利履行，防止产生合同纠纷。

（六）贷款定价

贷款定价是关于向客户发放贷款的价格条件。贷款如何合理定价是贷款业务的核心工作。定价过高，会驱使客户从事高风险的经济活动以应付过于沉重的债务负担，或者是抑制客户的借款需求，使之转向其他信贷机构或者通过公开市场直接筹资；定价过低，信贷机构可能无法实现盈利目标，甚至不能补偿成本和承担的风险。贷款价格包括贷款利率、贷款承诺费及服务费、提前偿付或逾期的罚款等，贷款利率是贷款价格的主要组成部分。贷款利率为一定时期内利息额与贷款金额的比率，年利率和月利率是常用的两种利率单位。

（七）担保方式

担保作为债权保障措施是借款人的第二还款来源，客户提供的担保方式包括保证、抵押、质押等。当借款人第一还款来源出现问题时，担保可以起到分散和补偿贷款风险的作用，但其不能从根本上消除贷款风险，不能取代对借款人的信用分析。从实践来看，一旦借款人的第一还款来源出现问题，信贷机构主张担保权利往往也不会很顺利。

（八）还款方式

还款方式是指借款人以何种方法还款。还款方式应根据贷款的金额大小、具体用途、借款人现金流状况等综合确定，还款方式应当与借款人的未来现金流状况相匹配。通常有以下六种还款法：

1. 到期一次还本付息法。该方法又称期末清偿法，是指借款人在贷款到期日还清贷款本息，利随本清。一般适用于期限在 1 年以内（含 1 年）的贷款。

2. 等额本息还款法。该方法是指在贷款期内每期以相等的额度平均偿还贷款本息，每期归还的本金和利息的配比是逐期变化的，利息逐期递减，本金逐期递增。在利率调整或部分提前还款时，应根据未偿还贷款余额和剩余还款期数重新计算每期还款额。我国以一个月或者一个季度为一个还款期最为常用。

以每月还款为例，每月还款额计算公式为

$$每月还款额 = \frac{月利率 \times (1+月利率)^{还款月数}}{(1+月利率)^{还款月数} - 1} \times 贷款本金$$

3. 等额本金还款法。该方法是指在贷款期内每期等额偿还贷款本金，贷款利息随本金逐期递减，前期还款压力较大，之后每期还款逐渐减少。

以每月还款为例，每月还款额计算公式为

$$每月还款额 = \frac{贷款本金}{还款月数} + (贷款本金 - 已归还贷款本金累计) \times 月利率$$

4. 等比累进还款法。该方法也称等比递增（减）累进法，是指借款人在贷款发放一定时间内，每月等额还款，以后在每期还款额基础上增加一定比例的还款额。就是将整个还款期按一定的时间段划分,每个时间段比上一时间段多(少)还约定的固定比例,而每个时间段内每月须以相同的偿还额归还贷款本息的一种还款方式。

例如,一购房者向银行贷款10万元,贷期10年,按现行利率选择"等额本息还款法",其每月还款额为1089.20元,10年后他总共需支付本息130704元。但他如果预计5年后的收入将会有一个较大的提高,那么他可以选择"等比累进还款法",以5年为周期,第二个5年的月付款比第一个5年上浮50%,那么第一个5年内,他每月还款约在905元;第二个5年内,每月还款约1358元,比905元上浮了50%,10年后他总共需支付约135780元。

5. 等额累进还款法。该方法也称等额递增(减)累进法,其与"等比累进还款法"类似,不同之处就是将在每个时间段上约定多(少)还款的"固定比例"改为"固定额度",同样在每个时间段内每月以相同的偿还额归还贷款本息。

6. 组合还款法。组合还款法是一种将贷款本金分段偿还,根据资金的实际占用时间计算利息的还款方式;即根据借款人未来的收支情况,首先将整个贷款本金按比例分成若干偿还阶段,然后确定每个阶段的还款年限。每个阶段约定偿还的本金在规定的年限中按等额本息的方式计算每月偿还额,未归还的本金部分按月计息,两部分相加即形成每月的还款金额。这种方法可以比较灵活地按照借款人的还款能力规划还款进度,满足个性化需求。在小额贷款业务中,常用的分期付息到期还本可以说是组合还款法的一种特殊类型。

(九)办理条件

每一款贷款产品都有其适用的客户对象和贷款用途,对客户的申请条件有相应的基本要求,关于借款人基本条件要求具体参阅前文贷款申请部分的内容。如浙江泰隆商业银行创业通贷款产品介绍中的办理条件:有合法、稳定的创业经营项目,信用状况良好,有正常还款来源,有按期偿还贷款本息的能力,贷款用途明确、合法,提供有效身份证和企业证照,提供与生产经营或收入情况相关的佐证材料,以及贷款用途证明材料等。

(十)办理流程

贷款产品的办理流程就是贷款业务操作流程的具体化,贷款基本流程参见本项目模块一中的图2-1。根据贷款产品的特征,在办理流程上会有差异,越来越多的小额信贷产品简化了贷款办理流程,在某些环节采用更便捷的线上流程,一些网络贷款产品已经能够实现完全线上办理。比如,浙江泰隆商业银行创业通贷款产品介绍中的办理流程:客户申请(可线上申请)—银行审批—签订合同—放款使用,业务申请后一般3个工作日内作出明确答复。

【延伸阅读2-4】

什么是好的贷款产品

好的贷款产品必须能够同时满足客户和放贷机构的需要,比如,(1)要有足够的包容度或弹性,最好能够满足多种经济活动的需要;(2)在一段较长时期内,有足够的有效需求;(3)产品的客户流失率低;(4)产品的还款率高、风险贷款率低;(5)产品运作成本较低、回报率较高等。

好的贷款产品应设计合理的额度、期限、还款频率、利率、担保措施以及发放回收方式等，一方面减轻客户还款难度，降低信贷风险；另一方面保持较高的客户保留率，减少客户流失，降低客户营销等操作成本。

客户所需和机构所需是不一致的，有时甚至会相互抵触（见表2-2），因此，设计贷款产品需要在两者之间统筹考虑、仔细权衡。好的贷款产品应该在满足客户需求和机构利益方面取得平衡，偏废任何一方都不能收到长久之效。好的贷款产品是具有丰富实战经验的开发人员准确把握客户需求和当地市场条件，评估机构的现实能力，仔细权衡客户和机构利益的产物。

表2-2　　　　　客户与放贷机构对贷款产品的期望和要求

需求点	客户	机构	综合考虑
额度	• 足额满足经营需要 • 倾向于越多越好	• 太小成本高 • 太大风险高	• 所需资金共同分担 • 额度适中（地区经验数据） • 对客户有吸引力 • 与其他机构比有竞争力
期限	• 与生产周期完全一致 • 倾向越长越好	• 期限越长风险越大 • 考虑生产周期 • 考虑家庭收入结构 • 考虑机构负债的期限结构	• 一般不超过一年 • 相近的生产周期合并考虑
定价	• 越低越好	• 能覆盖成本并有盈利 • 考虑风险因素 • 考虑通货膨胀 • 参考其他机构定价 • 不违法	• 确定平均资金成本 • 影子成本因素 • 确定盈亏平衡点 • 法定最高限价以内
抵押担保	• 简单，最好没有	• 简便、实用、有效 • 降低风险、低成本 • 可操作性 • 不违法	• 小组贷款、个人贷款区别对待 • 城乡区别对待 • 开发简便易行的抵押担保手段 • 做实小组联保
贷款发放 贷款收回	• 简便 • 最好门对门服务	• 低风险（道德风险、路途、假币风险等） • 低成本	• 力争做到无现金交易 • 探索利用金融系统平台（银行卡、POS机、手机银行、网上银行等） • 农村和城市分别考虑
还款频率	• 越低越好 • 倾向整贷整还	• 考虑客户家庭现金流 • 风险低 • 成本收益比低	• 考虑地域差异、城乡差异、产业差异 • 考虑节假日、农忙农闲
其他要求	• 投放时机契合	• 与客户信用等级挂钩	
客户考虑的重点		机构考虑的重点	
• 简便、便宜、实用、合时		• 低风险、低成本、盈亏、需求量大小 • 合法、简便、有效	

资料来源：刘文璞．小额信贷管理［M］．北京：社会科学文献出版社，2011：148-149．

活动2　开发小额信贷产品

信贷产品开发主要包括六个基本步骤，即前期评估与准备—市场调研—产品设计—初步测试—发布产品—评估并完善。在整个流程中，客户的需求、竞争对手以及信贷机构本身的状况和能力等因素是信贷产品开发的出发点，其影响贯穿于整个流程。

一、前期评估与准备

前期评估主要包括对产品现状和对机构现状的评估。在开发新产品前，需要回答的核心问题是：现阶段有没有必要开发新产品？机构是否具备开发和运行新产品的条件？

一个小额信贷机构到底有多少贷款产品比较合适，没有一定之规，取决于机构的理念、规模、发展阶段、发展策略、管理水平、员工能力、管理信息系统、市场竞争程度等多种因素。产品多，客户选择余地大，有助于提高市场占有率，但运行成本高、信贷员工作效率受影响。品种少，客户需求满足可能要打折扣，但客户熟悉、运行成本低、信贷员工作效率高。国际上既有以产品多样化为特色的成功机构，如蒙古国的哈斯银行（Xac Bank），信贷产品覆盖生产经营、住房、消费等领域；也有靠产品标准化取胜的优秀机构，如印度尼西亚人民银行（BRI），产品数量不多但高度标准化，也取得了极大成功。

一般来说，处于发展初期或能力较弱的机构，通常采取简单照搬其他机构的产品模式，或借助外部技术力量（如捐助机构或股东机构）帮助开发；处于发展阶段的机构可以在外部专家的指导下，共同设计开发；处于成熟阶段的机构已具有设计开发贷款产品的人才、技术和丰富的信贷经验，能够自主设计开发贷款产品。

二、市场调研

市场调研是产品开发中的关键一环，市场调研的成功与否将决定产品的好坏。根据发展程度，小额信贷市场大体可分为新生市场、快速成长市场和成熟市场三类，市场特征和调查方式见表2-3。

表2-3　　　　　　　　　小额信贷市场类型及调查方式

市场类型	市场特征	调查方式
新生市场	• 市场上只有少数机构提供小额信贷服务 • 需求远远超过供给，属于卖方市场 • 产品驱动型市场，产品单一	• 粗略，非正规 • 在大概了解客户生产活动和信贷需求基础上直接推出产品
快速成长市场	• 提供小额贷款的机构不断增加 • 供求失衡状况正在改善，但依然有大量不能满足的需求 • 局部的竞争开始出现，市场从产品驱动型向客户驱动型转变 • 小额信贷机构开始注重信贷管理、服务和信贷系统的完善	• 机构开始关注客户的反应 • 大部分机构仍不需要专业、细致的市场调查
成熟市场	• 市场上有大量小额信贷机构可供选择 • 供求基本平衡，竞争变得激烈 • 客户驱动型市场，小额信贷机构需要对客户需求作出及时快速的反应，产品丰富且多元化	• 专业、细致的调查 • 密切追踪客户意见和反馈 • 关注竞争对手的举动

资料来源：刘文璞. 小额信贷管理［M］. 北京：社会科学文献出版社，2011：148-149.

市场调研的信息来源可以是一手资料，也可以是二手资料。一手资料包括一线员工的意见和反馈，客户贷款申请、调查、投诉时留存的信息，访谈、问卷调查等方式获取的信息。二手资料包括机构信贷分析报告、监测评估报告等，以及从政府机构、出版物、学术机构等获取的信息。对调研信息的分析主要包括目标市场及人群定位分析、宏观和微观市场分析、竞争对手分析等。

三、产品设计

基于对目标客户、目标区域、竞争对手、成本、机构能力等因素的综合考虑，确定小额信贷产品的要素设计细节。

（一）贷款额度

确定贷款额度时，需考虑如下几点：（1）目标客户从事的主流生产经营活动对资金的客观需求；（2）大部分目标客户期望的贷款金额；（3）机构本身的资金实力；（4）当地的人均国民收入水平；（5）客户需要自己承担的部分资金，客户从事活动的所需资金不能全部靠贷款来解决，必须有一部分自有资金，这样可降低贷款风险。

（二）贷款期限

确定贷款期限时，需考虑如下几点：（1）重要生产经营活动的生产周期，长的周期可以涵盖短的周期，如当地生产经营活动的周期多为3～6个月，则设计6个月期限的小额信贷产品就能容纳其他短周期的生产经营活动需要；（2）贷款的风险程度，一般而言，期限越长，风险越大，因此，一般小额信贷产品期限都不超过1年。

（三）担保方式

小额信贷领域较普遍的担保方式为小组联保和个人保证，也有专业担保公司担保、资产抵押、权利质押等方式。不过，采用无抵（质）押的贷款方式更加符合小额信贷的初衷。

（四）组织模式

小额信贷的组织模式一般分个人模式和小组模式。小组模式一般适合传统的熟人型社区和额度相对较小的贷款；个人模式则更适合城市、人口流动较大的社区以及额度相对较大的贷款。

（五）还款方式

小额信贷的还款方式有整贷零还和整贷整还两种，应用较普遍的是整贷零还方式。在还款频率上，有每周还款、每旬还款、双周还款、每月还款、双月还款，每季还款、半年还款等多种形式。但是，还款频率和还款方式的选择必须要与客户的现金流状况相匹配。

（六）贷款定价

贷款定价是贷款产品设计中较为敏感的方面，既要考虑客户的承受能力，又要兼顾机构的成本收益，还要考虑市场上同类产品的定价水平。在理论上，资金成本、管理成本、贷款风险程度、贷款期限、还款方式、信贷机构与借款人业务关系等等是影响贷款定价的因素。

贷款利率定价的成本加成法是指在分析发放贷款的流动性成本、经营管理成本以及风险水平的基础上，对每一笔贷款确定一个"有利可图"的利率水平。基准利率定价法也称为价格领导法，是指主要根据每笔贷款的信用风险大小，在基准利率的基础上加点或者乘以一个系数来确定，实践中，常用同业拆借利率、国债回购利率、贷款基础利率（Loan Prime Rate，LPR）等充当基准利率。

2005年7月，中国银监会在《银行开展小企业贷款业务指导意见》中提出风险定价机制，要求在科学测算贷款成本的基础上，合理确定贷款的利率，以抵补贷款风险。贷款利率、计息方法和收取方式等应按照相关法律法规要求，如贷款利率不能超过我国政府对高利贷认定的利率水平。

四、初步测试

产品设计完成，在大规模投放市场之前，应在试点分支机构试行新产品，收集客户反馈信息，检验该产品的可行性，并根据反馈情况对新产品进行改进完善。

五、推广产品

在推广前，应制订产品营销推广计划，制作产品操作流程和指导手册，根据需要招聘新员工和对员工进行培训，相应升级管理信息系统等。

六、评估并完善

在信贷产品推广后，小额信贷机构应对已投入运行的信贷产品进行跟踪，记录客户反馈，分析产品市场竞争力，进行定期评估，对产品进行迭代完善。

✉ 【延伸阅读2-5】

××小额贷款公司产品设计框架

一、小额贷款公司的目标市场

1. 目标客户。小额贷款公司的定位主要是为统筹城乡服务，服务于"三农"。但与农商行、村镇银行存在一定的市场重合，所以目前小额贷款公司的目标客户群定位于中心城市的零售商、批发商和小型制造企业，以及中心城市近郊的农户、农场主和农村企业。

表2-4　　　　　　　　　　　小额贷款公司目标客户群

目标客户	形态	市场范围	举例
零售商、批发商	小店、摊位、铺位	社区、批发市场、集中卖场	各类个体户、商贸企业等
农村小微企业	家庭作坊、微型企业、小型企业	农村、乡镇产业集中区、县（市）产业集中区	加工企业、制造企业、运销企业等
农户、农场主	种养大户、家庭农场	农村、现代农业园区	种植大户、养殖大户等

2. 客户限制（黑名单）。小额贷款公司根据控制风险和成本的需要，设立行业限制，避免与高风险行业的业务往来，如房地产中介、娱乐业、美容业等。

二、小额贷款公司产品设计

根据小额贷款公司的目标客户和业务特点，小额贷款公司的产品设计如表2-5所示。

表 2-5　　　　　　　　　　　小额贷款公司产品设计

客户对象	个体户、微型企业、农户	小型企业、农村企业、农场主
划分标准	年营业额 10 万~100 万元	年营业额 100 万~500 万元
贷款产品	信用贷款	抵押贷款
贷款金额	1 万~10 万元	10 万~100 万元
贷款额度	≤年营业额的 8%	≤年营业额的 20%、抵押率≤70%
贷款周期	3~12 个月	3~24 个月
贷款用途	流动资金、生产设备与固定资产购置	
辅助产品	临时贷款、教育贷款	
贷款利率	15‰~20‰	10‰~15‰
手续费	2%	1.5%
还款方式	按月等额还款	
保证措施	担保（配偶、家族成员或经审查通过的第三方）	抵押（房产、生产设备、营运车辆、私家车等）
审查周期	3~5 天	5~7 天
贷款发放时间	5~7 天	7~9 天

活动3　营销小额信贷产品

国际著名的小额信贷机构孟加拉乡村银行的创办者尤努斯，不仅仅是杰出的银行家，更是卓越的营销大师。孟加拉乡村银行通过开发特色化、差异化的信贷产品，布设密集而强大的渠道网络，创新客户组织模式，提供优质极致服务，整体提升机构的营销能力，争取更大的信贷市场。

现代营销学之父菲利普·科特勒认为，从管理的角度看，营销是计划和执行有关商品、服务和创意的观念、定价、促销和分销的过程，以创造符合个人和组织目标的交易促成过程。具体而言，营销是选择目标市场以及通过创造、提供和传达更好的顾客价值实现市场的扩张，来获得、保持和增加顾客。在营销产品时，只是给客户他们想要的东西是不够的，还必须帮助顾客了解他们需要什么。

一、小额信贷营销发展阶段

国际上，小额信贷营销经历了以下四个阶段：

1. 生产理念阶段：生产出来就能卖得出去。生产理念指导的小额信贷机构，通常假定消费者感兴趣的是产品的实用性和低价格，因而强调以尽可能低的价格生产尽可能多的产品。生产理念在小额信贷发展的初期被普遍采用，并且相对有效，因为产品的需求很大而供给很少。

2. 产品理念阶段：做得好就能卖出去。产品理念指导的小额信贷机构，通常假定只要产品足够好，消费者就会买它们，因而强调生产尽可能最高质量的产品和服务，并不断加以改进。

3. 销售理念阶段：促销做得好就能卖得出去。销售理念指导的小额信贷机构，通常假定消费者在进行购买时是犹豫的，并且通常并不清楚他们的消费选择或者对此感到烦恼，必须通过积极地销售和促销来说服他们进行购买。

4. 营销理念阶段：生产对市场有价值的东西就能卖得出去。营销理念指导的小额信贷机构，通常认为通过理解消费者的观点，就能处于发展对市场有价值产品的最优位置，就可以比较容易地以一定的利润销售产品。强调理解目标市场的需求，并在运营的各个方面对此作出反应。

营销理念是一种由外（市场）而内（机构）的方法，强调找出市场需要什么并发展产品去满足市场。前三种理念是一种由内（机构）而外（市场）的方法，强调发展和销售企业自己想要生产的产品，并没有建立在对市场需求分析的基础上。目前，越来越多以营利为目的的小额信贷机构正抛弃单纯的生产、产品或者销售的理念，转向围绕特定目标市场，采用需求驱动、顾客导向的营销理念。

二、小额信贷营销策略

一般而言，小额信贷的营销策略可分为大量营销、细分市场营销和定向营销三种策略，大量营销策略是指将基本相同的产品卖给每一个客户，细分市场营销策略是指针对不同的细分市场销售不同的产品，定向营销策略是指集中机构所有的资源向一个特定的细分市场销售。三种营销策略的特征和优缺点见表2－6。

表2－6　　　　　　　　　三种营销策略的特征与优缺点

策略	特征描述	优缺点
大量营销	• 客户没有差异，假定使用者是同质的 • 只适用于没有对市场进行细分的信贷机构 • 信贷机构对整个市场只有一个营销组合	• 优点：以最低的营销成本发掘单一产品最大的市场潜力，带来更低的成本和更高的利润 • 缺点：策略很少成功，因为市场并不是同质的。客户对产品价格、销售渠道、服务有不同要求
细分市场营销	• 对市场进行细分，满足不同细分市场的不同需求 • 每个细分市场的客户有类似的需求和要求 • 集中选择信贷机构希望占支配地位的细分市场 • 每个细分市场有其单独的产品和营销计划 • 针对不同的细分市场，信贷机构有不同的营销组合	• 优点：可以制订出更协调的产品、服务方案，给出更适当的价格；销售和交流渠道选择更容易；细分市场面对更少竞争者；能够降低机构整体收益风险；具有规模经济和范围经济带来的成本优势 • 缺点：要求更多的资源和努力发展不同的产品和服务。必须能够有效地细分市场，如果不能，细分市场营销就可能会不成功或者成本过高
定向营销	• 信贷机构为寻求与众不同收益的客户服务 • 信贷机构所有活动集中于一个特殊市场，以达到该市场最强 • 具有细分市场并选择有利可图市场的能力 • 信贷机构只有一个营销组合 • 经常是较小信贷机构的最佳策略	• 优点：只集中于一个细分市场，能比其他企业提供更好的服务。占据最大市场份额和利润有很大机会 • 缺点：风险较大；随着客户偏好的改变或者竞争者进入，可能导致利润下降，小额信贷机构的生存会出现问题

资料来源：李镇西，金岩，赵坚. 微小企业贷款的研究与实践［M］. 北京：中国经济出版社，2007：126－127.

一般来说，刚进入小额信贷市场或规模较小的小额信贷机构，会选择大量营销策略或者定向营销策略，当发展到一定的规模和阶段，会采用细分市场营销策略。

三、小额信贷产品推广

在向市场推广小额信贷产品时，可分为准备产品信息和传递产品信息两个阶段。一般来说，产品信息要素主要包括：

1. 产品名称标识，信贷机构应给产品选择一个客户容易记住和理解的图形或名字；

2. 简要产品说明，可以是一个短语、句子或者标语、口号，描述的是小额信贷机构期望客户如何看待这种产品，达到传递产品主要信息的目的；

3. 独特性销售说明，信贷产品与竞争对手产品区别开来的优势特色；

4. 利益陈述，清楚描述产品能够满足的客户需求，为客户提供的收益；

5. 定位陈述，希望产品在客户心目中的定位，这将影响消费者对机构和产品的认识。

产品信息准备好以后，传递产品信息可以通过个人销售、广告、促销推广、公共关系等方式进行。个人销售是小额信贷机构最直接、最个性化、最常用的销售方式。信贷客户经理要"四进""四扫"开展产品营销与推广，即进社区、进小区、进楼道、进农户，扫园区、扫厂区、扫商区、扫市场；随着客户经理的客户增加，老客户介绍新客户成为非常重要的客户来源补充方式；通过行业或者市场管理方可以有效开展批量营销。

（一）贷款产品推介模拟

在主动上门向客户推介小额贷款产品时，信贷员通常需要先表明自己的身份，然后告知对方自己的目的，通过对小额贷款产品的典型特征介绍，凸显该产品的特点和贷款基本程序，同时会与其他的同类贷款产品做一些适当的对比，短时间内使客户获得最大信息量，并通过客户反应进一步甄别客户。

以下是典型的第一次对客户进行产品推介时的对话。

信贷员：您好！我是××银行的信贷员，我姓×，耽误您一点时间，向您介绍我行的小微企业贷款产品（双手递上宣传单）。

客户：（打量一下信贷员，接过传单开始浏览）

信贷员：这是我行推出的一项专门针对像您这样的个体工商户（小微企业）的贷款业务，贷款金额是3000元到10万元，贷款期限是3个月到2年。

客户：你们的利息是多少？

信贷员：日息是万分之五，按月等额本息还款，如果贷款1万元，期限1年，只需每月还款约917元，1年本息总共还11000元多一点。

客户（惊讶地打断）：这么高的利息？！

信贷员：这款产品每月按时还本付息之外，不需要收取其他任何费用，而且我们手续非常简单，一般只需要1~3个工作日就可以给您明确答复。

客户：你们用什么抵押呢？

信贷员：我行贷款主要看您的经营情况，经营情况好的话，可以信用贷款，保证和抵质押等担保方式都很灵活。

客户：如果想贷款，去哪里办呢？

信贷员：如果您有资金需求的话，可以电话联系我，也可以到××银行××支行联系我。（着重指出宣传单上的联系地址和联系方式，可留下信贷员自己的联系方式）

客户：好，如果想办的话，我去找你。

信贷员：好的，谢谢，再见！

（二）产品推介中的注意事项

1. 信贷员要注意自己的着装、语言及表情。衣着要朴素、大方，不要穿特别另类的衣服，以印有机构标识的工作服为宜，可提高信贷员宣传时的受重视程度。在语言上，尽量简洁明快、突出重点，语气不可过于生硬。在与客户接触过程中，要面带微笑，使自己在最短的时间内得到客户最大限度的接纳。

2. 在向客户进行产品推介时，要注意对方的文化层次。对那些文化素质较高，具备一定金融知识的客户可以使用一些专业术语，让客户感到是专业人士在为其提供服务；对文化素质不高的客户来说，要避免使用专业词汇，通俗、平民化的语言更容易和客户沟通。

3. 针对不同的场合、不同的客户采用灵活的交流方式，不必按框说话，要根据客户的反应来判断进一步宣传的重点。在交流过程中，要能够敏感地抓住客户想要了解的信息，但注意在推介时不要透露太多关于调查过程的细节，以免影响后续流程中信息的真实性。

4. 遇到曾被拒绝过的客户时，要避免与之产生正面冲突。如果在人群相对集中的地方，要尽快采取措施平息对方情绪，不要与对方纠缠太长时间而造成在其他客户中的不良影响；如果在相对独立的地方，可以告知其被拒绝的理由并作出适当解释。对于被拒绝过的客户，仍应当与其保持良好关系。

5. 注意选择向客户推介的时间。要考虑客户是否介意有其他人同时在场；要注意对方的生意忙不忙，会不会打扰客户的生意；有些客户对信贷业务有兴趣，但不想让其他人知晓贷款意愿，因此，在与客户进一步深入交谈时要注意观察客户的反应，考虑其感受。

6. 在做产品宣传时，对于不能确定的事项要慎重回答，也不能给客户一定可以得到贷款的承诺，要为以后的调查分析留有余地。

模块三　小额信贷客户经理岗位要求

【案例导入】

咱们的新时代客户经理

"客户经理不能收礼，但是锦旗必须收！"王女士充满感激地对河北藁城联社城区微贷分中心客户经理夏毅楠说。

夏毅楠是踏着父辈的脚印，走进农信大家庭的新一代农信人，秉承老一辈踏踏实实、恪尽职守的农信精神，在平凡的岗位上继续战斗，绽放新生代风采，彰显着青春的活力。

第一次结识夏毅楠，是王女士在其他银行贷款屡遭碰壁后，抱着试试看的态度上门求问的。夏毅楠在了解了大概情况后，看王女士实在着急用钱，当天就和同事来回奔波了 200 公里，完成了贷前调查，加班向系统提交了贷款申请；第二天审批下来，出合同，办理房产抵押；第三天房管审批手续一下来，放款、转账。王女士在最短的时间内贷到了 70 万元的流动资金，解了燃眉之急。2018 年 9 月，王女士在资金周转上又遇到了困难，就再次直接找到夏毅楠，又顺利地解决了资金问题。

就像夏毅楠刚走上客户经理岗位时在日记中写到的，"作为一名客户经理，心里要有一个坐标轴，在这个坐标轴上有制度、有行动、有金钱名利、有人生态度，找准自己的人生坐标，不要越位，不要偏离"。

学精专业知识。在夏毅楠的案头堆放着各种法律、法规、金融知识的书籍和文件，她在闲暇之余都会主动钻研信贷制度、总结信贷流程，为她在工作中能够及时准确地分辨出每笔贷款是否合规提供了保障。

主动营销客户。坐等顾客上门的时代已经过去了，无论"双基"共建还是脱贫攻坚活动中，无论是在夏日还是寒冬，夏毅楠从没有缺席过，常常一次走访就是几十户，到村民家里不厌其烦地普及各种优惠政策，通过沟通获取更多信息，以提供更有针对性的服务。

遵守职业操守。由于客户经理接触的客户群的特殊性，容易受到利益的诱惑，夏毅楠说"法比天大"，在她这里是坚决杜绝"关系贷""人情贷"，只有合规合法才能贷。就像这位王女士说："和夏毅楠认识了一年多，她连瓶矿泉水都没喝过我的。"

过硬工作作风。在工作中，夏毅楠是公认的"嘴甜、手快、效率高"，柔柔弱弱的一个小姑娘干起工作来总是雷厉风行。客户说她热心、同事说她有耐心、领导夸她很细心。她说："我们作为新一代农信人，背负着父辈、领导和同事的厚望，在新的社会形势下，就要展现出新时代的风采。"

资料来源：卢亚丽. 咱们的新时代客户经理［EB/OL］.［2018 - 11 - 20］. http：//www.zgncjr.com.cn/content/200000242/B3DF8452B8B7429B80F19AD2B3677DFA/1.html.

 请思考：你认为信贷客户经理应具备怎样的知识、能力和素质？

活动 1　了解信贷客户经理岗位职责

信贷客户经理既是信贷机构与客户建立关系、对外开展业务的代表，也是信贷机构对内对外沟通的重要桥梁，处于市场获客、产品营销、办理业务的第一线。因不同类型金融机构的业务或服务范围不同，客户经理的岗位职责也不一样。比如，商业银行的客户经理是指在银行各营业机构从事服务客户、组织资金、营销贷款、拓展业务、推介金融产品和开拓市场的工作人员，一般在服务辖区内代表所在营业机构稳定和发展与客户的关系，开展存款、贷款、结算、代理、咨询等金融产品营销，提供一揽子信贷服务。规模较大的银行或者为提高服务专业化水平，一般还会对客户经理岗位进行细分，如分为以贷款业务为主的信贷客户经理、以理财业务为主的理财客户经理等。

小额信贷客户经理的岗位职责主要包括：

1. 营销拓展新客户。密切关注国家宏观经济政策和有关部门出台的行业发展规划，结合所在区域的客户特点，有重点地开展市场调研，了解竞争对手情况、行业发展趋势、客户需求等；收集、整理、分析客户信息，根据客户需求细分客户层次，制订发展计划，推介本机构的业务产品，发展培育和吸引新的优质客户。

2. 处理小额信贷业务。调查了解辖区内的农户、城乡个体工商户、小微企业贷款需求情况，开展农户、个体工商户、小微企业建档、评级、授信工作，指导成立贷款农户联保组织，开展信用户（村、社区、乡镇）评定工作；处理客户借款业务申请，进行贷前调查、贷款发放、贷后管理等工作。

3. 维护客户关系。一是日常客户维护。包括加强与客户的日常联系，及时了解客户需求；定期拜访客户，撰写工作日志；统筹安排所在机构有关领导和相关业务部门会见客户；定期汇报工作进度，及时协调解决双方合作中存在的问题等，巩固同客户之间长期稳定的合作关系。二是客户信息资料的整理。比如，对于企业客户，应尽力获取客户的战略规划、定期财务报表、重点人事变动和同业竞争情况等各项资料，按要求整理、更新及妥善保管。三是客户关系交接。因离职、换岗或其他调整时，应按照有关要求在规定时间内完成包括客户关系、客户信息和相关业务资料等项工作的交接。

4. 其他营销服务工作。以信贷工作为主，兼顾本机构其他金融产品的综合化营销，对于吸收存款的机构，客户经理还需加强存款营销等。

【延伸阅读2-6】

××小额贷款公司客户经理/信贷内勤岗位职责

一、客户经理岗位职责

1. 积极拓展市场，寻找客户，向客户推介和销售贷款产品，完成业绩目标；

2. 向客户解释贷款流程、政策和手续，受理客户借款申请，开展贷前调查工作，评估贷款申请并提出建议，对受理、调查的贷款业务的合法性、合理性、真实性和完整性负责；

3. 负责对审批后的信贷业务同客户签订借款合同和担保合同；

4. 负责贷款的发放与收回并按期收回利息；

5. 负责对客户进行贷后管理以及不良贷款、应收利息、信贷退出的落实和清收；

6. 负责贷款风险分类的基础工作以及相关信贷报表的统计分析和上报；

7. 收集和整理企业客户财务报表和相关资料；

8. 负责贷款档案资料的传递交接工作；

9. 完成领导交办的其他工作任务。

二、信贷内勤岗位职责

1. 登记客户的贷款还款表，落实和检查客户的每期还款情况；
2. 每月 5 日、15 日给所支持的小组信贷员提供下期应还金额；
3. 每月 10 日、20 日检查客户本期还款金额到账情况；
4. 对未按时还款的客户即时上报；
5. 协助并且检查贷款合同，保证无差错，协助公司财务落实放款；
6. 整理客户资料、合同、借据、还款凭证、审贷会决议、客户分析表格、贷后监督表等，归档和保存客户相关资料；
7. 统计各项贷款信息；
8. 协助信贷员整理贷款信息；
9. 按照要求登记客户申请信息，及时更新和追踪客户的申请状态。

活动 2　遵守信贷客户经理从业准则

　　一个合格的信贷客户经理要知道他是借款人的伙伴，借款人的成功就是信贷客户经理的成功。客户经理在工作中常常面临操作风险、信用风险、道德风险的考验，在工作、生活中，应严格遵循以下从业基本准则。

　　1. 诚实信用。诚实信用是任何行业规范所必须遵循的原则，也是客户经理的立身之本和基本要求。客户经理应以高标准的职业道德规范行事，品行正直，工作实事求是，客观真实、拒绝作假。

　　2. 守法合规。客户经理应知法守法，维护国家利益和金融安全。这里的"法"包括法律法规、自律规范、规章制度，客户经理应树立守法合规意识，认真履行法律义务。

　　3. 作风端正。客户经理应公私分明、勤俭节约，具备良好的品德操守，严禁从事赌博、吸毒及其他违法违纪行为，无不良记录。

　　4. 勤勉尽职。客户经理要有勤勉谨慎的良好工作态度，认真履行岗位职责，在日常工作中仔细认真，避免差错。

　　5. 专业胜任。一是必须具备岗位相应的专业知识，如掌握必要的经济和金融基础理论知识、贷款和授信业务知识、相关法律法规、会计和财务基础知识等，作为从事小额信贷的客户经理还应了解农业生产经营、个体工商经营、中小企业生产经营的知识，了解当地经济和民风民俗等；熟知信贷机构的业务制度和流程，熟悉各种金融产品及其功能。二是必须具备从业所需的能力，如具备一定的市场分析和客户开发能力、信贷客户信息调查与分析能力、良好的社会交际和组织协调能力等。三是必须具备岗位所需的资格，即取得岗位相关的资格证书。也希望客户经理在性格上热情开朗，具有较好的心理素质，具有时间管理和团队精神等现代管理意识。

　　6. 严格保密。商业秘密指不为公众所知悉、能为权利人带来经济利益，具有实用性并经权利人采取保密措施的技术信息和经营信息。保守商业秘密、信息和隐私,既是国家法律法规的强制性规定,也是避免客户损失、维护所在机构声誉的必然要求。客户经理岗位严格保密包括两个方面:一是严禁泄露本机构的商业秘密,严禁窥视、窃取不应由本人了解的业务操作机密,以及对所在机构尚未公开的财务数据、重大战略决策和产品研发等重大内部信息。二是保守客户秘密,不得向无关人员或其他组织透露客户的个人信息,不出于好奇或其他目的向其他同事打听客户的个人信息和交易信息;妥善保管或销毁有客户信息的单据、凭证、开户申请书等。

7. 规范操作。客户经理应规范操作,认真执行各项业务操作流程。执行中如发现可能发生违章违纪行为,或可能导致风险时,应立即向上级报告。

8. 优质服务。客户经理应做到客户至上、诚实守信、语言文明、态度稳重、举止大方得体。讲究工作效率,提高工作质量,尊重客户隐私,努力为客户提供热情、周到、优质、高效的服务。注重仪表举止规范。在日常工作交往中,客户经理应做到约见客户要遵守时间、拜访要事先约定、行坐姿态要文雅、遇到客户要面带笑容,主动行礼并问好致意;在推介业务时,无论是上门拜访还是工作接待,都要以礼相待。

9. 严禁商业贿赂。一是严禁收受商业贿赂。客户经理在社会交往和商业活动中,不得接受或给予客户任何形式的非法利益。严禁客户经理借职务之便为客户融资提供有偿服务。二是严禁违法行贿行为。客户经理在营销工作中应把握尺度,严禁违反法律的行贿行为,同时妥善处理娱乐活动及其他利益的提供,避免参与不健康、影响声誉的娱乐活动,避免有损其职业形象的行为举止。

10. 抵制内幕交易。客户经理不得利用内幕信息牟取个人利益,不得将内幕信息以明示或暗示的形式告知他人。严禁充当民间融资中介、为融资提供担保、收受好处费等非法牟利行为。严禁越权代表所在机构与客户签订任何形式的协议文书或向客户作任何超授权的单方面无条件承诺。

✉ 【延伸阅读2-7】

两家商业银行的信贷客户经理从业原则规定

一、中国邮政储蓄银行信贷员"八不准"原则

1. 不准怠慢、顶撞或刁难客户;
2. 不准故意推脱、拖延、拒绝客户的业务申请;
3. 不准以权谋私、以职谋利,不准向客户提出工作以外的任何要求;
4. 不准索要和收受客户任何形式的宴请、礼金、礼物等;
5. 不准私自对外泄露客户经营、贷款、账户等重要信息;
6. 不准代替客户签名、违规代替客户办理贷款手续;
7. 不准向客户承诺未经审批的贷款;
8. 不准私下与客户签署任何协议或合同。

二、义乌联合村镇银行客户经理八项规定

1. 尊重客户，服务客户，以客户为中心，急客户之所急；
2. 客户资料上门核对索取，尽量一次索取完毕，最多不超过两次；
3. 不接受客户赠送的礼品、特产、消费券、购物卡等，确实无法拒绝的，及时上交总行办公室；
4. 不参与介绍买卖存款，不得收取存款组织揽客赠送的各种礼品、消费券、购物卡等；
5. 本人直系亲属有从事经商的，如实向总行办公室报备，并保证不与客户发生经营往来或利益关联；
6. 如实反映调查情况，不瞒报、虚报、隐匿客户真实经营、财务、对外投资、不利因素等信息，确保调查（核保）反映情况全面、真实、有效；
7. 本人及直系亲属禁止与客户发生任何资金往来；
8. 禁止参与民间借贷、高息揽存，为借款人安排担保人等。

【课后习题】

一、单项选择题

1. 客户经理应对客户提供的资料以及所收集信息的合法性、真实性进行核实，核实的过程和结果应予以记载。核实应以（　　）为主。
   A. 电话访谈　　　B. 外部调查　　　C. 间接调查　　　D. 实地调查

2. 下列贷款用途中不合法的是（　　）。
   A. 小张购买一套自住商品房　　　B. 小王用于购买上市公司股票
   C. 小李支付承包鱼塘的养护费用　　　D. A企业用于采购生产原材料

3. 银行向客户张某发放一笔个人住房贷款45万元，按照《个人贷款管理暂行办法》的规定，此笔贷款应采用哪种方式支付？（　　）
   A. 委托支付　　　B. 自主支付　　　C. 受托支付　　　D. 自行支付

4. 某5年期的贷款合同中约定，该贷款本金分成第1年和后4年两个时间段偿还，利息则根据实际的占用时间计算，则该还款方式属于（　　）。
   A. 等额本息还款法　　　B. 等额本金还款法
   C. 一次性还本付息法　　　D. 组合还款法

5. 第一还款来源不包括（　　）。
   A. 企业的产品销售收入　　　B. 个人的工资收入
   C. 抵押房产变现　　　D. 固定的房产租金收入

6. 《关于小额贷款公司试点的指导意见》（银监发〔2008〕23号）中规定，同一借款人的贷款余额不得超过小额贷款公司资本净额的（　　）。
   A. 1%　　　B. 5%　　　C. 10%　　　D. 15%

二、多项选择题

1. 贷前调查的原则包括（　　）。

A. 双人调查　　　　B. 实地调查　　　　C. 全面调查　　　　D. 真实反映
E. 抓住重点
2. 个人贷款调查包括但不限于以下内容（　　）。
A. 借款人基本情况
B. 借款人收入情况
C. 借款用途
D. 借款人还款来源、还款能力及还款方式
E. 保证人担保意愿、担保能力或抵（质）押物价值及变现能力
3. 《流动资金贷款管理暂行办法》明确的尽职调查内容包括（　　）。
A. 借款人的经营范围、核心主业、生产经营、贷款期内经营规划和重大投资计划等情况
B. 借款人所在行业状况
C. 借款人所在城市或社区经济发展状况
D. 借款人的应收账款、应付账款、存货等真实财务状况
E. 还款来源情况，包括生产经营产生的现金流、综合收益及其他合法收入等
4. 贷款要素是贷款产品的基本组成部分，不同贷款要素的设定赋予了贷款产品千差万别的特点。贷款要素包括（　　）。
A. 贷款对象　　　　B. 贷款利率　　　　C. 还款方式　　　　D. 担保方式
E. 贷款额度
5. 下列关于等额本息还款法的说法，正确的有（　　）。
A. 贷款期内每月还款额度相等　　　　B. 贷款期内还款额度逐月递增
C. 贷款期内偿还的本金逐月递减　　　　D. 贷款期内偿还的利息逐月递减
E. 当利率调整时，需要重新计算每月还款额

三、简答题

1. 请简述小额贷款业务操作流程。
2. 贷前调查的流程和主要工作内容有哪些？
3. 贷款审查内容与审批工作要点有哪些？
4. 不良贷款管理的主要举措有哪些？
5. 贷款产品的主要构成要素有哪些？
6. 请简述信贷客户经理的从业基本准则。

四、实训题

1. 以某农户或者个体工商户贷款为例，具体陈述该贷款业务操作流程每个环节的主要工作。
2. 以推介某款小额贷款产品为例，编写客户与客户经理的对话，并进行实战演练。
3. 结合自身情况，谈谈如何成为一名合格的小额信贷客户经理。

参考答案：一、DBCDCB；二、ABDE、ABCDE、ABDE、ABCDE、ADE

项目三

小额信贷技术

XIAOE XINDAI JISHU

【知识目标】

了解信贷技术的概念,理解主要信贷技术及其特点;掌握小额信贷运作机制、IPC信贷技术、打分卡技术、信贷工厂、小微信贷台州模式等小额信贷技术的内涵和要点;理解交叉检验和逻辑检验的概念内涵;掌握财务信息和软信息的收集方法;熟悉交叉检验的主要线索;掌握营业额检验、利润检验、权益检验的方法;了解财务分析与非财务分析的作用;掌握资产负债表、利润表和现金流量表的分析方法;掌握主要财务比率的计算公式和含义;掌握个人和企业的非财务信息内容分析;了解不对称偏差分析法。

【能力目标】

能够分析各种信贷技术的主要特点,能够根据客户及其贷款需求状况,灵活运用适当的信贷技术;能够运用交叉检验和逻辑检验的方法获取借款人的真实财务信息和非财务信息,能够对个人和企业的非财务信息进行内容分析,运用不对称偏差分析法对客户状况进行基本判断。

模块一 小额信贷技术概述

【案例导入】

哈尔滨银行:"我们为什么要输出小额信贷技术?"

随着国家对小微信贷政策的支持,很多银行金融机构都积极投入到小微金融领域,但是他们最大的困难是没有掌握一套先进的小额信贷技术。为帮助更多中小金融机构了解和掌握适合中国国情的小额信贷技术，有效解决小微企业，广大农户创业、展业的融资难问题，哈尔滨银行开创了面向银行同业输出小额信贷技术之先河，对同业进行技术输出，是实力和胸怀的体现，更是企业社会责任感的驱动。

哈尔滨银行已经与多家银行机构签约小微信贷技术输出合作，包括产品设计，流程设计、审批模式设计，小贷队伍培训，市场营销调研，直到帮助合作方把信贷资金投放给客户。

简单来说，小额信贷技术主要包括完善的产品体系，高效的业务流程，独特的调查技术、审批技术、贷后管理技术以及风险预警系统，先进的IT系统和卓有成效的具有一定拓展能力的专业团队。

为什么要进行小额信贷技术输出呢？小额信贷技术在中国是一个新的课题，应该说中国银行业的信贷技术都是传统的公司信贷技术和个人信贷技术。传统的公司信贷技术依托的是公司客户规范的财务体系、报表和良好的抵押担保的方式，小微企业大部分不具备这样的融资能力，就需要我们了解和探索并真正掌握适合小微企业的信贷技术。哈尔滨银行是最早把国际上先进的小微信贷技术引入到国内的银行之一，通过自己本土化的实践，总结出一套完善的小微信贷技术。在这样的基础上，我行在小微信贷领域确立了"国内一流、国际知名"小额信贷银行的领先优势，并取得了长足发展，成为中国银监会树立的小微信贷的标杆银行。

哈尔滨银行面向银行同业的小额信贷技术输出是全业务、全流程的战略性合作。业务种类包括小微企业信贷技术输出、农贷技术输出、小贷IT系统技术输出。输出内容主要有十个方面：一是小额信贷产品研发与产品组合设计；二是小额信贷营销管理与实战指导培训；三是小额信贷风险管理与打分卡技术；四是小额信贷财务信息的获取、分析与判断；五是小额信贷软信息的识别与判断；六是小额信贷队伍建设；七是小额信贷绩效管理与考核；八是小额信贷管理架构及运营模式设计；九是小额信贷IT支撑能力建设；十是小额信贷品牌管理。

资料来源：孟扬．哈尔滨银行："我们为什么要输出小额信贷技术？"［N］．金融时报，2013－01－21．

☞ 请思考：基于材料，一套完整的小额信贷技术包括哪些方面？

活动1　理解信贷技术的内涵

一、信贷技术的概念

金融业本质上是一个信息行业，其运转的核心就是收集、整理、分配和使用各种信息。判断借款人的偿债能力和偿债意愿是信贷业务分析的重点，就须依靠借款人的信息。信贷技术是为了控制信贷流程中相关风险的一系列活动，是在筛选、甄别、监督贷款企业和控制贷款风险过程中所面临的信息不对称而产生的，是组织流程、管理方式、内控要点、风险控制措施、贷款监控和回收等要素的集合体，也可以泛指一种信贷模式。信贷技术贯穿贷款业务全流程。

低收入或贫困人群、小微企业等金融弱势群体难以获得传统银行体系提供的信贷服务，其原因主要是信息不对称和交易成本过高。信息不对称是指交易各方所拥有的、可影响交易的信息量不对等。以贫困人群为例，信用记录少、收入来源通常不稳定，难以获得可靠的收入证明，难以提供抵（质）押担保或者获得其他担保，很难有效监督其资金使用，进而贷款风险难以控制。小额信贷业务的单笔交易金额小，难以发挥规模效应，交易的平均费用高。这就要求创新小额信贷技术，解决信息不对称下的贷款高风险和单笔交易金额小的高成本等难题。

传统信贷技术依托客户规范的财务体系、报表和良好的抵押担保，但低收入群体、农户、个体工商户和小微企业等客户一般不具有传统信贷技术要求的条件，需要创新小额信贷技术。

二、信贷技术的分类

不同的信贷技术解决信息不对称的路径是不同的，根据不同的信息类型、信息来源和保证合约执行的机制，信贷技术可划分为交易型贷款（Transactional Lending）技术和关系型贷款（Relationship Lending）技术，具体可细分为基于财务报表的贷款、基于担保的贷款、基于信用评分的贷款和关系型贷款四类。

交易型贷款技术主要依赖定量的便于编码和传递的硬信息，适用于信息较为充分、透明的借款人，如大中型企业；硬信息是指财务信息，如资产负债表、损益表（利润表）、现金流量表中的信息，可以用来评估核实客户的还款能力。

关系型贷款技术主要依赖定性的、难以量化的软信息，适用于信息并不透明的借款人，如小微企业和个人客户；软信息包括个人和企业的，个人的软信息主要包括经营能力、个人品质、从业经历、人脉口碑、家庭关系等内容，企业的软信息主要涉及员工素质、企业文化、企业信誉、核心业务能力、管理制度、行业进入障碍、行业周期、行业竞争状态、国家产业政策、宏观经济政策等，软信息可以综合反映客户生产经营状况。

（一）基于财务报表的贷款

基于财务报表的贷款是指主要根据对借款人的财务报表及其所反映的财务状况的分析揭示未来还款能力，进而决定是否发放的贷款。主要适用于那些历史记录较长、信息透明度高、财务制度相对完善的大中型企业。该贷款技术根本上是以未来现金流作为还款来源，因而将风险评估的重点放在财务指标分析上。对于一些信息不透明的小微企业客户，通常的做法是信贷人员采集信息编制粗略的财务报表，以评估客户的资产负债状况和未来可能产生的现金流。

（二）基于担保的贷款

基于担保的贷款是指主要根据对借款人提供的担保情况分析决定是否发放的贷款。担保贷款具有较强的事后监控功能，可以降低借款人道德风险的发生概率。如基于设备、厂房、土地等固定资产抵押的贷款，基于应收账款、预付账款以及存货等流动资产抵押的贷款，基于个人、企业、小组联保、专业性担保公司、担保基金、保险等提供保证的贷款。此外，保理和融资租赁也可认定为基于担保的贷款的特殊形式。保理是指银行买入企业的应收账款，并作为代理处理相关的账款收取事宜。融资租赁是指出租人根据承租人（用户）的请求，与第三方（供货商）订立供货合同，根据此合同，出租人出资向供货商购买承租人选定的设备。同时，出租人与承租人订立一项租赁合同，将设备出租给承租人，并向承租人收取一定的租金。

（三）基于信用评分的贷款

基于信用评分的贷款是指运用信息技术和现代数理统计模型对借款人的信息进行信用评分来决定是否发放的贷款。该贷款技术对信息采集和数据积累具有较高要求，应用范围受到限制，但具有贷款成本较低和决策效率较高的优势。大中型商业银行和互联网金融公司在小额信贷风控模式中主要运用信用评分技术，也称为打分卡模式。

（四）关系型贷款

关系型贷款通过信息跨时期的传递来缓解信息不对称问题，是指基于较长时间和多渠道的接触（包括贷前调查和贷后检查）所积累的关于借款人的相关信息来评估贷款的风险，进而决定是否发放的贷款。相比而言，中小银行比大银行更适合采用关系型贷款，因为其业务经营集中于较小的地域范围，且管理链条较短，可以以相对较低的成本获取并处理非正规的软信息。

活动 2　掌握典型小额信贷技术

一、小额信贷运作机制

孟加拉乡村银行小额信贷模式的信贷运作机制主要包括小组联保、动态激励、分期还款和担保替代，作为小额贷款运作机制的一般经验，在国际上许多成功的小额信贷实践中都有所体现。

（一）小组联保

小组联保也称为小组贷款，其基本模式是那些互相之间比较了解且风险水平相近的借款人组成联保小组，并把风险较高的潜在借款人排除在小组之外；小组中的成员要对其他成员的违约承担一定的担保责任，否则全体小组成员均将无法继续取得贷款，违约的借款人面临来自小组其他成员的巨大社会压力。这种模式解决了信贷机构面临的信息不对称和抵押担保不足问题，放贷机构实际上把个体贷款模式下本应由自己承担的风险识别责任的绝大部分，转嫁给了互相之间更加了解的潜在客户群体。这种小组联保机制的信用发现功能，有利于克服信息不对称造成的逆向选择问题，也有助于降低贷款机构承担的高昂交易成本。

（二）动态激励

动态激励是小额信贷中确保高还款率的另一个机制。如果借款人在借款后续的还款过程中表现良好，那么他就可望反复得到相同的信贷服务，在后续借贷中获得更高额度的贷款（也被称为后续放款承诺），可能获得优惠利率，简化贷款手续；如果借款人发生拖欠或者未能偿还贷款，他再次获得贷款的可能性就随之降低，甚至再也不能得到任何贷款。动态激励用较小的贷款额度来进行尝试，以发现借款人的真实信用水平，可以被用来帮助解决信息不对称和道德风险问题。

（三）分期还款

除了小组联保和动态激励机制以外，许多小额信贷机构都采用了不同于一般商业银行传统信贷合同的分期还款制度，这类似于住房按揭贷款的分期还款制度。它要求借款人在借款和进行投资后不久，就开始每周或每两周、每月、每季度进行还款。

分期还款制度在小额信贷领域的作用如下：一是通过对客户的现金流要求进行贷款风险控制。由于要求借款人在借入贷款几周后就开始归还贷款，其实质是要求借款人必须具有某种形式的资产或收入。虽然理论上客户可以用贷款资金投入的项目产生的收入还款，但事实上很少有项目能够在很短时间内就产生周期性收益。因此，客户必须有其他收入可以用于还款，这实质上是要求客户以其他资产或收入为还款进行担保。二是"早期预警"功能。由于借款人需要在借款后很快就开始相对高频度的还款，信贷机构能够从每次的还款情况上判断借款人的风险状况，提早发现具有较高风险的贷款，从而避免所有的贷款风险在期末的时候集中暴露。三是有利于降低管理成本。小额贷款的借款人通常缺乏专业的财务管理能力，定期等额还款的安排易于理解和操作，能够降低借款人的交易成本，容易被借款人接受。对小额信贷机构而言，操作也较为简便，同时可以对大量借款人的还款进行集中处理，降低管理成本。四是变相提高了贷款实际利率。分期还款制度使得小额信贷的实际利率高于合同上载明的名义利率，在许多利率受到管制的地区，成为一种迂回收取高利率的权宜之策。

（四）担保替代

小额信贷主要是面向中低收入群体和小微企业发放贷款，这些客户不能提供商业银行所需要的合规的抵押担保品而被排除在正规金融体系之外，因此大多数小额信贷机构都不明确要求客户提供担保品，而是设定各种抵押担保替代。这种安排如"小组共同基金""强制储蓄"，其方式是信贷机构在贷款发放时就要求借款人（或借款人小组）将贷款本金的一部分集中存放于小额贷款机构，作为借款人的储蓄或基金，实际上是要求借款人提供一定比率的资金作为抵押。在小额信贷的实践中，也在不断创新担保替代形式，如在正规金融市场不受法律保护的某种动产或者可以预期的未来收入和现金流，也可以是政策性担保基金、担保公司或保险担保等。

二、IPC 信贷技术

（一）IPC 信贷技术概述

德国 IPC（Internationale Project Consult GmbH）公司成立于 1980 年，全称是德国国际项目咨询公司，是一家专门为发展中国家和经济转型期国家进行小微信贷咨询的专业咨询公司，IPC 公司在中小微企业贷款方面具备了完善的技术体系，在进行对外技术咨询项目中取得了较好的效果。我国于 2005 年由世界银行和国家开发银行牵头在 12 家中小银行率先引入德国 IPC 小微信贷技术。

IPC 信贷技术重视实地调查和信息验证，主要通过客户经理调查走访、信息交叉验证等方面进行培训，提升客户经理辨别虚假信息能力和编制财务报表的技能，从而防范信用风险。

IPC 信贷技术的创新之处在于关注借款人的还款意愿以及经营情况和现金流来决定

是否放贷，而不是根据客户资产价值评估决定。与其类似的技术有法国沛丰的小贷技术、印度尼西亚人民银行小贷技术等，都是侧重于人与人沟通的技术，由信贷员做决策。

IPC 技术的信贷流程包括市场营销、贷款申请、信贷分析、信贷审批、贷款发放、贷款回收六个过程，大体上和我们传统的信贷没有什么区别，这也是该技术在国内广为接受的重要原因之一。在每个过程的细节上，充分考虑了小贷的特点，能简单的尽量简单。比如，资产负债表，最简单的资产负债表只有 7~8 个项，简单的要求让信贷员容易掌握，也方便从客户那里获取重要信息。

在组织管理上，IPC 技术一般要求小贷业务以独立的事业部方式运作，总行设小贷中心，分行设区域经理，归小贷中心总经理直接领导，区域经理下面即是最小的信贷团队（一般在支行），该团队一般 10 人左右，包括 1 个主管岗、1 个后台岗和 8 个信贷员岗，后台岗在业务上和主管岗没有直接管理关系，日常工作上后台岗归主管岗管理，较好地实现了内部交叉审核。

IPC 技术中图表工具特别重要，图表工具由于其可读性强，容易被非专业人士迅速掌握关键信息，主要工具包括时间轴工具、上下游分析工具、资产负债表工具、损益表工具、现金流量表工具等。时间轴工具主要描绘企业或者企业主的从业历程，上下游分析工具用"输入—本企业—输出"的关系图，描绘企业的概要业务流程，这两个方面宏观上说明企业是干什么的。资产负债表、损益表和现金流量表则分析企业是否有足够的现金流来支付贷款。一般把年收入的 70% 左右作为贷款还款上限。

（二）IPC 信贷技术要点

IPC 信贷技术的要点是告诉信贷员如何访谈，并对获取的信息进行交叉检验，分析还款意愿和还款能力，控制内部操作风险。具体可概括为四个方面：一是以软硬信息分析为基础，二是交叉检验为判断方法，三是还款能力和还款意愿是放贷的唯一依据，四是控制内部操作风险。

1. 以软硬信息为基础。软信息反映客户的还款意愿，包括客户基本信息和经营信息两个方面。客户基本信息主要包括客户年龄、教育水平、其他人对客户的评价、婚姻状况、客户的性格特征、客户是否有不良嗜好、不良信用和犯罪记录、客户是否是本地人、客户是否还有其他收入或支出、客户的社会地位等。客户经营信息主要包括客户的经营经验、客户的经营历史、客户的经营记录、客户的社会关系、客户的经营背景、客户的贷款用途、客户的经营目的等。

硬信息是指财务信息，反映客户的还款能力。财务信息主要包括期初投资，现阶段客户手中的现金及银行存款、应收预付账款、存货、设备、其他固定资产，银行借款、应付账款、销售收入、可变成本、相关固定费用、家庭成员其他收入、生意外支出等。

2. 交叉检验为判断方法。交叉检验是一种确认客户向客户经理所描述信息的真实性和一致性的方法，是 IPC 技术的核心。交叉检验有两个作用，一是获取精确的关键数据，二是用于验证申请人的诚信。交叉检验就是对多个方面、多个角度、多个侧面获取的数据进行核对，如果数据偏差在一定范围，比如在 5% 以内即认为是合理的。一个数据要成为对贷款分析有价值的信息，必须经过至少三种方法的检验。广泛的交叉检验是确保做好分析的重要手段，交叉检验的对象包括"软信息"和"硬信息"。

3. 还款能力和还款意愿是放贷的唯一依据。客户不论大小，只要具备相应的还款能力和还款意愿，就不失为优质客户。紧扣这样的标准来筛选客户，就能不唯大、不唯抵押。考察客户偿还贷款能力的流程主要是客户经理通过实地调查，了解客户的生产、营销、资金运转等状况，自行编制财务报表，分析客户的还款能力，也就是借款人未来能够用于偿还贷款的现金流入，未来现金流从来都是信贷认可的第一还款来源，这并非小微信贷技术所独创。衡量客户偿还贷款的意愿首先要评估客户个人的信用状况，具体包括个人声誉、信用历史、贷款申请的整体情况和所处的社会环境。然后，要求提供严格的抵押品，以降低客户的道德风险。对还款积极的客户给予激励，包括可能得到更大金额和更优惠条件的贷款以及获得长久性的融资途径等。

4. 控制内部操作风险。控制内部操作风险需要强调内部制度建设，建立和实施简洁有效的贷款业务处理程序，降低交易成本。客户经理的道德风险和操作风险是IPC信贷技术必须要控制的主要内部风险，客户经理对一笔贷款的全过程负责，其收入也直接跟信贷业绩挂钩，促使客户经理既要关注贷款规模又要高度重视资产质量，对客户经理的激励和约束机制是内部制度建设的核心内容。同时，对客户经理的不诚信行为实行"零容忍"制度，一旦发现与客户勾结或收取好处，便会立即处理，必要时进行公告甚至诉诸法律。

（三）IPC信贷技术应用的局限性

劳动密集型业务调查模式，管理压力大。从贷款申请到贷款调查再到贷款发放，客户经理是全流程操作业务。虽说可以更为有效地为客户提供服务，但客户的所有信息均是由客户经理所收集并分析的，那么对客户经理的职业素养、经验积累和道德操守都有很高的要求。从而，对于客户经理的管理就要非常细致，同时培训压力非常大，在人员管理方面会给信贷机构带来很大的压力。

营运成本较高。基于单户的分析技术，需要大量的信贷人员，对于贷款机构来说，发放一笔大额贷款和一笔小额贷款用的人力基本上是一样的，但收益是不同的。

随着客户信用信息的完善、大数据分析技术的运用、金融科技手段的使用等有可能大大提高客户经理的业务效率，降低贷款成本。

德国IPC公司
信贷技术详解

三、打分卡技术

（一）打分卡技术简介

打分卡技术是将对客户的信用评分作为贷款发放的重要依据，是以计算机技术为核心，以取代人力为特征的大规模自动化处理方法。打分卡技术的应用已经从传统的信用卡扩展到了汽车贷款、住房按揭、小企业贷款等诸多业务中，使用场合包括营销评分、申请评分、行为评分、回款催收评分等。

2005年前后，中国大中型银行开始打分卡技术的研究，目前打分卡的使用还处于探索阶段，部分单位用于辅助决策，部分单位用打分卡的结果做营销方向选择等。我国大多数的小微企业仍然无法提供打分卡所需要的可信信息，还是需要通过客户经理的调查获取，导致打分卡技术优势减弱。但是，在一些特定场景领域和互联网信贷中，打分卡技术已经成为贷款决策的主要分析工具。比如，基于淘宝店主经营数据推出的阿里小贷，后发展成为网商银行的"310"贷款模式（即3分钟填写贷款申请材料，1秒钟实现贷款到账，整个过程0人工干预），在贷款决策中应用了打分卡技术。

（二）打分卡技术开发

打分卡开发方法，包括逻辑回归、神经网络、决策树、马尔科夫链、生存分析等，用得最多的是传统的逻辑回归。采用逻辑回归的打分卡开发基本流程大致为选取样本、定义好坏标准、寻找可用变量、选择变量、评分模型开发、设置取舍点六个过程。

打分卡技术的核心原理是使用一组变量，通过变量取值得到一个客户信用评分，该评分后面对应的实际上是好坏比。对于信贷来说，掌握了好坏比率，就明确了未来的盈利情况。

（三）打分卡技术的应用案例

1. 中国建设银行的应用。自2013年8月开始，中国建设银行针对单户授信在500万元以下的小微企业推出了评分卡信贷业务，结合客户经营的特点，建立小微企业评分卡信贷专属业务流程，通过批量化的客户群筛选、模式化审批以及非现场风险预警监测为主的贷后管理，标准化的业务操作，大幅提高业务流程效率。在原贷款到期前，由系统根据评分卡模型指标自动筛选客户进入续贷名单，审批通过后客户可继续使用贷款额度而不必先还后贷。到2014年6月，已通过评分卡为近7000户小微企业办理了信贷业务，贷款余额超过70亿元。

为建立适应小微企业特点的信贷业务流程，中国建设银行通过对6万多户小微企业客户的财务指标、账户行为、定性指标三大类344个指标，累计86.7亿条数据进行逻辑回归分析，针对500万元及以下小额贷款客户建立了申请评分卡评价模型，围绕小微企业履约能力、信用状况及交易信息等数据信息进行客户评价，解决了原来单一依靠小微企业财务报表的问题，提高了对小微企业客户评价的针对性和有效性。

2. 美国富国银行的应用。富国银行从1994年开始对10万美元以下的贷款通过信用评分来做决策，大部分贷款仅通过邮件、电话或分行柜台发放，没有信贷员，富国银行已成为美国小微企业贷款排名首位的银行。

富国银行为了控制风险，设计了一套记分卡系统，对小微企业贷款申请者进行风险评估。根据企业所处行业、企业经营年限、账户存款月、收入总额、经营场所、企业信用记录、企业金融资金和负债总额等7个因子的综合得分，得出对于每个申请者的打分，筛选出自动通过的申请者、需要淘汰的申请者和需要进一步审核的申请者。通过这种进行设计的记分卡，富国银行获得了信用良好的小微企业客户，减少了潜在的信贷风险。为了持续地开展风险管理，富国银行将记分卡技术运营到贷后的风险管理中，使用"行为评分"来监控小微企业借款人的信用状况和变化，依据对拖欠贷款额、贷款目的、超额守信额度等进行综合信用评价的结果，决定采取调整贷款定价、提高授信额度、关闭账户等风险管理措施，从而保持业务的稳定性和盈利性。

四、信贷工厂模式

（一）信贷工厂模式概述

信贷工厂是指进行小微企业贷款管理时，设计标准化产品，将对不同产品的信贷作业过程打造成工厂的"流水线"，主要包括客户营销、客户评级、信贷业务操作和贷后管理四大流程环节。从前期接触客户，到贷款的调查、审查、审批、发放，再到贷后管理、贷款回收等工作，均采取流水线作业，标准化管理。

信贷工厂是工业化流水线生产模式在小微企业信贷领域的运用，强调标准化操作，实行产品销售和后台作业相分离，信贷操作集中处理，执行统一的业务操作规程，每一个放贷环节都由专人负责、批量发放，提高业务办理效率。

信贷工厂的主要特点是"产品标准化、作业流程化、生产批量化、队伍专业化、管理集约化、风险分散化"。根据这些特点，信贷机构可以做到在既定的风险容忍水平内，提高效率、扩大规模、降低成本。

在信贷工厂模式下，金融机构的工作主要分为三大部分：一是标准化。金融机构将申请贷款的行业和公司材料进行简化，对贷款进行调查、审批和监督等相关工作，尽可能实现标准化管理。二是流程化，主要是对客户经理、审批人员和贷后监督人员进行专业化分工。三是"软信息"。为了控制贷款过程中的风险，在以上标准化、流程化作业的基础上，工作人员从多角度、多渠道收集企业的"软信息"，例如，向知情人士、行业协会或是上下游客户等进行外围调查，从而对客户情况进行交叉验证。

（二）信贷工厂模式的应用

信贷工厂模式起源于海外，新加坡淡马锡公司旗下全资子公司富登投资信用担保有限公司以差异化争取市场优势，将全新的产品"信贷工厂"模式带入了中国。中国国内已经有中国建设银行、中国银行、杭州银行等在采用这一模式。

中国建设银行在同业当中首先应用信贷工厂模式，2007年中国建设银行首先在江苏镇江试点运行，实行的是产品销售和后台作业的相分离，采用审批人派驻，评级、授信、支用同时申报的"三位一体"模式，为客户提供一站式服务。

杭州银行是国内较早采用信贷工厂模式的银行之一。2005年，杭州银行引入澳大利亚联邦银行作为外资战略股东，随后在澳大利亚联邦银行协助下开发了小企业信贷标准化操作模式。杭州银行的小企业贷款实现了"单线审批，直接授权"，符合条件的小企业可以很快获得贷款，不符合标准则不能获得贷款，是典型的信贷工厂模式。

在信贷工厂模式下，信贷数量爆炸式增长增加了银行风险监控难度，防止不良信贷泥沙俱下是银行在采用信贷工厂模式时要监控的第一风险。信贷工厂模式对国内银行原有的信贷管理体制提出了变革的要求，同时，信贷管理机制也必须进行改革，以适应高效审批。

五、小微信贷台州模式

小微金融全国看浙江，浙江看台州。在这个领域，台州的三家城市商业银行——台州银行、浙江泰隆商业银行、浙江民泰商业银行一直有着标杆式的意味，许多经验做法甚至成为行业办法制定过程中重要的参考标准。

（一）台州银行的信贷模式

台州银行多年实践的信贷技术总结为"下户调查、眼见为实、自编报表、交叉检验"十六字箴言。

小微企业没有规范的报表，要了解企业真实的经营状况，客户经理必须亲自走访到户，打破信息不对称，这就是"下户调查"；调查内容包括企业的生产状况、库存情况和销售情况，必须——亲眼验过，即"眼见为实"；针对很多企业没有规范报表的情况，信贷人员根据亲眼看到的各种情况"自编报表"——资产负债表和利润表，并通过这两张自制报表决定贷款与否以及贷多贷少；最后一步"交叉检验"很关键，通过借款人各类信息之间的钩稽关系验证信息真实性、准确性、完整性，当所有验证方法取得一致结果时，准确性就高，不一致时，就说明贷款调查有待深入。

"三看三不看"是台州银行独有的风险识别技术。信贷人员"不看报表看原始、不看抵押看技能、不看公司治理看家庭治理"，捕捉最原始的信息，比如，经营能力和家庭技能，以此判断和识别企业的还款能力与风险。

台州银行也在推行线上线下融合化、数字化和智能化的小微金融平台。把客户的服务一部分从线下转移到线上，加快移动端迁移，比如，客户经理利用平板电脑现场做开户、贷款调查和资料审核。系统后台对接很多大数据平台和风控模型，以前单靠人来审，现在是数字风控模型和现场判断相结合，同时引入人工智能和人脸识别等技术。以前一个客户经理最多可以服务一百多个小微客户，极限是两百个；通过技术改进，现在一个客户经理可以服务五六百个小微客户。

（二）泰隆银行的信贷模式

小微企业信贷风险控制的关键是如何在非标信息中提炼出对风险管理有价值的信息，这就要求信贷人员不能再盯着传统的财务报表，而是要根据不同的小微企业经营类型采取更为实际、有效的风控手段。浙江泰隆商业银行（以下简称泰隆银行）在实践中探索小微企业信贷服务和风险控制技术，总结出一套以"三品三表、三三制"为特色的小微企业信贷模式。

"三品"即人品、产品、押品。一看"人品"，主要是解决"信不信得过"的问题，考察客户的还款意愿；二看"产品"，主要是了解客户的经营情况是否良好，考察客户的还款能力；三看"押品"，主要是反映客户的还款保障。

对于生产型和外贸型小微企业，除了解财务报表外，更重要的是看水表、电表和海关报表，即"三表"。通过水表、电表主要是了解企业生产的用水用电情况，可以用来分析企业经营的变动情况；通过海关报表、出入库单主要是查看企业一定时期内货物报关或出入库情况，了解企业销售规模和淡旺季；还可以通过查看企业在银行的现金流水账、日记账等，大致了解企业的经营是否正常。

"三三制"是指老客户贷款3小时办结，新客户贷款3天内答复，是对客户服务效率的承诺。

为改变传统小微信贷调查技术需要大量客户经理进行现场调查的"人海战术"，泰隆银行广泛应用大数据技术，还借助地方政府、人民银行、社会等信息平台，使"三品三表"模型化。从"人品"信息中提炼50多个指标，从"产品、押品"与客户行为和社会信息中提炼上百项指标，建成了"客户评分模型""信用卡风险评分模型""客户关系管理系统"并投入使用。通过人工现场调查与系统模型判别相结合，有效提高了风控能力，规避了由信贷员自身素质带来的风险问题。与此同时，泰隆银行借助移动互联网发展建设电子化渠道，打造小微信贷工厂作业模式，以平板电脑作业为依托对客户进行分类，建立差异化的调查、审查、贷后检查模板等，提高客户经理作业效率和专业化，实现信贷全流程现场作业，提升客户体验。

（三）民泰银行的信贷模式

"让合适的客户都能借到钱、让客户能更方便地借到钱、让客户能更便宜地借到钱"，是浙江民泰商业银行（以下简称民泰银行）在创立之初明确的客户服务"三大目标"。在"三大目标"指导下，民泰银行逐步探索形成了"根据地"模式，并总结出"五个一""九字诀"的特色做法。"五个一"指的是重点开发"一个村居、一个园区、一个市场、一个行业、一个商会（协会）"。

"九字诀"信贷调查技术加快审批流程。"九字诀"即看人品、算实账、同商量。看人品，就是在贷款服务中更注重分析判断借款人的个人品行，考察借款人的诚信史，通过借款人的生意伙伴、亲属朋友和工作同事等渠道了解信息，做到对借款人品行"知根知底"，及时充分地掌握非财务信息；算实账，就是做到"一查三看"，包括查征信，看水、电、税"三费"，看台账、看资金流量和结算情况，来判断借款人的借款背景、偿债能力；同商量，是指银行不仅仅关注贷款本身的风险，而是更多参与到企业发展的关键环节，与客户真诚沟通，帮客户设计个性化融资方案。

浙江农信运用大数据创新
"普惠快车"小额贷款系统

浙江省农信联社创新
"小微专车"信贷模式

✉ 【延伸阅读3-1】

小额信贷的主要技术和方法

近年来，小微市场出现的一个重要变化就是业务的专业化与技术化程度普遍提高。近几年，银行普遍关注小额贷款技术和先进方法，国内广泛引进了国外成熟的小微贷款技术，主要有法国沛丰协会、国际金融公司（IFC）、美国行动国际（安信永）、德国复兴开发银行（IPC）、新加坡淡马锡、孟加拉国的格莱珉银行等。大中型银行的全面进入和相当数量中小银行对国外先进小额信贷技术的引进，对小微市场整体品质上台阶起到了十分重要的作用，"交易贷款"的特点越来越明显。

1. 批量化和规模化。面对一群和一片客户，主要围绕商圈、商会、协会、社区、园区、产业链等小微客户集中的区域。这些区域专业内容相似，商户之间相互了解，通过对目标客户群的市场调查、量身定制、批量开发，根据集群类客户的业务风险特征，设计出专门的、标准化的金融服务方案。这种模式进行集中调查，立体化、多角度获取各类信息，批量授信，降低了银行的成本，并通过规模化调查与授信大大提高了效率。

2. 真实性原则。针对小微企业财务信息不透明的特点，贷款调查时应以真实性为核心原则，关注客户上下游产品质量与企业主口碑，采用现场观察法、逆算倒推法、交叉检验法，着重了解客户的三品（人品、产品、押品）、三表（水表、电表、工资表）、三单（对账单、货运单、报关单）、三流（现金流、物流、信息流），辨析企业实际经营状况，关注企业主的人品和企业的真实现金流。

3. 评分卡技术和流程工厂化审批。通过收集与分析客户大量的行为、信用和背景数据，主要包括年龄、性别、婚姻、教育、收入、住房、负债、职业等信息，建立起能够有效分辨"好客户""坏客户"的数学模型，准确计算出不同属性客户群所具有的消费能力和还款概率。

近年来，有不少银行经历了从对公业务操作模式向流程化零售银行模式的根本转变。在小微业务领域打造快速、便捷的特色以及上规模的小微业务操作流程。利用互联网技术梳理信贷流水线，建成真正的信贷工厂，实现贷款的批量化生产。在大数法则和收益覆盖风险核心经营理念的引领下，打造以批发销售、工厂化审批、标准化作业为主导的全新流程模式。通过开发评分卡模型和审批模型，自动实现小微企业评级、授信、信贷审批的三合一。

4. 交叉销售。交叉销售是银行服务小微企业业务战略的核心。银行在贷款的同时，既可开拓企业层面的产品，如承兑汇票、信用证、保函、代发工资、POS机、贴现、融资咨询、财务管理等，也可延伸个人消费层面的服务，如网上银行、信用卡、理财、保险等，在全面满足客户需求的同时，也进一步增强了小微客户的稳定性。交叉销售可以提升客户综合贡献度，降低银行成本，为银行带来协同效应和范围经济的利润。

资料来源：黄隽. 小微金融服务市场分析[J]. 中国流通经济，2013（5）.

☞ **请思考**：基于材料，谈谈如何破解信贷机构与客户之间的信息不对称和降低贷款业务成本。

模块二　交叉检验与逻辑检验

活动1　理解概念内涵

客户对于自己的贷款用途、能还多少、愿不愿意还款是最清楚的，如果从客户处得到很少的信息或者假信息，则信息不对称引发的贷款风险会更突出。客户可能会说谎，但是他每说一个谎都需要十个谎来圆谎，难以逻辑自洽。一个人说假话容易，很多人说同一句假话很难。因此，从不同的角度对同一个事物进行核实，能够获取真实或接近真实的情况。获取更多真实准确的客户信息，才能为贷款决策提供更加科学的依据。

交叉检验是通过不同途径确认信息正确性的方法。贷款调查的交叉检验就是在贷款调查前、调查中、调查报告制作和贷后检查管理过程中，通过不同信息来源途径、同一信息来源途径的钩稽关系，对客户信息进行真实性、准确性、完整性确定的过程。交叉检验主要针对与客户的还款能力和还款意愿相关的信息和数据进行验证，主要是为了解决信贷业务中的信息不对称问题，是破解信息不对称的有效手段。

逻辑检验属于交叉检验的一部分，主要侧重于对客户财务状况的检验，是针对小额信贷业务中，客户无正规可信的财务报表情况下设计的验证工具。逻辑检验的理论基础是信息之间有逻辑关联，客户各项财务数据之间的关联性决定了特定数据之间应该有一定的比例关系，这种关联和比例关系就为我们提供了一个验证客户财务信息是否可靠的工具，我们称这种验证为逻辑检验。

活动2　搜集财务信息与非财务信息

获取信息的目的是识别客户的借款需求、评估客户的还款能力，为客户匹配或设计适合的贷款方案，根本目标是保证贷款决策建立在可靠的数据资料基础上。

收集信息的方式主要来源于客户经理的"望闻问切"，像中医大夫诊脉一样，观察客户的神情及举止判断客户是否撒谎，听取周围人对客户的评价，询问沟通不明白的细节，"切"是真实地搜收到一些佐证材料。

一、财务信息的搜集

财务信息是判断客户是否具有还款能力的重要依据，主要包括经营活动的财务信息、投融资活动的财务信息和家庭活动的财务信息。经营活动的财务信息主要是指损益表中的收入、成本、费用、利润等信息，资产负债表中的资产、负债和权益等信息；投融资活动的财务信息主要是指初始投资、期间追加或提取、借贷或偿还；家庭活动的财务信息主要是指家庭的资产负债、其他收入、日常开支、重大支出。

财务信息的获取渠道包括口头询问、书面资料、实地盘点盘查以及公开信息和行业信息等。

（一）口头询问

口头询问是获取财务信息的重要方式之一，运用适当，可以获得可靠的财务数据。口头询问时要做到主线清晰，问题简单、具体和明确，发问后注意观察申请人的反应，要认真倾听，重点地方要细化，要能够找出想要的具体精确答案。

（二）书面资料

1. 客户自用的书面资料。绝大多数生产经营客户都会有某种形式的用来记录其经营活动情况的书面材料，如销售流水账、进货记录、重要客户名单等，要能够辨别资料的真伪和可靠性。

2. 客户提供给上下游的书面资料备份。这些资料如发票、进货单、送货单、发货单、报价单、运输小票等。对于某些行业，此类资料非常重要且基本能全面反映销售情况，如汽修行业，绝大部分客户都会索要发票以索赔保险；服装批发行业，一般下游客户都要求开具进货单，作为退换货凭证和交易时结账的基础。另外一些行业，此类资料可以为计算毛利率提供良好的资料，如电器经销商的报价单。

3. 由客户业务的上下游产生的书面资料。这些资料如进货单、送货单、发货单、签单、收据、结算单等。

4. 银行对账单或银行流水。客户主要账户流水都是非常重要的经营信息来源，应该充分地利用，若以银行结算为主，银行流水可以反映其绝大部分，甚至全部的进销信息。对于银行流水，需要特别注意大额、非正常的流入和流出，以及个人账户之间的互转、新账户。

5. 重要的合同、权证、凭证。无论客户多么小、多么不正规，某些权利对其经营非常重要，一定有相应的合同、权证、凭证做支持。如租赁合同，通常所有的微贷客户都有；经销合同，通常与上游之间存在长期稳定经销关系的都有，特别是区域独家经销的情况；与商场采用扣点经营的，通常会有联营/进店合同；有永久使用权的店面应有相应的合同或权证；缴付大额押金、保证金的应有相应的收据等。

（三）实地盘点盘查

实地盘点盘查是获取信息的主要方式。如盘点现金、盘查存货、查看生产经营场所面积、员工人数等信息，查看收银机的数据，某些客户有相对不错的信息系统，查看此类信息系统可以获得大量的财务信息。

二、非财务信息的搜集

非财务信息是判断客户是否有良好还款意愿的重要依据。非财务信息的获取可以通过实地查看客户的生产经营场所、家庭或所在单位，访问客户的家人、邻居、同事、上下游客户、员工、股东，查询征信、工商、法院等渠道收集。

对于非财务信息的搜集，要密切观察、关注细节、应用常识，还应注意客户的非财务信息与其财务信息是否匹配。比如，客户的消费行为是否与其收入相匹配，客户年龄与其家庭、财产状况是否相应对称，父母、家庭成员对其生产经营会产生什么影响，客户的经营场所与其经营业务、经济状况是否对应等。

活动3　掌握交叉检验的主要线索

交叉检验在客户经理进行调查分析过程中无处不在。客户经理与客户进行交谈的每一句话都是在进行交叉检验信息是否一致，以求在沟通交流中达到信息的一致性，解决信息不对称，减少贷款业务风险。

一、"听、看、盘"三渠道信息的一致性检验

"听、看、盘"是客户经理获取信息的三条渠道，三条渠道的信息传递者是不同的。

听的时候，不同的信息释放主体对同一事物提供的信息可能是不一致的，甚至是冲突的；看的时候，信息传递的主体是各种经营记录，不同的经营记录可能是由不同的主体提供的，很多主体是独立的，提供的信息更具真实性；盘的时候，深入生产经营场所，对实物资产和生产状况进行分析，别人很难操控。

客户口头信息是否与书面信息、与实际状况相一致。如客户口头提供的财务数据是否与原始单据、发票、经营记录、产权证明、实物状况等相一致；企业通过银行转账方式销售货物时，对比银行流水、销售记录和纳税申报凭证是否大致相当；客户提供的销售情况与调查期间观察到的销售情况是否一致；客户口头提供的雇员数量与现场实际看到的雇员数量是否一致；客户提供的生产情况与实际看到的生产设备开工情况是否一致；客户口头提供的存货、固定资产、现金等与实际看到和盘点情况是否一致；客户的家庭生活状况与客户提供的年收入状况是否匹配等。

二、历史数据的一致性检验

这一检验的基本逻辑是"一个人说一次假话不难，难的是天天说同样的假话"。

客户提供的不同时点的数据是否相一致。如通过调查前几天的营业收入估算的月收入是否与客户提供的每月营业收入大体相同；每月的累计收入是否与每年的收入大体相同，淡旺季收入总计与全年的总收入是否相差不大；客户最近一次进货后，累计的销售收入是否与客户近期的现金和银行存款数额一致；根据营业场所的现金推算的日销售额是否与客户提供的日销售额大体相当；启动资金加上每年的利润、减去每年的非商业支出是否与实有权益大体相同等。

三、行业平均数据的一致性检验

客户都是在某一特定行业或特定区域生存的，行业或区域的共性通常是客户无法回避的，同一行业、同一区域的不同客户，在规模大小基本相当的情况下，很多指标具有很强的可比性。

客户提供的信息是否与当地该行业的平均水平大体相当。如营业额、营业费用、利润水平、淡旺季情况、应收款和应付款条件、平均库存天数、员工工资水平、房租、其他家庭收入、家庭支出等与当地平均水平或常识相比较是否一致等，如果不一致，应分析具体原因。

四、群体信息的一致性检验

这一检验的基本逻辑是"一个人说假话容易，很多人说同一句假话很难"。

不同的人对同一问题的回答很难完全相同，将这些人对同一问题提供的信息进行对比，如果出现严重偏差，就说明信息的虚假情况比较严重。如客户家庭成员对贷款的目的的说法是否基本一致；客户、合伙人、雇员、会计人员等提供的营业额、利润、资产、负债等财务信息是否基本一致；对不同岗位或不同关系的人询问同一个问题，所得的答案是否相差不大等。

五、类别信息的一致性检验

信息是分类的，有些是销售信息，有些是生产信息，有些是财务信息，等等。客户的这些信息之间是有互相联系和印证关系的,客户的内部信息与外部信息之间也是具有联系性和嵌套关系的。

客户提供的不同数据和信息之间的关系是否合理。如销售额、淡旺季、市场需求状况与申请贷款的时间、额度是否匹配;营业额和赊销率与应收账款的关系是否合理;营业额与库存水平的关系是否合理;销售额与进货金额和频次之间的关系;存货与销货速度是否符合一定比率;工人日均产量、工人人数与月销售额之间的关系;按件或按销售额计算工资时,员工的工资与每月的销售额之间的关系等。

六、投入产出数据的一致性检验

企业的投入产出关系是非常明确的,这种投入产出关系成为检查销售收入、利润和成本的重要渠道。客户可以对销售收入和利润造假,但是其所消耗的水费、电费、运费、仓储费等信息都是外部提供的,很难造假。通过这些信息,可以根据投入产出关系,倒算出收入和利润,进而掌握客户真实的生产经营情况。

投入与产出之间的关系是否合理。如员工数量与营业额,固定资产数量与营业额,耗电量、耗水量与营业额等。这种投入产出关系不仅可以用来检查数据的合理性,还能够通过与行业平均水平的比较判断客户的经营管理能力。

活动4 掌握营业额、利润及权益检验

一、营业额(销售额)检验

通过对营业额(销售额)、利润(率)的检验可以帮助确定损益表数据的可信度。

(一)零售、批发(贸易)行业

1. 按时间比较销售额(每日、每周、每月、每年)。
2. 按类型比较销售额(通过零售占比、批发占比进行推算,前提是知道零售或批发的营业额)。
3. 按产品比较销售额(各类产品占比,前提是知道某类产品的营业额)。
4. 通过存货、进货额检验销售额。

如:(期初存货+期间进货-期末存货)÷成本率=当期销售额。

5. 当天的现金检验(判断当天所处月份为旺季、淡季、平季)。
6. 厂家的返利检验。

如:返利金额÷返点率=销售额。

7. 通过销售人员的业绩工资推算销售额。

案例分析:4月30日,客户经理拜访客户,客户说,专营某上海知名品牌儿童服装,利润不错,进价100元,挣100元;每年2月、5月、6月、10月、11月是旺季,其他月份是平季;旺季每月营业额为3万元,平季为2万元;上个星期他去外地给孩子看病,由妹妹看店,她记了账,上个星期的营业额汇总为5000元。从客户给上游供货商的汇款流水中查出,客户过去12个月共汇出了15万元。

营业额检验的分析过程：

（1）根据上个星期的销售记账 5000 元，可知 4 月营业额 = 5000 元 × 4 = 20000（元），4 月为平季，与客户说的平季营业额 2 万元相符；

（2）客户一年 5 个旺季、7 个平季，年营业额 = 5 × 3 + 7 × 2 = 29（万元）；客户说进价 100 元，挣 100 元，说明销售毛利润率为 50%，根据客户过去 12 个月给供货商共汇款 15 万元，可知年营业额 = 15/50% = 30（万元），两者基本相符。

故判断上述信息具有一致性，可信度较高。

（二）生产加工行业

1. 通过生产能力、工作时间检验销售额。

2. 通过应收账款的占比及账期检验销售额。

3. 通过原材料消耗、水电费检验销售额。

4. 通过银行流水检验销售额

如客户手头现金存款 15 万元，是当月的现金销售额，而现金销售额占比为 50%，就可以推算出当月销售额。

5. 通过员工的绩效工资、厂家的返利等检验销售额。

案例分析：4 月 30 日，拜访客户，客户说，长期为一家工厂做钢结构件加工，毛利润率为 30%，一个月能加工 1 万个标准同类型零件，每件售价 5 元，没有淡旺季；有 4 个员工，工资底薪 500 元，计件绩效 100 件给 50 元，4 个员工上个月计件绩效分别是 750 元、1200 元、1300 元、1750 元。从浙江采购，上年一共在银行汇出款项 41 万元，经查属实。

营业额检验的分析过程：

（1）根据计件绩效工资 = 750 + 1200 + 1300 + 1750 = 5000（元），计件绩效 100 件给 50 元，可计算月加工量为 1 万件，与客户口述相符；

（2）客户月营业额 = 10000 × 5 = 5（万元），可计算年营业额 = 5 × 12 = 60（万元）；根据银行汇款 41 万元为采购成本，客户口述的毛利润率为 30%，故销售额 = 41 ÷（1 − 30%）= 58.57（万元），两者基本一致。

故判断上述信息具有一致性，可信度较高。

（三）服务型及其他服务行业

1. 通过每日进货额逻辑检验。

2. 通过当时销售现金及每日、每周、每月销售额逻辑检验。

3. 通过上座率及平均消费额做逻辑检验。

4. 通过必点产品做逻辑检验。

5. 通过碗、筷等做逻辑检验。

6. 通过主要工作人员的工资做逻辑检验。

7. 通过分析当日的客户流量做逻辑检验。

案例分析：客户王老板经营一家火锅店，王老板说，他的生意不错，近几个月每月营业额在 70000 元左右；他的毛利润率在 50% 左右；肉类他一般每周进货 2 次，每次进货额在 2000 元左右；菜品、辅料每天都买，平均每天购买额在五六百元。

营业额检验的分析过程：

根据销售成本 = 销售额 ×（1 – 毛利润率），可计算得出王老板每月的销售成本应在 35000 元左右。

从饭馆的生意特点来讲，通常存货水平非常低，月初月末的存货水平差异基本可以忽略。因此，其月销售成本应该和月进货额基本一致。月进货额为：2000 × 2 ÷ 7 × 30 + 30 × 550 ≈ 33642（元）。

故判断上述信息具有一致性，可信度较高。

（四）客运或货运等运输行业

1. 通过里程表、油表检验。
2. 通过每日、每月加油及柴油、汽油、天然气费用与百公里耗油逻辑检验。
3. 通过汽车检测、维修、保养、换机油的频率做逻辑检验。
4. 通过汽车轮胎的磨损和换新频率做逻辑检验。
5. 通过上座率及平均消费额做逻辑检验。

（五）工程型行业

1. 通过工程合同规定的回款期与银行对账单的回款期比较。
2. 通过工程的预算价和决算价比较确定营业额。
3. 已完工已收款、已完工未收款（如未收款过多则慎重考虑）、在建（如在建时间超出合同规定时间过长慎重考虑）。

二、利润（率）检验

1. 用计算利润（率）与口述利润（率）作比较，验证客户利润（率）是否合理。
2. 同业比较法，与同行业或者其他同类客户的利润（率）作比较，验证客户的利润率是否合理。
3. 纵向比较法，通过近几年的利润（率），验证客户利润（率）是否合理。
4. 计算得出的可支配收入（净利润）与其生活水平作比较，验证客户利润是否合理。

三、权益检验

通过权益检验可以帮助确定资产负债表中资产、负债数据的可信度，也可进一步确认利润数据的可信度，这些财务数据之间具有内在的逻辑关系。

实际权益 = 资产负债表中权益 + 表外项目中的权益（表外资产 – 表外负债），对于小微信贷客户来说，实际权益主要是资产负债表中的净资产。

应有权益 = 初始权益 + 期间利润 +（期间权益注入 – 期间权益提款）+（资产升值 – 资产减值）

其中：

"初始权益"为期初资产负债表中的权益，不包括负债；

"期间利润"为客户自生产经营项目开始后的利润（可支配收入）加总；

"期间权益注入"为客户追加的资本投入；

"期间权益提款"为客户从生产经营项目中抽出用于其他事情（非本项目投资）的

资金，例如，购买自住用房、给亲戚结婚用等，客户偿还负债并不计入该项，借贷行为不影响权益的变化；

"资产升值"：如该项目的经营用房产或其他资产的升值；

"资产减值"：如该项目的机器设备、交通工具等的折旧。

当（应有权益－实际权益÷分析期间的月数）÷平均月可支配收入≤5%时，可判断相关财务数据真实有效。

案例分析：客户王先生2016年1月投入7万元开了一家餐厅，当时自己投入了5万元，其余是从朋友那里借的。他花了4万元进行装修，剩下的3万元买了桌椅（2万元）和厨具（1万元）等餐厅用品。经营至今（2019年9月），前3年大约一共挣了10万元，2018年每月大约有6000元的月可支配收入。期间还款1万元，又从另一个朋友那边借了5000元，2016年开业时购置的餐厅用品目前的市值2万元，另外他花了5000元买了个摩托车自己开。2019年9月1日客户经理进行了调查，调查时的应有权益为多少？

根据案例材料，可知初始权益1万元、期间利润14.8万元、期间权益注资0元、期间权益提款5000元、资产增值0元、资产折旧1万元，根据计算公式，应有权益＝1＋14.8－0.5－1＝14.3（万元）。

如果应有权益＞实际权益，可能存在两种情况：一种是应有权益被高估，另一种是实际权益被低估。

1. 应有权益被高估，可能是因为：（1）利润算高，支出算少（月可支配收入被高估）；（2）客户初始权益中有负债没有调查出来。

2. 实际权益被低估，可能是因为：（1）有部分资产没有调查出来，或者客户有其他投资；（2）忘记放在表外的资产。

如果应有权益＜实际权益，可能存在两种情况：一种是应有权益被低估，另一种是实际权益被高估。

1. 应有权益被低估，可能是因为：（1）损益表中的利润算少；（2）客户有其他未知的收入。

2. 实际权益被高估，可能是因为：（1）客户有负债没有被调查出来，如应付账款、民间借贷等；（2）供应商在客户的铺货，被误当作客户的存货；（3）可能有部分资产不是客户自己的。

模块三　财务与非财务分析

活动1　掌握客户财务分析

一、财务分析概述

（一）财务分析的含义

客户财务分析是以客户财务报表为主要依据，运用一定的分析方法，对客户的财务过程和结果进行研究和评价,以分析客户财务状况、盈利能力、资金使用效率和偿债能力,并由此预测客户的发展变化趋势,为贷款决策提供依据。小额信贷的财务分析要基于小额信贷客户的特点,灵活运用相关财务分析知识和方法,目的是评估小额信贷客户的偿债能力。

（二）财务分析的内容

商业银行等信贷机构最关心借款人现在和未来的偿债能力。借款人的偿债能力与借款人的盈利能力、营运能力、资金结构等密切相关,为了准确计算和评价借款人的偿债能力,为贷款决策进行的财务分析应侧重这些内容。

盈利能力是指借款人获取利润的能力。盈利是借款人偿还债务的重要资金来源,借款人盈利能力越强,还本付息的资金来源越有保障,债权的风险越小。

营运能力是指借款人经营中各项资产周转运用效率,能够反映借款人的资产管理水平和资产配置组合能力,营运能力越强,借款人所取得的收入和盈利就越多,盈利能力就越强,则偿债能力越强。

资金结构是指借款人全部资金来源中负债和所有者权益所占的比重和相互间的比例关系。借款人资金来源合理,经济基础就牢固,就有较强的偿债能力,尤其是长期偿债能力。

（三）财务分析的方法

客户财务分析的方法主要包括趋势分析法、结构分析法、比率分析法、比较分析法和因素分析法。

1. 趋势分析法是将客户连续数期的财务报表中的相同项目的绝对数或相对数进行比较,以揭示它们增减变化趋势的一种方法。这种分析方法可以揭示客户财务状况的变化趋势,找出其变化原因,判断这种变化趋势对客户发展的影响,以预测看客户未来的发展前景。

2. 结构分析法是以财务报表中的某一总体指标为基础,计算其中各构成项目占总体指标的百分比,然后比较不同时期所占百分比的增减变动趋势。结构分析法除用于单个客户有关指标的分析外,还可将不同客户间不能直接比较的各项目的绝对数转化为可以比较的相对数,从而用于不同客户之间或同行业平均水平之间的财务状况的比较分析,以对客户的财务经营状况及在同行业的地位作出评价。

3. 比率分析法是在同一张财务报表的不同项目之间、不同类别之间,或在两张不同财务报表如资产负债表和利润表的有关项目之间作比较,用比率来反映它们之间的关系,以评价客户财务状况和经营状况好坏的一种方法。比率分析是最常用的一种方法。

4. 比较分析法是将客户的有关财务指标数据与同行业平均水平或在不同企业之间进行比较,找出差异及其产生原因,用于判断客户管理水平和业绩水平。

5. 因素分析法是找出并分析影响客户经营活动的各种因素,包括有利因素、不利因素、外部因素和内部因素等,抓住起主导作用的影响因素,提出相应的解决办法,作出正确决策。

二、资产负债表分析

(一) 资产负债表的构成

资产负债表由资产、负债和所有者权益构成,以小微企业为例,根据贷款业务财务分析的需要,一般将资产负债表科目设置如下:

资产一般分为流动资产和非流动资产。流动资产是指一年内或在一个营业周期内变现或者耗用的资产,主要包括货币资金、应收款、预付款、存货等;非流动资产是指借款人在一年内不能变现的那部分资产,主要包括固定资产、长期投资等,小微企业的资产以机器设备、交通工具、不动产等固定资产为主。

负债一般分为流动负债和长期负债。流动负债是指借款人在生产经营过程中应付给他人的资金,是借款人承担的应在一年或在一个营业周期内偿还的债务,主要包括应付账款、预收账款、短期借款、其他应付款等;长期负债是指借款人为购置机器设备、扩充生产能力等扩大经营规模的活动通过举债或发行债券而筹集的资金,主要包括长期借款、长期应付款等。

所有者权益代表投资者对净资产的所有权,净资产是借款人全部资产减去全部负债的净额。主要由两部分组成:一是资本金;二是在生产经营过程中形成的资本公积金、盈余公积金和未分配利润。

表3-1　　　　　　　　　　小微客户资产负债表结构和常用科目

资产	负债
流动资产: 　货币资金 　应收款 　预付款 　存货 　　原材料 　　库存商品 非流动资产: 　固定资产 　　机器设备 　　交通工具 　　不动产 　长期投资 　……	流动负债: 　应付账款 　预收账款 　短期借款 　其他应付款 　…… 长期负债: 　长期借款 　长期应付款 　…… 所有者权益
资产合计:	负债和所有者权益合计:

(二) 资产结构分析

资产结构分析是指通过计算各项资产占总资产的比重,来分析判断借款人资产结构的合理性。由于借款人所在行业和资产转换周期的长短不同,所以其资产结构也不同。在分析资产负债表时,一定要注意借款人的资产结构是否合理,是否与同行业的比例大

（三）资金结构分析

借款人的全部资金来源于两个方面：一是借入资金，包括流动负债和长期负债；二是自有资金，即所有者权益。借款人资金来源结构状况直接影响其偿债能力，资金结构合理，借款人的经济基础就牢固，就能承担较大的风险，就有较强的偿债能力，尤其是长期偿债能力。

借款人合理的资金结构是指资金不仅要从总额上可以满足经营活动的需要，适应资产转换周期，并且资金的搭配即短期负债、长期负债及所有者权益三者的比例也要适当，这样才能以最小的资金成本取得最大的收益。

（四）项目分析

1. 货币资金。货币资金是流动性最强的资产，同时也是收益最差的资产，虽然占比一般不大，但对企业的正常运营十分重要。

2. 应收账款。应收账款是典型的风险资产，存在可能收不回来的风险，积极的意义表明产品适销对路，销售顺畅。应重点分析应收账款的规模、集中程度、账龄等。

3. 存货。存货是一项特殊资产，存货量越大，占用的资金也越多，也说明企业生产过剩，销售困难。适当的存货保有量对企业正常的生产经营非常必要，过多或过少的存货都会对企业产生不利影响。存货分析需考虑计价方法、适销性和使用寿命、结构比例、可靠性等。

4. 固定资产。固定资产包括固定资产原值、累计折旧、固定资产净值，固定资产原值反映了企业拥有的固定资产的规模，累计折旧反映了固定资产的价值损耗，固定资产净值则反映了固定资产的新旧程度。一般来说，固定资产的折旧会影响利润的大小，多提或少提折旧会歪曲企业的经营成果。由于固定资产的市价持续下跌，或技术陈旧、损害、长期闲置等原因导致其可回收金额低于账面价值的，应当将可回收金额低于其账面价值的差额作为固定资产减值准备。固定资产分析可以掌握固定资产的市场价值和变现能力。

5. 短期借款和应付账款。短期借款和应付账款是流动负债分析的重点。企业借入短期借款用于生产经营，可以为股东增加财富；但是短期借款如果数额较大，近期的偿债负担加大，此时手中的货币资金也短缺的话，则会出现偿债危机。适度的应付账款可以节省企业的资金，当应付账款的数额较大时，会加大企业的信用风险。

6. 长期借款。长期借款主要用于扩大生产经营规模，而不是用于生产经营周转。长期借款具有偿还期长、债务金额较大、可分期偿还的特点，既可能给企业带来效益，也可能给企业带来风险。

三、利润表分析

利润表又称损益表，它是通过列示借款人在一定时期内取得的收入、所发生的费用支出和所获得的利润来反映借款人一定时期内经营成果的报表。通过利润表可以考核借款人经营计划的完成情况，可以预测借款人收入的发展变化趋势，进而预测借款人未来的盈利能力。

(一) 利润表的调整

利润表是根据"利润=收入-费用"原理编制的。根据这个原理,借款人在计算利润时,是以其一定时期内的全部收入总和减去全部费用支出总和。这种方法简单易懂,能够反映全部收入总额和成本费用总额,但它只是对借款人的各种收入和成本费用作了简单的归纳(如表3-2左列),不能满足信贷机构分析利润表的需要。信贷机构对利润表进行调整的步骤如下:

第一步,从主营业务收入中减去主营业务成本、营业费用、营业税,得出主营业务利润,即毛利润;

第二步,以主营业务利润为基础,加上其他业务利润,减去管理费用、财务费用,得出营业利润;

第三步,在营业利润上加投资收益和营业外收入,减去营业外支出,得出利润总额;

第四步,从利润总额出发,减去所得税,得出当期净利润。

这种方法可以清楚地反映出借款人净利润的形成过程,准确地揭示出净利润各构成要素之间的内在联系,为盈利分析奠定了基础(如表3-2右列)。

表3-2　　　　　　　　　　调整前和调整后的利润表

收入	一、主营业务收入
基本业务收入	减:主营业务成本
其他业务收入	营业费用
投资收入	营业税金
营业外收入	二、主营业务利润(毛利润)
减:	加:其他业务利润
成本和费用	减:管理费用
营业成本	财务费用
营业税	三、营业利润
销售费用	加:投资净收益
其他业务支出	营业外收入
管理费用	减:营业外支出
财务费用	四、利润总额
营业外支出	减:所得税
利润总额	五、净利润
减:所得税	
净利润	

(二) 利润表分析方法

利润表分析通常采用结构分析法。在利润表结构分析中就是计算产品销售成本、产品销售费用、产品销售利润等指标各占产品销售收入的百分比,计算出各指标所占百分比的增减变动,分析其对借款人利润总额的影响。

结构分析法除了用于单个客户利润表相关项目的分析外,还经常用于与同行业平均水平比较分析。利用结构分析法将不能比较的绝对数转化为可以比较的相对数，就可以对不同企业之间的盈利能力作出评价。

借款人在正常生产经营期间，利润表各项目之间都应有一个正常的、合理的比例关系和合理结构。在利润表分析中应对内在结构的异常变化给予高度的重视，并正确判断这种变化对借款人财务状况的影响。

对于小微企业客户来说，利润表的项目分析应重点关注主营业务收入（销售收入）和主营业务成本（销售成本）。如有无虚构销售收入，主营业务成本是否真实，计算方法是否一致，多期之间是否存在突增、突减等情况。

四、现金流量表分析

作为信贷机构，对客户进行财务分析的最重要目的在于了解客户的还款能力。一般来说，盈利客户比亏损客户偿还贷款的可能性大。但是，一家盈利客户可能因为不能偿还到期贷款而面临清算，而另一家亏损客户却因能偿还到期贷款继续维持经营。其道理在于利润是偿还贷款的来源，但不能直接用来偿还贷款，偿还贷款使用的是现金。客户在生产经营过程中，既发生现金流入，又发生现金流出，其净现金流量为正值或是负值，金额为多少将决定其是否有现金还款。所以，贷款人最直接关心的应该是借款人的现金流量。

（一）现金的概念

现金流量表是反映企业在一定会计期间内的经营活动、投资活动和筹资活动中现金和现金等价物流入和流出的财务报表。它的作用在于，分析企业创造净现金流量的能力，进而更清晰地揭示企业的资产流动性和财务状况。

从编制原则上看，现金流量表按照收付实现制原则编制，将权责发生制下的盈利信息调整为收付实现制下的现金流量信息，便于信息使用者了解企业净利润的质量。编制现金流量表首先要明确现金及现金等价物等相关概念。

现金流量表中的现金既包括现金，又包括现金等价物。

1. 现金包括库存现金、活期存款和其他货币性资金，其他货币性资金包括外埠存款、银行汇票、银行本票、信用卡、信用证及存出投资款等。银行存款和其他货币性资金中有些不能随时用于支付的存款，如不能随时支取的定期存款等，不应作为现金，而应列作投资。提前通知金融企业便可支取的定期存款，则应包括在现金范围内。

2. 现金等价物是指企业持有的期限短、流动性强、易于转换为已知金额现金、价值变动风险很小的投资。其中，期限短一般是指从购买日起3个月内到期。总之，现金流量表中的现金包括：库存现金、活期存款、其他货币性资金以及3个月以内的证券投资。现金流量表中的现金必须不受限制，可以自由使用。

（二）现金流量计算与分析

流量是相对存量的一个概念。存量是某一时点的数据，流量是一定期间内所发生的数据。现金流量包括现金流入量、现金流出量和现金净流量，现金净流量为现金流入量和现金流出量之差。

现金流量表将"现金流量"分为三大部分，即经营活动现金流量、投资活动现金流量、筹资活动现金流量。现金净流量＝经营活动的现金净流量（流入－流出）＋投资活动的现金净流量（流入－流出）＋筹资活动的现金净流量（流入－流出）

1. 经营活动现金流量

经营活动现金"流入"的主要项目包括：（1）销售商品、提供劳务收到的现金；（2）收到的税费返还；（3）收到其他与经营活动相关的现金。

经营活动现金"流出"的主要项目包括：（1）购买商品、接受劳务支付的现金；（2）支付给职工或为职工支付的现金；（3）支付的各项税费；（4）支付的其他与经营活动有关现金。

一个正常经营的企业，它在创造利润的同时，还应创造现金收益，相对于净利润而言，企业的经营活动现金流量更能反映企业真实的经营成果。

针对经营活动现金流，还要特别开展两方面分析。一是操纵分析，即分析经营活动现金流是否有被操纵的可能性；二是充裕性分析，即经营现金流量能否满足公司的运营需求。

2. 投资活动现金流量

一般来说，出售证券（不包括现金等价物）、出售固定资产、收回对外投资能够带来现金流入；而购买有价证券、购置固定资产会带来现金的流出。

对投资活动现金流量进行分析时，需要结合企业的具体情况，重点观察投资现金流的特征是否符合企业的发展阶段，是否与企业的发展战略和发展方向相一致，由此才能进一步判断公司的运营情况。

3. 筹资活动现金流量

一般来说，取得短期与长期贷款、发行股票或债券能够带来现金流入；而偿还借款的现金、分配现金股利会带来现金的流出。

对筹资活动现金流量进行分析时，同样需要结合具体情况。例如，当公司的筹资活动现金流量大于零时，有可能是企业扩大规模，也有可能是投资失误出现亏损或经营现金流量长期入不敷出。一些由报表衍生得到的财务比率，如销售现金比率、资本购置比率、再投资现金比率等，同样可以用来分析企业的现金流量表。

销售现金比率＝经营活动现金净流量÷销售额。该指标反映了企业当期经营活动获取现金的能力，比率越高，说明企业获取现金的能力越强。

资本购置比率＝经营活动现金净流量÷资本支出。该指标反映企业用经营活动产生的现金流量净额维持和扩大生产经营规模的能力。资本购置比率越大，说明企业支付资本支出的能力越强，资金自给率越高。当比率达到1时，说明企业可以靠自身经营来满足扩充所需的资金；若比率小于1，则说明企业需要靠外部融资来扩充所需资金。

再投资现金比率＝经营活动现金净流量÷（固定资产＋长期证券投资＋其他资产＋营运资金）。该指标反映企业经营活动现金流量用于重置资产和维持经营的能力，体现了企业的再投资能力。国外学者认为，该指标的理想水平为7%～11%。

五、财务比率分析

财务比率分析也称为财务报表综合分析，主要包括盈利能力分析、短期偿债能力分析、长期偿债能力分析和营运能力分析等。

（一）盈利能力分析

盈利能力就是获取利润的能力，借款人的盈利能力在某种程度上比偿债能力更重要，因为借款人正常经营并产生利润是偿还债务的前提条件。反映借款人盈利能力的比率主要有销售利润率、营业利润率、税前利润率和净利润率、成本费用利润率、资产收益率、所有者权益收益率，统称为盈利比率。

1. 销售利润率

$$销售利润率（毛利润率）=销售利润 \div 销售收入净额 \times 100\%$$

$$销售利润=销售收入净额-销售成本-销售费用-销售税金及附加$$

销售利润率用来评价借款人产品销售收入净额的盈利能力。该指标越高，表明销售收入中销售成本占比越低，企业产品的附加值越高。连续多年的销售利润率比较，可以判断和掌握销售活动盈利能力的发展趋势。

2. 营业利润率

$$营业利润率=营业利润 \div 销售收入净额 \times 100\%$$

$$营业利润=销售利润-管理费用-财务费用$$

营业利润率反映每元销售收入净额所取得的营业利润。该比率越高，说明借款人盈利水平越高。

3. 税前利润率和净利润率

$$税前利润率=利润总额 \div 销售收入净额 \times 100\%$$

$$利润总额=营业利润+投资净收益+营业外收入-营业外支出$$

$$净利润率=净利润 \div 销售收入净额 \times 100\%$$

$$净利润=利润总额-所得税$$

该比率越大，说明每元销售收入净额所取得的税前利润和净利润越多，这两个比率直接关系到客户未来偿还债务的能力和水平，更加受到重视。

4. 成本费用利润率

$$成本费用利润率=利润总额 \div 成本费用总额 \times 100\%$$

$$成本费用总额=销售成本+销售费用+管理费用+财务费用$$

该比率越大，说明同样的成本费用能取得更多利润，或者同样利润只需花费较少的成本费用。

在分析借款人盈利能力时，应将上述各个指标结合起来，并运用利润表中各个项目的结构分析，综合评价客户盈利能力的高低和变动情况，引起变动的原因及其对借款人将来的盈利能力可能造成的影响。

5. 资产收益率

$$资产收益率=净利润 \div 资产平均总额 \times 100\%$$

$$资产平均总额=（期初资产总额+期末资产总额）\div 2$$

资产收益率是反映借款人资产综合利用效果的指标，也是反映借款人利用债权人和所有者权益总额所取得盈利的重要指标。资产收益率越高，说明资产的利用效率越高，营运能力越强，盈利能力越强。

6. 所有者权益收益率

$$所有者权益收益率 = 净利润 \div 有形净资产 \times 100\%$$

该比率越高，说明所有者投资收益水平越高，营运能力越好，盈利能力越强。

（二）短期偿债能力分析

短期偿债能力是指客户以流动资产偿还短期债务即流动负债的能力，反映客户偿付日常到期债务的能力。大多数情况下，短期债务需要现金来偿还，因此，短期偿债能力应注意一定时期的流动资产变现能力的分析，而一般不太注重借款人盈利能力的分析。

反映短期偿债能力的比率主要有：流动比率、速动比率和现金比率等，统称为偿债能力比率。

1. 流动比率

$$流动比率 = （流动资产 \div 流动负债） \times 100\%$$

流动比率用于测定企业运用流动资产支付短期负债的能力。如果比率过低，则表示该企业可能发生债务问题；如果比率过高，则表明企业资金未得到有效运用，影响资产的使用效率和盈利能力。

理论上，只要流动比率高于1，客户便具有偿还短期债务的能力，但由于有些流动资产不能及时足额变现，按照稳健性原则，一般认为流动比率在2左右比较适宜，实际中应视客户的行业性质及具体情况而定，不可一概而论。该比率只有和同行业平均流动比率、本企业历史的流动比率进行比较，才能知道这个比率是高还是低。

2. 速动比率

$$速动比率 = （速动资产 \div 流动负债） \times 100\%$$

速动资产是指易于立即变现，具有即时支付能力的流动资产。速动资产 = 流动资产 - 存货 - 预付账款 - 待摊费用 - 待处理流动资产净损失。

速动比率可用做流动比率的辅助指标，若流动比率较高，但速动资产却很少，借款人的短期偿债能力仍然较差。速动比率比流动比率能够更加准确、可靠地评价借款人资产流动性及其短期偿债能力。

一般认为，速动比率为1较为合适，但这个标准并不是绝对的，实际工作中应根据借款人的行业性质及其他因素进行综合评价。如零售行业由于其销售收入大多为现金，一般没有应收账款，可以保持低于1的速动比率，相反，一些应收账款比较多的客户，速动比率应大于1。其次，影响速动比率的重要因素是应收账款的变现能力。速动比率有可能是客户为筹措资金调整后的结果，因此，应对整个会计期间和不同会计期间的速动资产情况进行分析。

3. 现金比率

$$现金比率 = （现金类资产 \div 流动负债） \times 100\%$$

现金类资产是速动资产扣除应收账款后的余额，包括货币资金和易于变现的有价证券，最能反映客户直接偿付流动负债的能力。现金比率越高，表明客户直接支付能力越强。但一般情况下，客户不可能也无必要保留过多的现金类资产，这样会丧失许多获利机会和投资机会。

在分析客户短期偿债能力时，可将流动比率、速动比率和现金比率结合起来观察，特别是还可将营运资金指标结合起来全面分析，能够起到评价借款人短期偿债能力的最佳效果。营运资金是指流动资产与流动负债的差额。

（三）长期偿债能力分析

长期偿债能力是指客户偿还长期债务的能力，表明借款人对债务的承受能力和偿还债务的保障能力，长期偿债能力的强弱是反映客户财务状况稳定与安全程度的重要标志。

长期债务的偿还资金来源是客户的经营利润，如果借款人具有足够的盈利能力，就不用担心今后本金和利息的偿付能力。有关盈利能力前面已经述及，下面将从考察借款人偿还债务的保障能力，即财务杠杆比率角度，分析借款人偿还长期债务的能力。杠杆比率主要包括资产负债率、负债与所有者权益比率、负债与有形净资产比率、利息保障倍数等。

1. 资产负债率

$$资产负债率 = 负债总额 \div 资产总额 \times 100\%$$

资产负债率又称负债比率，对信贷机构来说，借款人的负债比率越低越好。负债经营对借款人具有一定风险，负债规模应控制在一定合理水平内。因此，信贷机构应根据客户的经营状况和盈利能力，正确测算借款人的负债比率，以保证其权益在经营环境恶化时得到保障。

2. 负债与所有者权益比率

$$负债与所有者权益比率 = 负债总额 \div 所有者权益 \times 100\%$$

负债与所有者权益比率也称为债务股权比率，用于表示所有者权益对债权人权益的保障程度。该比率越低，表明借款人的长期偿债能力越强，但该比率也不必过低，否则不能充分发挥所有者权益的财务杠杆作用。

3. 负债与有形净资产比率

$$负债与有形净资产比率 = 负债总额 \div 有形净资产 \times 100\%$$

$$有形净资产 = 所有者权益 - 无形资产 - 递延资产$$

该比率更能合理地衡量借款人清算时对债权人权益的保障程度，特别是在无形资产和递延资产数额较大时更是如此，因为这些资产的价值存在极大的不确定性。该比率越低，表明借款人的长期偿债能力越强。

4. 利息保障倍数

$$利息保障倍数 = （利润总额 + 利息费用）\div 利息费用$$

利息费用一般包括流动负债利息费用、长期负债中进入损益的利息费用、进入固定资产原价的利息费用以及长期租赁费用等。该比率越高，说明借款人支付利息费用的能力越强。根据稳健性原则，应以倍数较低的年度为评价依据，但无论如何，利息保障倍数不能低于1。

（四）营运能力分析

营运能力是指通过借款人资产周转速度的有关指标反映出来的资产利用的效率。借款人偿还债务和盈利能力的大小，在很大程度上都取决于对资产的有效运用程度。营运能力分析常用的比率主要有总资产周转率、流动资产周转率、固定资产周转率、应收账款周转率、存货周转率、营业周期等，统称为效率比率。

1. 总资产周转率

$$总资产周转率 = 销售收入净额 \div 资产平均总额 \times 100\%$$

该比率可以用来分析所有资产的使用效率，包括固定资产和流动资产。该比率值越大越好，说明借款人利用其全部资产进行经营的效率越高，盈利能力越强。

2. 流动资产周转率

$$流动资产周转率 = 销售收入净额 \div 流动资产平均净值 \times 100\%$$

流动资产周转率越快，周转次数越多，说明流动资产的运用效率越高，进而偿债能力和盈利能力均得以增强。

3. 固定资产周转率

$$固定资产周转率 = 销售收入净额 \div 固定资产平均净值 \times 100\%$$

固定资产周转率高，表明固定资产利用较充分，也说明固定资产投资得当、结构合理，能够发挥效率。固定资产净值随折旧时间推移而减少，更新改造而增加，都会影响固定资产周转率。在不同行业间比较时，要考虑采用不同的折旧方法的影响，不同行业固定资产状况也不同，因而也会相差较大。

4. 应收账款周转率

$$应收账款周转率 = 赊销收入净额 \div 应收账款平均余额 \times 100\%$$

$$赊销收入净额 = 销售收入 - 现销收入 - 销售退回 - 销售折让 - 销售折扣$$

$$应收账款平均余额 = （期初应收账款余额 + 期末应收账款余额） \div 2$$

该比率一般以年为计算基础，如果季节性生产和销售的企业，每月、每季度销售收入和营收账款变化很大，也可按月、季度计算。应收账款周转率越高，周转次数越多，说明收回赊销账款的能力越强，应收账款的变现能力和流动性越强，管理工作的效率越高。

还可以通过计算应收账款回收期（周转天数），即应收账款账龄来反映应收账款的周转情况，应收账款回收期表示应收账款周转一次平均所需的天数，回收期越短，说明应收账款变现速度越快，流动性越好。

$$应收账款回收期（周转天数） = 计算期天数 / 应收账款周转次数$$
$$= 应收账款平均余额 \times 计算期天数 \div 赊销收入净额$$

由于企业公开财务信息资料中很少表明赊销净额，所以在计算时可采用销售收入净额替代。应收账款余额应是扣除坏账准备后的净额。

5. 存货周转率

$$存货周转率 = 销售成本 \div 存货平均余额 \times 100\%$$

$$存货平均余额 = （期初存货余额 + 期末存货余额） \div 2$$

存货周转率是反映销售能力和存货周转速度的一个指标,也是衡量生产经营环节中存货营运效率的一个综合性指标,通常按年计算。

存货是流动资产中最重要的组成部分,常常达到流动资产总额的一半以上。因此,存货质量好坏、周转快慢,对客户资产周转循环长短具有重要影响。存货周转速度不仅反映了流动资产变现能力好坏,经营效率高低,同时也表明客户的营运能力和盈利能力强弱。

存货周转情况也可用存货持有天数表示。一般而言,存货持有天数增多,或是说明存货采购过量,或是呆滞积压存货比重较大,或是存货采购价格上涨;而存货持有天数减少,说明可能耗用量或销量增加,但是过快的、不正常的存货周转率,也可能说明没有足够的存货可供耗用或销售,或是采购次数过于频繁,批量太小等。

$$存货持有(周转)天数=存货平均余额\times 计算期天数\div 销售成本$$

6. 营业周期

$$营业周期=存货周转天数+应收账款周转天数$$

营业周期是指从外购承担付款义务,到收回因销售商品或提供劳务而产生的应收账款的这段时间。一般情况下,营业周期短,说明资金周转速度快;营业周期长,说明资金周转速度慢。较短的营业周期表明对存货和应收账款的有效管理。营业周期对于决定流动资金贷款的期限具有参考价值。

活动2　掌握客户非财务分析

一、非财务分析的重要作用

非财务信息又称软信息,泛指不包括在借款人财务因素、担保条件范围内,对贷款偿还产生影响的其他各种相关因素的统称。非财务信息是不以货币为计量单位,不一定与借款人财务状况相关,但与其生产经营活动密切联系的各种因素。非财务分析与财务分析相互印证、相互补充,为信用评价结果提供充分和必要的依据。

从小额信贷的客户对象看,自然人和小微企业主一般都不能提供规范的会计信息,无法及时、全面、准确了解其收入、家庭财产、对外经济往来等财务情况,只能主要依靠对非财务信息的分析,判断还款可能性;即使借款人为法人客户,所提供的会计信息不完全、不真实的现象也比较普遍,仅依靠客户提供的会计报表得出的财务分析结论,也很难准确判断其还款能力,必须借助非财务信息分析来弥补财务分析的缺陷。尤其对于小额信贷客户而言,财务信息的不完整决定了非财务信息分析的重要性。

判断借款人的信用。在实际工作中,有些不良贷款的形成并不是因为借款人没有还款能力,而是借款人"有钱不还",或者是信贷机构缺乏对贷款的严格监督和催收。所以,信贷机构进行信贷决策时,既要关注借款人的还款能力,也要分析借款人的信用。而借款人的信用如何,在财务报表上基本没有体现,必须进行非财务因素分析。

判断借款人的还款能力。在分析借款人的还款能力时,习惯用资产负债率、流动比率、速动比率等财务指标对借款人的现金流和财务能力进行分析。但是,财务分析主要是对借款人的历史还款能力的分析,而偿还贷款本息取决于未来的还款能力。事实上,借款人的经营状况受其行业风险、经营风险、管理水平等多种因素的影响和作用,且处于不断变化之中。未来的经营状况是由过去、现在和将来种种因素影响和作用的结果,当前的非财务因素可能就是未来贷款风险的预警信息。所以,进行非财务分析不仅是必要的,而且有助于增强财务分析预测的可靠性,对借款人的还款能力作出更加全面、客观的预测和评估。

二、非财务信息的内容分析

(一) 个人基本信息

客户个人基本信息主要包括客户的年龄、婚姻状况、户籍状况和房产信息、受教育程度、个人嗜好、从业经验、家庭收入与开支、保证人信息等。

1. 客户年龄分析

客户年龄可以反映客户的社会经验,以及死亡的风险。通常情况下,一个人的年龄和其社会经验成正比,年龄偏大或者偏小都会增大贷款的风险。年龄偏小的借款人:阅历浅、社会经验不足,在经营过程中缺乏管理经验,企业可能处于起步阶段,经营存在很大的不确定性。企业的实际所有人可能还会另有其人,如父母等。年龄偏大的借款人:思想守旧且固执、难以沟通,受身体健康原因的影响,一旦发生生病或身故等意外情况,将会给还款带来风险。

2. 婚姻状况分析

未婚和单身的借款人因为没有家庭,因此其责任感很难判断,而且这类客户流动性较强,一旦经营出现问题,可以自己一人之身而退,无形当中会加大贷款的风险。

对于重新组成家庭的再婚借款人,要了解夫妻双方之前离婚的原因,判断目前家庭的稳定性。

在调查过程中,要观察配偶一方对申请贷款的态度,如果另一方坚决反对或不配合调查工作,无形当中也会加大贷款的风险。也要注意观察夫妻双方的关系,以及申请人对家庭成员的态度,从而判断其责任感。

3. 户籍状况和房产信息分析

户籍在本地,且在本地有房产的,在本地的稳定性最高。所以借款人如果是本地人或在本地长期居住的外地人,且其主要经营活动在本地,则贷款风险相对较小。

可以通过户口簿来判断借款人是本地人还是外地人,通过调查借款人或其亲属在本地是否有房产来判断是否"长期居住"。

对于以下类型的客户,由于其流动性较大,可能会给贷款带来风险,尤其是在清收过程中会增加一定的难度:(1) 外地人在本地经营,但是没有房产的;(2) 本地人在本地经营,但是没有房产的;(3) 本地人在外地经营的。

4. 受教育程度分析

一般来说,教育程度越高的个人或企业主,其收入也越高,管理企业的能力也越强,体现为更强的偿债能力。高等学历以上的低风险,小学学历或文盲半文盲的高风险,中等学历的适度风险。

5. 个人嗜好分析

若发现有吸毒、赌博、酗酒、打架斗殴等不良嗜好,将会给贷款带来巨大的风险。另外,需了解借款人有无炒股票、买彩票等投机的爱好,要将这些投机爱好与经营项目的内在联系进行分析,譬如,客户每天是否都忙于炒股票而没有精力照顾生意,是否将自己的全部积蓄都用于购买彩票等,这些投机的爱好会导致贷款的转移挪用,从而提高贷款的风险。

6. 从业经验分析

有丰富行业经验的借款人了解行业的特点,熟悉企业的运营,知道如何应对企业经营过程中遇到的困难。

了解借款人之前的经历,了解客户转行的原因,之前的行业与现在所从事的行业之间的联系。

通过询问企业运营流程,了解企业主对下游客户、供货商、分销渠道,销售季节性变化、经营风险的熟悉程度,未来的发展计划等问题,可以识别借款人的从业经验和管理能力。一般来说,从业经验不足3年的高风险,从业经验大于10年的低风险,从业经验3~10年的适度风险。

7. 家庭收入与支出分析

借款人要赡养多少人?住在什么地方?有多少个孩子?家庭是否有其他收入来源等。有家庭支出或其他特别支出吗?近期可能产生的开支和必需的家庭开支是什么?借款人及他的家庭有什么有价值的财产吗?要求借款人提供商业利润流向的证明,不还款时可执行的财产等。家庭负担越重,家庭收入单一,贷款的风险相对较高;家庭负担较轻,家庭收入来源较多,贷款的风险相对较低。

8. 保证人信息分析

对保证人信息的收集参考借款人的个人信息。另外,还要考虑保证人对借款人的制约能力的强弱,这种制约可以体现在方方面面。保证人最好能控制借款人核心的资源。如要求借款人成年子女做共同借款人或保证人、要求公司的财务主管作保证人、上下游客户之间的担保等,均具有对借款人较强的制约能力。

(二)企业经营信息

企业非财务因素分析主要包括行业风险、经营风险、管理风险、社会和自然因素以及还款意愿等方面。

1. 行业风险分析

每个借款人都处于某一特定的行业中,每一特定行业因所处的发展阶段不同而具有其特有的行业风险。尽管这种风险具有一定的阶段性特征,但在同一行业中的借款人可能需要共同面对某些基本一致的风险。一般而言,行业风险分析的主要内容如下:

(1)成本结构。固定成本占比较高的行业,一般具有较高的经营杠杆,这些企业只有扩大产量才能降低成本、增加盈利。变动成本占比较高的行业,其企业的变动成本也较高,变动成本具有相当的弹性,即当产量下降或销售下降时,企业可以通过压缩变动成本来降低总成本的方法保证盈利或减少亏损,如裁员或减薪等。固定成本在总成本中的占比越高，抗风险能力越差。

（2）行业的成熟期。行业成长一般经历四个主要阶段，即导入阶段、成长阶段、成熟阶段、衰退阶段。仔细分析借款人所处行业的发展阶段，信贷机构就有可能预见到借款所面临的主要挑战，从而预防贷款风险。一般来说，行业处于导入阶段时，信贷机构一般不介入过多信贷资金；处于初期阶段，信贷机构贷款面临较大风险的可能性大；进入成长阶段后，对借款人的风险分析主要分析企业的生产工具能力和管理水平、产品性能等，这是信贷机构介入该行业的合适时机；行业进入成熟期后，信贷机构主要应研究行业成熟阶段的寿命长短，以免在贷款存续期间行业就进入衰退阶段。

（3）行业的经济周期性。行业风险与经济周期密切相关，如果行业与经济周期正相关，则其随宏观经济的繁荣而繁荣，随宏观经济的萧条而萧条。如果行业与经济周期负相关，则其随宏观经济的繁荣而萧条，随宏观经济的萧条而繁荣。在实际工作中，判断宏观经济周期要比判断行业周期相对容易，信贷机构可以借助宏观经济的研究成果和行业与宏观经济周期之间的关系提前判断行业的周期性变化，降低贷款风险。

（4）行业的盈利性。维持公司的运营需要盈利能力，一个长期不盈利的公司必将倒闭。整个行业也是一样，如果一个行业的多数公司由于费用超过收入而赔钱，行业的持续存活能力就受到了质疑。对于信贷机构来说，信贷的最小风险是来自一个繁荣与萧条时期都持续大量盈利的行业，最大风险则来自一个普遍不盈利的行业。

（5）行业的依赖性。不同的行业之间存在着相互依存关系。一般地说，对其他行业发展的依赖程度越高，该行业中借款人的潜在风险就越大。企业的这种依赖性在实践中表现为：对某一个或多个特定行业的依赖、对重要客户的依赖、对重要原材料供应商的依赖、对销售渠道的依赖等。如果借款人存在客户或供应商仅限于几个行业或顾客，则这笔贷款成为问题贷款的可能性就较大。

（6）行业政策和有关环境。行业政策对于行业的发展具有重要影响，行业政策的主要形式有：投资控制、税收倾斜和其他措施。行业政策的变化既有突然性，也有必然性，信贷机构应事先对这种必然性加以研究，分析政策的调整方向、目标与信贷机构经营目标的异同，相应调整客户策略。通货膨胀、环境保护、地区经济优势、科技进步等环境因素的变化可能会给某些行业带来负面冲击或正面推动，信贷机构应足够关注。

2. 经营风险分析

行业风险分析只能够帮助信贷机构对行业整体的共性风险有所认识，但行业中的每个企业又都有其自身特点。一般来说，企业经营风险可以从企业总体特征、产品、原料供应、生产、销售等几方面进行分析。

（1）企业的总体特征。企业的总体特征包括企业生产或销售规模、企业所处的发展阶段、产品多样化及经营策略等。

信贷机构在分析企业规模问题时，必须注意以下几点：第一，规模的主要衡量指标是销售量而不是生产量；第二，规模是一个相对概念，必须与同行业的其他企业比较才有意义；第三，规模并非总是越大越好，规模应适度；第四，适当的规模是保证企业生存、发展的必要条件。

企业所处的发展阶段与行业所处的发展阶段有一定的联系，即行业的快速发展可以为企业的快速发展提供良好的行业环境。但企业的发展阶段又具有独立的一面，即在行业发展的每个阶段中，都有企业处在创立、快速发展、成熟稳定、退出行业或破产倒闭状态。

企业必须解决以下问题：①达到什么样的目标；②目标实现的可能性或合理性；③为实现目标所采取的策略是否可行；④为实现目标的必要支持是否足够；⑤经营环境发生变化时，经营目标应否调整，如何调整等。

（2）企业产品与市场分析。产品分析主要是解决产品在社会生活中的重要性和特性问题、产品的质量问题、产品的买方定位、产品的价格等方面。产品特性与市场营销是相关的，产品具有优势，市场营销工作的难度就小一些。如果一个企业的产品与替代产品在价格上的差距较大，消费者可能会转向替代产品。如果该企业有许多替代品或没有转换成本，替代品可以即刻对该产品构成压力，企业经营风险极高。

市场分析主要围绕市场竞争的激烈程度、企业对市场价格和需求的控制能力、客户的分散程度以及销售方法等。企业要在市场竞争中生存、发展，则必须根据市场需求开发、设计、生产商品，并通过适当的营销手段将产品推销出去，实现盈利。产品和市场的任何一方面存在缺陷，都有可能影响到产品的销售进而影响到贷款的按期偿还。

在采购环节，主要风险有原材料价格风险、购货渠道风险和购买量风险。原材料的价格直接影响企业的生产成本；如果企业的购货渠道单一，一方面增加了原材料及时供给的难度，另一方面也不利于企业在购进原材料时进行讨价还价；购买量大小与企业的存货管理计划、生产规模、原材料价格走向、原材料的紧缺程度、企业的资金实力等内容有关。

在生产环节，可能对贷款偿还构成影响的因素有生产的连续性、对生产技术更新的敏感性、抵御灾难的能力、环境保护和劳资关系等。信贷机构必须认真分析这些问题及其可能对贷款造成的影响，并分析选择采取合适的措施保证贷款的安全。

在销售环节，能否顺利将产品送到目标客户手里，是实现利润的重要环节。促销策略、渠道、售后服务、包装、运输、付款方式等无不影响着消费者的购买欲望。信贷机构对销售环节应引起充分重视，因为它对企业未来的还款能力有着极其重要的影响，甚至可以说，不具备较强营销能力的企业是危险的，是不可能长久生存的企业。

3. 管理风险分析

企业能否保持长盛不衰，主要看其是否具备必要的管理能力。借款人管理风险分析主要包括管理层素质、管理能力等方面。从某种意义上说，企业经营能力的好坏往往是其管理能力在经营活动中的反映。

（1）管理层的素质和经验。管理层的素质主要包括管理层的文化程度、年龄结构、团队精神、道德品质等。国内企业普遍存在管理层作为一个整体时素质低下的问题，即管理层当中绝大多数个体可能具有企业管理人员的必备条件，但由于缺乏团队精神、敬业精神、职业道德或处于个人利益等方面的考虑而使得管理层作为一个整体时不能形成合力，从而使管理层的主要精力过多地陷入人事关系和事务性的工作中，不能专心于管理企业。

（2）管理层稳定性。企业主要管理人员的离任、死亡、更替等均会对企业的持续、正常经营管理产生重大影响。企业管理层的不稳定性对贷款安全的影响多表现在以下方面：新管理层对其任期以外的借款大多采取"拖"的态度，或者持不配合甚至不认账的态度，新管理层可能重新选择往来信贷机构而使银企关系发生重大变化或躲避贷款信贷机构的监控等。

（3）经营思想和作风。企业在经营思路上是否统一会影响企业的经营和发展。如过分地以利润为中心，企业的经营行为必定短期化，必然会影响到企业的长远利益，影响到企业的稳定、持续的还款能力。管理层经营作风对企业经营的稳定性也具有实质性影响，如过于冒险的经营作风可能使企业的经营和信贷机构的贷款都面临着较高的风险，过分追求企业王国的扩大必然会使企业热衷于外延扩张而不是注重苦练"内功"，最后必然是管理水平不能适应企业规模扩大的需要而使企业陷入困境。

（4）关联企业的经营管理。企业的母子公司、主要供应商、购货商等，因其与企业在股权、资金、产品、原材料、管理人员等方面有着密切的关联性，他们在生产经营、财务状况、法律诉讼等方面的变化将直接影响到企业原材料的采购、产品销售、应收账款的回收、投资收益的高低等，从而影响到企业的还款能力。信贷机构在关注借款本身的同时也要对其关联企业给予足够重视，避免"城门失火，殃及池鱼"的情形发生。

（5）员工素质。员工的年龄结构、文化程度、专业水平及稳定性等因素直接影响到企业的技术开发与运用、产品创新、产品质量及企业管理理念的进步。企业间的竞争主要体现在人才的竞争，企业不重视人才，企业将难有未来。

（6）财务管理能力。财务管理水平的高低对企业的盈利性有着重要影响，因为管理会计可以帮助企业分析成本上升的原因以及采取何种措施可以控制成本的过快增长，可以通过预测表明企业可能在何时会遇到流动性问题以及解决办法，可以从经济学的角度科学分析某项投资的合理性及相关的筹资、融资成本和方法。通过财务报表的真实性、准确性可以测量企业的财务管理水平。

（7）法律纠纷。借款人遇到的一些法律纠纷，对借款人的还款能力会造成一定影响，甚至影响到贷款的偿还。信贷机构应密切关注借款人遇到的劳资纠纷、债权债务纠纷或违法事件，以及从第三方处得到的不利企业的法律传闻等，并分析这些法律纠纷将会给信贷机构带来的不利程度。

三、不对称偏差分析法

不对称偏差分析法最开始是运用在 IPC 信贷技术中，现在看来就是风控模型的初级手工版本。现在流行的大数据模型有相当部分借鉴了不对称偏差分析法的思路。它能有效剥离且呈现出风险点，最终就客户信息维度作出可视化的风险判断，从而帮助信贷人员发现客户风险点。

运用不对称偏差分析法，我们首先需要设立软信息风险维度，也即是所谓的"标杆"信息，设立"标杆"需遵循客观原则、分层原则、少量"标杆"原则。不对称偏差分析法是将客户的不同方面以坐标的形式进行展示，并通过某一客户实际情况的描述得到偏差度，偏差度不作为量化指标，而是通过偏差方向的组合，作出风险判断。不对称偏差分析法可帮助风控人员发现贷款的潜在风险点，指出其需要重点分析的方向。

不对称偏差分析法的操作步骤如下：

1. 制定不对称偏差分析的坐标。小额信贷机构可以根据其服务客户群体的基本特征制定坐标，如婚姻状况、年龄、受教育程度、从业经验、贷款历史、私人资产、保证人年龄、保证人婚姻状况等要素，组成一连串的坐标要素。

2. 在各坐标要素上根据客户的情况作出线性显示。信贷管理人员根据客户的实际情况，在坐标上标出客户所处位置。根据对标准客户的描述，越正常的客户，线性显示越平坦，线性描述如果出现偏差，信贷管理人员可根据偏差方向，结合其他方面的信息作出判断，并根据实际需要对该方面进行重点分析。

3. 对客户进行综合评价。客户线性描述越平坦，客户越接近标准要求，其分析要求就可以相对降低。反之，客户线性描述偏差越大，客户经理就必须沿着偏差方向对客户进行分析。以上在各坐标要素上的评价共同构成对客户的综合评价结果，作为是否发放贷款的重要决策依据。

随着大数据的普及、风控大数据建模的兴起，不对称偏差分析法因为客户信息维度数量的限制，已经不足以满足我们对风控模型越来越精细化的要求。但是，不对称偏差分析法作为风控模型的雏形，特别是在风险维度取舍思路上及异常发生后风控人员对客户风险的迅速反应上，仍是值得借鉴与学习的。

【课后习题】

一、单项选择题

1. 信贷分析所依赖的硬信息主要是指（　　）。
   A. 财务报表　　　B. 财务信息　　　C. 非财务信息　　　D. 软信息
2. 哪种小额信贷运作机制具有"早期预警"功能？（　　）
   A. 小组联保　　　B. 动态激励　　　C. 分期还款　　　D. 担保替代
3. 我国引入德国 IPC 小微信贷技术是（　　）年。
   A. 2003　　　B. 2004　　　C. 2005　　　D. 2006
4. 一个数据要成为对贷款分析有价值的信息，一般来说，必须经过至少（　　）种方法的交叉检验。
   A. 2　　　B. 3　　　C. 4　　　D. 5
5. 以下反映企业短期偿债能力的指标是（　　）。
   A. 流动比率　　　B. 资产负债率　　　C. 应收账款周转率　　　D. 销售利润率
6. 以下反映企业长期偿债能力的指标是（　　）。
   A. 现金比率　　　B. 存货周转率　　　C. 速动比率　　　D. 资产负债率
7. 流动资金的资产转换周期由（　　）组成。
   A. 存货周转期
   B. 应收账款周转期
   C. 存货周转期与应付账款周转期之和
   D. 存货周转期与应收账款周转期之和

二、多项选择题

1. 以下属于交易型贷款技术的是（　　）。
   A. 基于财务报表的贷款　　　　B. 基于担保的贷款
   C. 基于信用评分的贷款　　　　D. 关系型贷款
2. 以下属于软信息的是（　　）。
   A. 从业经历　　B. 人脉口碑　　C. 营业收入　　D. 员工素质
3. 台州银行信贷技术的"十六字箴言"包括（　　）。
   A. 下户调查　　B. 眼见为实　　C. 自编报表　　D. 交叉检验
4. 浙江泰隆商业银行小额贷款技术中的"三品"是指（　　）。
   A. 人品　　B. 产品　　C. 商品　　D. 押品
5. 浙江民泰商业银行的"九字诀"信贷调查技术是指（　　）。
   A. 看人品　　B. 看原始　　C. 算实账　　D. 同商量
6. 下列属于反映借款企业盈利能力的指标有（　　）。
   A. 利息保障倍数　　　　　　　B. 所有者权益收益率
   C. 资产收益率　　　　　　　　D. 成本费用利润率
7. 以下属于针对个人的非财务分析的内容是（　　）。
   A. 年龄和户籍　　B. 个人嗜好　　C. 从业经验　　D. 收入来源

三、简答题

1. 请简述信贷技术的概念与分类。
2. 小组联保和担保替代在小额信贷中有什么作用？
3. 动态激励和分期还款在小额信贷中有什么作用？
4. IPC 信贷技术的要点有哪些？
5. 打分卡技术和信贷工厂模式的内涵是什么？
6. 请简述台州银行贷款调查技术"十六字箴言"、泰隆银行"三品三表三三制"、民泰银行"九字诀"的具体内涵。
7. 交叉检验的概念和主要线索是什么？
8. 现金流量表对现金概念是如何界定的？
9. 如何对借款人个人基本信息进行内容分析？

四、实训题

1. 各类信贷技术的应用场景以及对客户经理处理贷款业务有何启示？
2. 基于案例材料，进行营业额检验、利润检验和权益检验。
3. 基于小微企业财务报表，进行财务报表基本分析和财务比率计算。

参考答案：一、BCCBADD；二、ABC、ABD、ABCD、ABD、ACD、BCD、ABCD

项目四

农户贷款实务

NONGHU DAIKUAN SHIWU

【知识目标】

了解贷款农户的范围界定和农户贷款的概念界定；理解农户的贷款需求特征；掌握农户贷款的基本要素和农村小额贷款创新要求；理解农户贷款创新模式内涵；熟悉常见的农户贷款产品；掌握农户贷款的申请与受理、贷前调查与信用评级、审查审批与放贷以及贷后管理等各环节的操作要求；了解农户贷款业务的主要风险。

【能力目标】

能够正确认识农户贷款服务的重要性，能够根据农户的贷款需求提供合适的贷款产品方案，能够开展农户贷款分析决策与业务流程操作处理。

模块一　农户贷款概述

【案例导入】

做好金融服务小农户"大文章"

中共中央办公厅、国务院办公厅印发《关于促进小农户和现代农业发展有机衔接的意见》，强调促进小农户和现代农业发展有机衔接是巩固完善农村基本经营制度的重大举措，是推进中国特色农业现代化的必然选择，是实施乡村振兴战略的客观要求，是巩固党的执政基础的现实需要。

小农户在农业生产经营中仍占相当比重，现实中，大多数小农户享受到的金融服务不够充分，尤以贷款获得率过低最为突出。造成小农户金融服务不够充分的原因在于，一方面，小农户规模小、经营分散、生产手段落后、成本高、受自然灾害影响大，导致生产经营风险大，银行不愿发放贷款支持；另一方面，以前在小农户金融服务方面缺乏政策引导和强有力的监管约束，一些涉农金融机构对小农户的地位认识不到位，加之缺少贷款风险补偿机制，对小农户服务意愿不强。

提升金融服务小农户水平，有效满足其经营发展资金需求，既是全面建成小康社会的需要，也是金融机构履行社会责任的需要。小农户贷款分散，有利于防控信贷风险，且需求量大，能为农村中小银行机构带来新的利润增长点。由此，金融机构应充分利用相关政策，做好服务小农户这篇"大文章"。

首先，要提高对支持小农户重要性的认识。加大对小农户的金融支持力度，提升小农户金融服务水平，是增加农民收入、提高农业竞争力的有效途径，对于全面建成小康社会具有重要意义。各级金融机构应提高认识，将提升对小农户金融服务水平和服务质量作为一件大事。监管部门应及时出台支持小农户发展实施意见，引导金融机构强化对小农户的金融服务工作。

其次，创新服务小农户信贷机制，切实提高小农户融资能力。对于小农户较多的地区，金融机构尤其是农合机构、村镇银行等，应建立或指定专职部门负责小农户金融服务工作，并切出一块信贷规模，专项用于支持小农户，满足其信贷需求。要持续健全小农户信用信息征集和评价体系，积极探索完善小农户小额信用贷款政策，开发专门的信贷产品，创新服务方式，支持小农户生产经营。在风险可控和商业可持续的前提下，金融机构应努力扩大贷款抵押物范围，进一步推进承包土地经营权和农民住房财产权抵押贷款，不断提升小农户贷款覆盖面，切实加大对小农户生产发展的信贷支持。

此外，监管部门应建立涉农金融机构支持小农户信贷投放监测机制，并与人民银行再贷款、再贴现政策支持，机构评级等挂钩，促进小农户金融服务水平提升。地方政府也要加大对金融支持小农户的财政贴补力度，提升金融机构服务小农户的积极性。

资料来源：李凤文. 做好金融服务小农户"大文章"[N]. 上海金融报，2019年2月26日第002版.

☞ **请思考**：基于材料，谈谈对我国小农户贷款服务的认识。

活动1　了解农户与农户贷款

一、贷款农户界定

农户是农村经济社会发展的基本细胞，既是生活消费及社区活动主体，也是重要的生产经营主体，农户经济行为一般以家庭为单位。当前，农户仍是农村最主要的经营主体，农户资金需求满足程度直接关系到农村产业结构调整，乡村振兴战略的推进实施。从贷款支持农业角度，发放农户贷款有利于增加对农业的投入，推动农业发展。根据我国《农户贷款管理办法》（银监发〔2012〕50号），贷款农户是指长期居住在乡镇和城关镇所辖行政村的住户、国有农场的职工和农村个体工商户。

在我国农业和农村现代化进程中，农户不断分化和变迁，呈现出传统农户、兼业农户、种养大户、家庭农场以及非农农户并存的状态。农户可能专门从事农业生产经营，也可能在从事农业生产经营的同时从事非农业生产经营即兼业，越来越多的农户从农业转移出来，从事非农业的工作，如在企业工作成为工人或者从事个体工商经营等。截至2018年末，我国乡村人口为5.64亿人，第一产业就业人数为2.03亿人、乡村就业人员为3.42亿人。可见，农户是数量规模庞大的潜在重要贷款客户，不仅具有生产经营贷款需求，也具有消费贷款需求。

关于个体工商户是属于个人贷款客户还是企业贷款客户，存在一定的灵活性。如根据《农户贷款管理办法》，农户包括农村个体工商户，属于个人贷款客户，而中国银保监会将个体工商户贷款也纳入到广义小微企业贷款的范畴。根据第四次全国经济普查数据，截至2018年末，我国个体经营户数量已达6295.9万个，远超过同期企业数量，也是一类非常重要的贷款客户。本章聚焦从事农业生产经营的纯农户贷款，将个体工商户贷款和小微企业贷款分别独立成章。

《农户贷款管理办法》

二、农户贷款界定

农户贷款是金融机构服务"三农"的重要产品。我国金融机构本外币农户贷款余额由2007年末的1.34万亿元持续增加到2019年末的10.34万亿元，增长率高于各项贷款增长率。同期，农户贷款在各项贷款中的占比由4.83%提高到6.52%。随着我国城乡经济一体化推进和乡村振兴战略的实施，农村广大地区各类新型农业经营主体涌现，广大农户的贷款需求旺盛且呈现多元化态势，提高农户贷款覆盖率和农户申贷获得率，成为涉农金融机构服务乡村振兴战略，发展普惠金融和促进实体经济发展的现实需要。

根据《农户贷款管理办法》（银监发〔2012〕50号），农户贷款是指银行业金融机构向符合条件的农户发放的用于生产经营、生活消费等用途的本外币贷款。一般而言，农户贷款需求可以分为生产性和生活性两类，前者是指农户因购买种子、农药、化肥、农具等各种生产资料和农业生产投资需要而产生的贷款需求，后者主要是指农户因为建（购）房、买车、看病、婚丧嫁娶、子女教育等非生产性领域产生的贷款需求。农户资金的用途经常发生转换，有些资金用途是生产性还是消费性甚至难以区分。

农户贷款60年的历史演进及启示

活动2　理解农户贷款特征与要素

一、农户的贷款需求特征

传统农户的生产经营规模较小，生产力水平较低，农业生产经营收入的周期性强，收入水平只能基本解决温饱问题，贷款偿还能力较弱；农户家庭资产少，缺乏可抵押物；生产生活中对贷款资金的需求量少，以非生产性用途为主；农户贷款的放款成本较高。因此，传统农户的信贷供给主要由熟人亲友无息借贷、民间非正式互助合作金融、官方或公益扶助性质的政策性金融提供。

随着农村经济社会的发展，现代农户成为农户贷款的主要客户对象。农户贷款需求逐步由简单的生产生活需求向扩大再生产、高层次消费需求转变，由零散、小额的需求向集中、大额的需求转变，由传统耕作的季节性需求向现代农业的长期性需求转变，呈现出多元化、多层次特征。

农村金融机构应主动适应农户贷款需求的变化，创新农户贷款产品和服务，有效解决农户、农民贷款难。同时培育金融机构新的利润增长点，适应乡村振兴战略对金融服务提出的新要求，推动农村经济的进一步发展。

二、农户贷款基本要素

（一）贷款条件

农户申请贷款应具备以下条件：

1. 农户贷款以户为单位申请发放，并明确一名家庭成员为借款人，借款人应当为具有完全民事行为能力的中华人民共和国公民；
2. 贷款用途明确合法，贷款申请数额、期限和币种合理；
3. 借款人具备还款意愿和还款能力；
4. 借款人无重大信用不良记录；
5. 金融机构要求的其他条件。

（二）贷款用途

农户贷款用途应符合法律法规规定和国家有关政策，不得发放无指定用途的农户贷款。按照用途分类，农户贷款分为农户生产经营贷款和农户消费贷款。

1. 农户生产经营贷款是指发放给农户用于生产经营活动的贷款，包括农户农、林、牧、渔业生产经营贷款和农户其他生产经营贷款。
2. 农户消费贷款是指发放给农户用于自身及家庭生活消费，以及医疗、教育等需要的贷款。

（三）贷款种类

按信用形式分类，农户贷款分为信用贷款、保证贷款、抵押贷款、质押贷款，以及组合担保方式贷款。在业务实践中，金融机构积极创新抵（质）押担保方式，加强农户贷款增信能力，控制农户贷款风险水平。

（四）贷款额度

根据农户生产经营状况、偿债能力、贷款真实需求、信用状况、担保方式、机构自身资金状况和当地农村经济发展水平等因素，合理确定农户贷款额度。

（五）贷款期限

根据农户贷款用途项目的生产周期、销售周期和农户家庭综合还款能力等因素合理确定贷款期限。

（六）贷款利率

综合考虑农户贷款资金及管理成本、贷款方式、风险水平、合理回报等要素以及农户生产经营利润率和支农惠农要求，合理确定利率水平。

（七）还款方式

金融机构应建立借款人合理的收入偿债比例控制机制，合理确定农户贷款还款方式。根据农户贷款的种类、期限及借款人现金流情况，选择采用分期还本付息、分期还息到期还本等方式。原则上，一年期以上贷款不得采用到期利随本清方式。

《银行业金融机构大力发展农村小额贷款业务指导意见》

✉ 【延伸阅读 4-1】

农村小额贷款创新的指导意见

1. 放宽小额贷款对象。在支持家庭传统耕作农户和养殖户的基础上，将服务对象扩大到农村多种经营户、个体工商户以及农村各类微小企业，具体包括种养大户、订单农业户、进城务工经商户、小型加工户、运输户、农产品流通户和其他与"三农"有关的城乡个体经营户。

2. 拓展小额贷款用途。既要支持传统农业，也要支持现代农业；既要支持单一农业，也要支持有利于提高农民收入的各产业；既要满足农业生产费用融资需求，也要满足农产品生产、加工、运输、流通等各个环节融资需求；既要满足农民简单日常消费需求，也要满足农民购置高档耐用消费品、建房或购房、治病、子女上学等各种合理消费需求；既要满足农民在本土的生产贷款需求，也要满足农民外出务工、自主创业、职业技术培训等创业贷款需求。

3. 提高小额贷款额度。对农村小额信用贷款额度，发达地区可提高到10万~30万元，欠发达地区可提高到1万~5万元，其他地区在此范围内视情况而定；联保贷款额度视借款人实际风险状况，可在信用贷款额度基础上适度提高。对于生产规模大、经营效益佳、信用记录好、资金需求量大的农户和农村小企业，在报经上级管理部门备案后可再适当调高贷款额度。

4. 合理确定小额贷款期限。根据当地农业生产的季节特点、贷款项目生产周期和综合还款能力等，灵活确定小额贷款期限。对用于温室种养、林果种植、茶园改造、特种水产（畜）养殖等生产经营周期较长或灾害修复期较长的贷款，期限可延长至3年。消费贷款的期限可根据消费种类、借款人综合还款能力、贷款风险等因素由借贷双方协商确定。对确因自然灾害和疫病等不可抗力导致贷款到期无法偿还的，在风险可控的前提下可予以合理展期。

5. 科学确定小额贷款利率。根据贷款利率授权，综合考虑借款人信用等级、贷款金额、贷款期限、资金及管理成本、风险水平、资本回报要求以及当地市场利率水平等因素，在浮动区间内进行转授权或自主确定贷款利率。

6. 简化小额贷款手续。在法律要素齐全的前提下，尽量简化贷款手续。增加贷款申请受理的渠道，在营业网点设立农村小额贷款办理专柜或兼柜，开辟农村小额贷款绿色通道。把农户贷款与银行卡功能有机结合，逐步把借记卡升级为贷记卡，在授信额度内

"一次授信、分次使用、循环放贷",提高贷款便利程度。

7. 强化动态授信管理。根据信用贷款和联保贷款的特点,按照"先评级—后授信—再用信"的程序,建立授信管理制度以及操作流程。综合考察影响农户和农村小企业还款能力、还款意愿、信用记录等各种因素,及时评定申请人的信用等级,实行公开授信。对农村小企业及其关联企业、农业合作经济组织等,以法人机构或授权的分支机构为单位,推行内部统一授信。

8. 改进小额贷款服务方式。加强贷款营销,及时了解和满足农民资金需求,坚决改变等客上门的做法。要细分客户群体,对重点客户和优质客户,推行"一站式"服务。原则上,农户老客户小额贷款应在一天内办结,新客户小额贷款应在一周内办结,农村小企业贷款应在一周内办结,个别新企业也应在两周内告具结果。可采取按周、按月、按季等额或不等额分期还本付息等方式。对个别地域面积大、居住人口少的村镇,可通过流动服务等方式由客户经理上门服务。公开授信标准、贷款条件和贷款发放程序,定期公布农村小额贷款授信和履约还款等情况。

9. 完善小额贷款激励约束机制。建立和完善农村小额贷款绩效评估机制,逐步建立起"定期检查,按季通报,年终总评,奖罚兑现"的考核体系。实行农村小额贷款与客户经理"三包一挂"制度,即包发放、包管理、包收回,绩效工资与相关信贷资产的质量、数量挂钩。加强对农村小额贷款发放和管理各环节的尽职评价,对违反规定办理贷款的,严格追究责任;对尽职无错或非人为过错的,应减轻或免除相关责任。

10. 培育农村信用文化。加快农村征信体系建设,依托全国集中统一的企业和个人信用信息基础数据库,规范和完善农户和农村小企业信用档案。推广信用户、信用村、信用乡(镇)制度,对信用户的贷款需求,在同等条件下实行贷款优先、利率优惠、额度放宽、手续简化的正向激励机制。结合信用村镇创建工作,加大宣传力度,为农村小额贷款业务的健康发展营造良好的信用环境。

资料来源:选编自《中国银监会关于银行业金融机构大力发展农村小额贷款业务的指导意见》(银监发〔2007〕67号)。

模块二 农户贷款模式与产品

【案例导入】

浙江镇海农商银行推进农户贷款转型发展

浙江镇海农商银行不断优化贷款投向,深化农户贷款集约化经营,深入推进农户贷款转型发展。截至2019年8月末,该行农户贷款余额18.08亿元,新发放农户贷款收回率达99.9%,推动了支农业务实现可持续发展。

为优化农户贷款业务结构,镇海农商银行将种植养殖大户、家庭农场、农业产业化基地农户等信用观念较好的农户列为农户贷款的重点支持对象。同时创新"三农"信贷业务,为龙头企业带动基地,以各村特色农业为补充,择优选择有优势、有市场、有前景的特色产业为依托,努力探索"农民专业合作社+农户""公司+农户"等新型农户贷款模式,实行集中贷款规模、集中投放,推进农户贷款集约化经营。在业务品种上,该行注重优化发展个人生产经营贷款,通过个人生产经营贷款置换存量种植养殖业贷款,并在全区率先推出集体土地房屋拆迁补偿权益质押贷款业务,不断做大农户贷款总量。

镇海农商银行实施农户贷款精细化管理,在用信管理上着力做到"常放常收",即一次授信,引导农户根据实际需求和资金存余情况,多次借贷、多次还款;还款期限根据农户生产经营周期和特点科学合理设定,并对贷款的合理使用做好宣传引导,避免因贷款期限设定不合理而产生逾期。

资料来源:宋燕华. 浙江镇海农商银行推进农户贷款转型发展 [EB/OL]. [2019-09-05]. http://www.zgncjr.com.cn/content/200000268/DFCB16232C364028B9ECC12B3D41563F/1.html.

 请思考:基于材料,谈谈镇海农商银行创新农户贷款服务的主要做法。

活动1 理解支农贷款创新模式

"政银担""政银保""银行贷款+风险补偿金""两权抵押贷款""农机融资租赁""双基联动合作贷款"等支农贷款创新模式对促进解决农业贷款难、贷款贵、风险高等问题发挥了重要作用。

一、"政银担"模式

"政银担"是指政府、银行、担保机构充分发挥各自优势,密切分工协作,政府扶持或直接出资设立担保公司,对符合条件的农业信贷项目予以担保,银行再发放贷款。

该模式的创新点:第一,促进金融资本落地。将量大面广、额度小的农业信贷需求汇集起来,将银行与农户"一对多"的关系变成与担保公司的"一对一",拉近了供求双方的距离,降低交易成本。第二,充分发挥财政资金的杠杆作用。政府通过对担保公司的资本金注入,担保公司能够放大实现其净资产最高15倍的杠杆效应。第三,农业信贷风险可控。将信贷风险从银行部分转移到了担保公司,分散了农业信贷风险,调动了金融机构的积极性。同时,政府对政策性农业担保公司"政银担"模式给予持续的担保费用补助和风险代偿补助,确保了可持续运营。

2015年,国务院决定在全国建立财政支持的政策性、专注性、独立性的农业信贷担保体系。国家农业信贷担保联盟有限责任公司已挂牌成立,33个省(自治区、直辖市、计划单列市)农业信贷担保公司已组建并开始向县市延伸,一个多层次、广覆盖的全国农业信贷担保体系初见雏形。

二、"政银保"模式

"政银保"是指保险公司为贷款主体提供保证保险,银行提供贷款,政府提供保费补贴、贴息补贴和风险补偿支持,通过财政、信贷、保险三轮驱动,共同扶持新型农业经营主体发展。

该模式的创新点：第一，发挥了保证保险的增信作用；第二，弱化了对抵（质）押物的要求，农民可以获得快捷优惠的贷款；第三，实现了政府、银行、保险机构风险共担。

三、"银行贷款+风险补偿金"模式

"银行贷款+风险补偿金"是指由财政资金建立风险补偿金，合作银行向新型农业经营主体提供无担保、无抵押、低成本、简便快捷的贷款，当出现不良贷款时，按约定程序和比例从财政风险补偿金中予以补偿。

该模式的创新点：第一，弱化了对农民财产抵押物的要求，调动了银行积极性，有效提升了贷款可得性；第二，发挥了财政资金"小钱撬大钱"的作用，可按照政府风险补偿金最高10倍的杠杆撬动银行贷款。

四、"两权抵押贷款"模式

"两权抵押贷款"是指农村承包土地的经营权抵押贷款和农民住房财产权抵押贷款。其中，农村承包土地的经营权抵押贷款，是以承包土地的经营权作抵押，由银行向农户或农业经营主体发放贷款。农民住房财产权抵押贷款，是在不改变宅基地所有权性质的前提下，以农民住房所有权及所占宅基地使用权作为抵押，由银行向住房所有人发放贷款。

该模式的创新点：第一，赋予了"两权"抵押融资功能，创新了"两权"抵押贷款产品和服务，有利于盘活农村存量资产、提高农村土地资源利用效率、促进农村经济和农村金融发展；第二，试点地区政府承担主体责任，有效推进农村承包土地经营权的确权登记颁证、农村产权流转交易平台搭建、集体建设用地基准地价制定、抵押物价值评估、抵押物处置等工作；第三，注重保障农民合法权益，坚持不改变公有制性质、不突破耕地红线、不层层下达规模指标，用于抵押的承包土地没有权属争议，且不能超过农民承包土地的剩余年限。

五、"农机融资租赁"模式

"农机融资租赁"是指融资（金融）租赁公司以租赁综合服务商的角色将承租人、银行、经销商以及政府的各种资源实施链接和整合，承租人（农机大户、农机合作社）交纳一定的首付金（一般为总金额的30%）就可独立使用机械设备，剩余租金与利息分期偿付，全款付清后农机具所有权再转移到承租人。

该模式的创新点：让农民由"直接购买"变为"先租后买"，大幅度减轻一次性投入压力，缓解大型农机具购机难问题。

六、"双基联动合作贷款"模式

"双基联动合作贷款"是指基层银行业机构与农牧社区基层党组织发挥各自优势，加强合作，共同完成对农牧户和城镇居民的信用评级、贷款发放及贷款管理。

该模式的创新点：第一，搭建了一个平台，即通过依托基层党组织，搭建为农牧户提供基础金融服务的新平台；第二，发挥了双重优势，即发挥基层党组织的信息、组织、行政资源优势与基层银行乡镇机构的资金、技术和风险管理优势，促进优势对接和

整合；第三，实现了多方共赢，即通过"双基联动"，使基层党组织服务农牧民有了新抓手，银行开展基层金融服务有了新平台，农村基础金融服务有了新突破，实现了加强基层党组织建设、发展普惠金融、振兴农村经济、增加农民收入多方共赢。

活动2　了解农户贷款产品

加大农户贷款产品与服务方式创新力度以扩大农户贷款服务覆盖面，是做好农户贷款工作的重要保障。目前，全国通用的农户贷款产品主要是小额信用贷款和联保贷款。但由于我国各地农村经济、社会发展情况存在巨大差异，故在对两类主要产品进行存量改进的同时，各地还应基于本地实际情况创新农户贷款产品，特别是在抵押、担保机制等方面的创新更应受到重视。

一、农户小额贷款

农户小额信用贷款是以农户的信誉为保证，在核定的额度和期限内发放的不需要抵押、担保的贷款。农户小额信用贷款的受益者多为量大面广、贷款金额较小的普通农户，采取"一次核定、随用随贷、余额控制、周转使用"的管理办法，期限灵活，手续简便。贷款用途安排次序为：首先，种植业、养殖业等农业生产费用贷款；其次，为农业生产服务的个体私营经济贷款；再次，农机具贷款；最后，小型农田水利基本建设贷款。农户小额信用贷款期限根据生产经营活动的周期确定，原则上不超过一年，因特大自然灾害而造成绝收的，可延期归还。

中国农业银行农户小额贷款是按照普惠制、广覆盖、商业化的要求，对农户家庭内单个成员发放的小额自然人贷款。每户农户只能由一名家庭成员申请农户小额贷款。贷款特点：一是贷款方式灵活。农户在满足条件的情况下，可采用保证、抵押、质押、农户联保等多种方式申请贷款。二是用款方式灵活。根据用款方式不同，农户小额贷款分为自助可循环方式和一般方式。自助可循环方式下，在核定的最高额度和期限内，借款人可随借随还，通过自助借款方式提款、还款；一般方式下，对借款人实行一次性放款，可一次或分次收回。具体用款方式协商决定。三是节省利息。自助可循环方式下，农户小额贷款按照贷款的实际使用天数计息，可最大限度地减少借款人的利息支出。

浙江农信的丰收小额贷款业务是以个体经营户、农户为客户对象，持有丰收小额贷款卡的借款人，在授信额度和有效期内，可以通过网点柜面、网银等渠道办理借款与放款，实现"一次核定、随用随贷、循环使用"；丰收小额贷款卡贷款最高授信额度可达30万元，贷款期限可达2年；还款方式灵活，办贷时间短，随到随贷；可采用信用、保证、抵押等一种或多种担保方式。

✉ 【延伸阅读4-2】

浙江农信丰收小额贷款卡简介

丰收小额贷款卡是全国农信社系统首个省级贷记卡品牌，浙江农信于2008年11月起在临海和长兴开展试点，该卡是集循环贷款与其他丰富功能于一体的综合金融产品。客户在申请丰收小额贷款卡办妥授信手续后，可在规定时限与授信额度内循环使用贷款，随时在辖区农信社网点办理贷款，可随时归还部分或全部贷款。

丰收小额贷款卡的持卡人可以通过全省农信社任一网点或有银联标志的自动取款机上进行账户查询、存款、取现、转账等服务；可在合作的特约商铺POS机购物，在全国加入银联的商场、宾馆、餐饮、娱乐等场所进行刷卡消费；可为农户代理发放水库移民补贴、农民粮食直补、企事业等单位职工及时办理代发工资、奖金、投资分红等业务以及办理按揭还款等代扣业务；可在加入"柜面通"的成员银行网点办理通存通兑、实时转账。无年费、短信费等额外负担。

同时，浙江农信适时推出"丰收小额贷款卡"2.0版，对接政府推广的社保卡、市民卡，提供信贷功能。与省农办、扶贫办合作推出"丰收爱心卡"，为政府民生工程和扶贫工程提供有力支撑。

二、农户联保贷款

农户联保贷款是指符合条件的借款人自愿组成联保小组，贷款人对联保小组成员发放的，并由联保小组成员相互承担连带保证责任的贷款。农户联保贷款实行个人申请、多户联保、周转使用、责任连带、分期还款的管理办法。联保小组成员的条件如下：(1) 具备完全民事行为能力；(2) 单独立户，经济独立，在贷款人服务区域内有固定住所；(3) 具有贷款资金需求；(4) 具有合法、稳定的收入；(5) 在贷款人处开立存款账户。联保小组由居住在贷款人服务区域内的借款人组成，通常采用5户联保，民主选举联保小组组长，联保小组组长负责协助贷款人管理贷款，及时了解借款人的生产经营情况和贷款使用情况，并及时告知贷款人。

设立联保小组应当向贷款人提出申请，经贷款人核准后，所有成员应当共同与贷款人签署联保协议，联保小组自联保协议签署之日设立，联保协议有效期由借贷双方协议定，一般最长不得超过3年。联保协议期满，经贷款人同意后可以续签。

联保小组成员应分别填写个人借款申请书，报贷款人审查通过后，与借款人签订借款合同，并附联保协议。贷款用途包括种植业、养殖业等农业生产费用贷款，加工、手工、商业等个体经营贷款，消费性贷款，助学贷款，贷款人同意的其他用途。贷款人应根据联保小组各成员贷款的实际需求、还款能力、信用记录和联保小组的代偿能力，核定联保小组成员的贷款限额，联保小组各成员的贷放限额相同。

浙江农信农户联保贷款是指向农户发放的用于日常农产品生产、购销、经营等临时性资金周转的由农户相互担保的贷款。解决农户贷款担保难问题，切实增加农户有效投入，进一步提高支农水平，促进农村地方经济发展。该贷款由符合贷款基本条件且相互之间没有直系亲属关系的5户以上、10户以下若干农户，在自愿的基础上组成联保小组，对提供的贷款由该小组成员之间承担连带保证责任。贷款额度根据借款人年收入（销售）、净资产、净利润分档确定，一般不超过50万元。贷款实行一年一定，周转使用。

三、家庭农场（专业大户）贷款

家庭农场是指以家庭成员为主要劳动力，从事农业规模化、集约化、商品化生产经营,并以农业收入为家庭主要收入来源的新型农业经营主体。专业大户是指从事种植业、养殖业或其他与农业相关的经营服务达到一定规模、专业化生产经营的新型农业经营主体。

中国邮政储蓄银行家庭农场（专业大户）贷款是指向家庭农场（专业大户）等新型农业经营主体发放的个人生产经营性贷款。

贷款适用对象：20周岁（含20周岁）至60周岁（含60周岁）之间,具有完全民事行为能力的自然人；具有当地农村户籍或在当地专职从事农业生产和服务2年以上；必须已婚（含离异、丧偶）；应从事符合国家产业政策的生产经营活动,其中从事农业种植业生产经营时间不低于2年,从事养殖业生产经营时间不低于3年,从事农机服务、运输业服务、农产品经纪购销以及农产品初加工的经营时间不低于3年；贷款用途正当、合理,有一定的自有资金和经营管理能力,有一定的农业生产经营能力,有稳定的土地供给,有生产经营风险保障机制,有稳定的销售渠道。

信用贷款单笔金额最高50万元,抵质押及法人保证等非信用贷款单笔金额最高500万元。贷款期限最长24个月,可采用等额本息还款法、阶段性等额本息还款法（贷款宽限期内只偿还贷款利息,超过宽限期后按照等额本息还款法偿还贷款）、分期付息到期一次性还本、一次性还本付息等还款方法。本产品可采用信用、自然人保证、法人保证和抵质押等担保方式。最快2个工作日出具审批意见。

申请资料包括：(1) 本人及配偶的身份证原件与复印件、婚姻状况证明原件与复印件（结婚证或夫妻户口在一起的户口簿）；(2) 由其他自然人（或法人）为贷款申请人提供保证担保的,担保人应经过银行审核（或准入）,并根据银行要求提供相关证明资料；(3) 办理贷款所需的其他材料。

四、农村土地承包经营权抵押贷款

农村土地承包的经营权是指通过家庭承包方式从农民集体取得,或通过合法流转方式从承包方取得,享有在约定的耕地上进行农业生产的权利。

中国邮政储蓄银行农村土地承包经营权贷款以土地承包经营权抵押为担保方式向从事与农村经济发展有关的生产经营活动的客户群体发放的、用于满足其生产经营活动资金需求的贷款。

适用对象：贷款对象为通过家庭承包方式取得土地经营权的承包方,以及通过合法流转方式获得土地经营权的农业经营主体。包括家庭农场、专业大户、农民合作社、普通农户、个体工商户等。

借款人应具备以下条件：(1) 满足借款人所属经营主体相应制度的基本准入标准；(2) 土地经营权产权关系清晰,具备县级以上人民政府或相关主管部门颁发的土地承包经营权证；(3) 贷款到期日早于土地经营权到期日,且经营权剩余期限在18个月以上（含18个月）。

贷款额度根据借款人资金需求、还款能力及抵押物的评估价值综合确定。贷款期限须符合借款人所属经营主体相应制度的规定。还款方式包括等额本息还款法、阶段性等额本息还款法、分期付息到期一次性还本、一次性还本付息法等。最快两个工作日出具审批意见。

申请资料包括：(1) 本人及配偶的身份证原件与复印件、婚姻状况证明原件与复印件（结婚证或夫妻户口在一起的户口簿）；(2) 抵押土地经营权的权属证明，即农村土地承包经营权证等；对于以流转方式获得土地经营权的，还需提供土地承包经营权流转合同；(3) 办理贷款所需的其他材料。

五、农民住房财产权抵押贷款

根据《农民住房财产权抵押贷款试点暂行办法》的定义，农民住房财产权抵押贷款是指在不改变宅基地所有权性质的前提下，以农民住房所有权及所占宅基地使用权作为抵押，由银行业金融机构（以下称贷款人）向符合条件的农民住房所有人（以下称借款人）发放的、在约定期限内还本付息的贷款。

贷款人应当统筹考虑借款人信用状况、借款需求与偿还能力、用于抵押的房屋所有权及宅基地使用权价值等因素，合理自主确定农民住房财产权抵押贷款抵押率和实际贷款额度。对诚实守信、有财政贴息、农业保险或农民住房保险等增信手段支持的借款人，可适当提高贷款抵押率。

贷款人应综合考虑借款人的年龄、贷款金额、贷款用途、还款能力和用于抵押的农民住房及宅基地状况等因素合理自主确定贷款期限。借贷双方可采取委托第三方房地产评估机构评估、贷款人自评估或者双方协商等方式，公平、公正、客观地确定房屋所有权及宅基地使用权价值。

借款人以农民住房所有权及所占宅基地使用权作抵押申请贷款的，应同时符合以下条件：(1) 具有完全民事行为能力，无不良信用记录；(2) 用于抵押的房屋所有权及宅基地使用权没有权属争议，依法拥有政府相关主管部门颁发的权属证明，未列入征地拆迁范围；(3) 除用于抵押的农民住房外，借款人应有其他长期稳定居住场所，并能够提供相关证明材料；(4) 所在的集体经济组织书面同意宅基地使用权随农民住房一并抵押及处置，以共有农民住房抵押的，还应当取得其他共有人的书面同意。

农户贷款需要创新担保方式，扩大有效担保品范围。按照因地制宜、灵活多样的原则，已创新开发了大型农用生产设备、林权、海域使用权、水域滩涂使用权等抵押贷款，规范发展应收账款、股权、仓单、存单等权利质押贷款，丰富返乡农民工、农村青年、农村妇女就业创业系列产品，创新开办住房、家电、子女上学等消费贷款。

【延伸阅读4-3】

海南农信"一小通"小额信贷支农模式

海南农信社"一小通"模式的主要做法："九专"模式和"五交"机制。

"九专"模式——构建覆盖全省的小额信贷服务网络

1. 成立专设机构。省联社设立小额信贷管理处，琼中农信成立小额信贷总部，在全省市县成立小额信贷部，在乡镇成立小额信贷服务站，每站配备2~3个专业小额信贷技术员，构建一张完全覆盖全省每个乡镇的小额信贷服务网络。

2. 组建专业队伍。面向全国公开招聘了500多名大专以上学历毕业生担任专职小额信贷技术员，严格培训后分赴全省广大农村，将给农民贷款和教农民技术的有机结合。

3. 创立专门文化。农民最讲诚信。行为准则：不喝客户一口水、不抽客户一支烟、不拿客户一分钱。工作精神：走千山万水、访千家万户、道千言万语、理千头万绪、吃千辛万苦。工作方法：给农民放款、教农民技术、帮农民经营、促农民增收、保农民还款。

4. 制定专项流程。贷前培训5天，由小额信贷技术员向需贷款农民现场培训借款知识、还款规定、违约责任和相关农业技术；监督审核发放，农户3~5人联保，首次贷款7天发放到位，二次贷款1天发放到位；贷款管理实行"三包四挂"，即包放、包管、包收，与工资、股金、风险金、职务升迁挂钩。

5. 开发专列产品。为满足不同层次农户的资金需求，开发了16项小额信贷产品：党员干部双带致富贷款、农村诚信青年创业贷款、林权抵押贷款、工资担保贷款、财政惠民"一卡通"授信贷款、妇女联保贷款、农民专业合作社贷款、农民自建住房贷款、大海卡授信贷款、"一抵通"小额贷款、现金流小额信用贷款、商户联保贷款、"一小通"循环贷、"一小通"顺贷、惠农贷、支农贷。

6. 实行专项贴息。在全国首开财政政策支持小额信贷的先河。

7. 开发专门系统。开发专门的报表平台系统、预警系统和农户信用信息系统，实现科技化管理。村民不出村就能查询账户信息、归还贷款利息，还能进行小额存取款，让农民贷款不出镇，还款不出村。

8. 聘请专家团队。针对农民因技术不足、对市场不了解、经营不善而导致还款能力不足问题，公开聘请300位省内外"三农"专家，帮助农民用好小额贷款。

9. 设立专项基金。创新风险防控机制，设立伤残互助基金。

"五交"机制——实现农户贷款的有效管理

1. 把贷款"审批权"交给农民。2万元以下信用贷款，只要农民无负面清单，自愿组成3~5户联保小组，在接受小额信贷技术员不少于5次的培训后，信贷员必须为其发放额度适当的贷款。

2. 把贷款利率"定价权"交给农民。贷款利率由实收利率+诚信奖励金率两部分构成，根据借款人的还款诚信记录决定诚信奖励金比例。通过利益引导农民讲诚信，降低农户融资成本和贷款风险。

3. 把工资"发放权"交给信贷员。信贷员工资包括基础工资+绩效工资+年终效益工资。绩效工资按照信贷员所放贷款收息20%发放，其中10%当月发放，剩余10%中的30%在每笔贷款本息完全收回后兑现，70%待所放贷款全部收回并不再从事这项业务后一次性发放。

4. 把贷款风险"防控权"交给信贷员。比如，某分支信贷员A，B，C，D，A发放贷款B监督，B发放贷款C监督，C发放贷款D监督，D发放贷款A监督，分支经理对所辖信贷员再监督，形成"鱼咬尾"环形风险监控机制。信贷员、审核人和审批人按比例承担责任,分享收益。

5. 把贷款"管理权"交给电脑。开发覆盖农户基本信息、贷款审批流程、贷后管理、贷款风险预警、信贷员管理等全流程的科技系统;既实现了农户贷款的有效管理,降低了人工管理成本,又实现了贷款风险可控。

资料来源:选编自"一小通"小额信贷支农模式的探索之路[EB/OL].[2015-05-22]. http://hainan.ifeng.com/news/fengguan/detail_2015_05/22/3926286_0.shtml.

 请思考:"九专"模式和"五交"机制对做好农户贷款服务有什么启示?

模块三 农户贷款流程操作

【案例导入】

畅通农户办贷渠道,完善贷款业务流程

多渠道线上办贷。浙江农信主动对接"互联网+"发展趋势,建设网络办贷平台,鼓励农户通过网上银行、手机银行、电话银行、微信银行等在线渠道办理贷款申请、还贷和支付业务。农户还可以通过丰收驿站金融便民服务点的自助终端,足不出村办理农户贷款。农户在种子店、化肥店等商户购买农资时,也可利用商户的POS机办理农户经营性贷款。

巧用科技上门办贷。浙江农信开发"普惠通"移动办贷系统,应用于平板电脑和智能手机等移动设备。该系统可实现农户头像、指纹等信息的采集验证,可同步核验浙江农信系统平台已有信息,避免客户经理重复录入农户信息,提升了农户贷款的安全性和办贷速度。同时,客户经理上门为农户提供一对一服务,一次性办理贷款业务。

批发式高效办贷。一是将行政村看作一个网格,落实专人负责。二是利用数据技术、微贷技术,对网格中的农户进行整村授信、批发办贷。对政府转贷基金贷款、生源地助学贷款、扶贫小额贴息贷款等业务建立了加速贷款审批和发放的绿色通道。

深化走访,需求调查突出"勤"字。浙江农信基于庞大的农户数据信息,自动分析测算农户信用等级、授信额度、利率定价等数据,为各类农户贷款的精准发放提供信息支撑。

优化服务,业务办理突出"简"字。浙江农信以"重现金流、轻担保"为总体原则,针对农户的经营性现金流需求确定授信额度。对于30万元以下的个人小额贷款,通过"信息采集一张纸、流程整合一键式、综合服务一站式、客户上门一次办"的"四个一"模式,10分钟完成小额信贷流程;通过"小微专车"服务模式,整合创新信息采集、综合评价、业务审批等流程,把原来的11步办贷流程缩短为3步,精简了贷款30万~500万元的小微客户贷款流程,实现"一站式"办理服务。

明确时限,办理速度突出"快"字。坚持完善限时办贷制度,对30万元(含)以

下的小额农户贷款,可以不审核其评级、授信和定价结果。客户经理在完成信息维护和确认客户评价结果后直接发起用信,可实现当天还当天贷,平均转贷时间少于1.5天。积极推行年审制贷款,即纳入年审制名单库管理的农户,在贷款到期后无须归还,可直接续贷,实现流动资金贷款的无缝对接。

资料来源:节选自余建."一站式"服务为农户贷款"搭桥铺路"[J].中国农村金融,2016(20).

请思考:基于材料,谈谈浙江农信是如何提升农户贷款服务体验的。

活动1　了解流程操作的基本要求

根据《农户贷款管理办法》,农村金融机构应当建立包括建档、营销、受理、调查、评级、授信、审批、放款、贷后管理与动态调整等内容的农户贷款管理流程。针对不同的农户贷款产品,可以采取差异化的流程管理。

对于农户小额信用(担保)贷款可以简化合并流程,按照"一次核定、随用随贷、余额控制、周转使用、动态调整"模式进行管理;对其他农户贷款可以按照"逐笔申请、逐笔审批发放"的模式进行管理;对当地特色优势农业产业贷款,可以适当采取批量授信、快速审批模式进行管理。

2012年6月,中国银监会办公厅发布《关于农村中小金融机构实施阳光信贷工程的指导意见》(银监办发〔2012〕191号)要求:第一,全面公开贷款条件、流程、利率、收费标准、办结时限和监督方式。第二,探索实施社会公开授信评议,解决金融机构与农户之间信息不对称问题。第三,将信贷业务流程的各个环节实行阳光化操作,保障信息的客观性和准确性。第四,对每一笔贷款申请,同意受理的应根据申请的贷款类别,从受理申请、贷前调查到贷中审查、审批、发放的每个环节均要合理确定办结时间,及时告知客户,提高办贷效率。不符合受理条件的要在限定的时间内通知申请人,并说明原因,做好记录备查。第五,根据公开透明、提高社会参与度的要求,公开贷款定价标准。第六,充分发挥社会监督作用,有效监督违规放贷、不作为行为,杜绝吃、拿、卡、要等不良行为。

《关于农村中小金融机构实施阳光信贷工程的指导意见》

活动2　贷款申请与受理

借款人向银行等信贷机构提出贷款申请,根据申请的业务品种填写相应的贷款申请表(见表4-1),并提供贷款申请的"清单资料",由信贷机构业务受理岗业务人员(或客户经理)负责受理并登记相关信息。

申请农户小额贷款的借款人应具备的条件:(1)居住在小额信贷机构的营业服务区域之内;(2)具有完全民事行为能力,信用状况良好;(3)从事土地耕作、养殖或其他符合国家产业政策的生产经营活动,并有合法、可靠的经济来源;(4)家庭成员中必须有具有劳动生产或经营管理能力的劳动力;(5)具备偿还贷款本息的能力。

表4-1 农户小额贷款申请表

一、申请人基本信息					
姓名		性别		身份证号码	
婚姻状况	□未婚 □已婚有子女 □已婚无子女 □离异 □丧偶				
教育程度	□本科及以上 □大专/高职 □高中/职高 □初中及以下				
户籍所在地			居住地址		
住宅电话			手机号码		家庭人口
生产经营类型	□1-农业 □2-林业 □3-牧业 □4-渔业 □5-农、林、牧、渔服务业 □6-个体户及个人经营 □7-其他				
配偶姓名		身份证号码		联系电话	
二、贷款申请信息					
申请金额	大写人民币_____				小写¥_____
借款用途		还款方式		借款期限	
三、保证人基本信息					
姓名		性别		身份证号码	
婚姻状况	□未婚 □已婚有子女 □已婚无子女 □离异 □丧偶				
教育程度	□本科及以上 □大专/高职 □高中/职高 □初中及以下				
户籍所在地			居住地址		
联系电话			工作单位		
月收入(元)			与申请人关系		
四、借款人及保证人声明及承诺					
1. 我承诺以上所填信息完全属实,若由××银行工作人员或其他人员代为填写,是经我授权并认可的,且按规定报送贵行留存的资料复印件属实; 2. 我承认本申请表作为向贵行申请贷款的依据,无论银行是否贷款,银行均有权保留此申请书及相关资料; 3. 经贵行审查,本申请不符合规定的条件而未予通过时,我没有异议; 4. 本人授权××银行在本次业务过程中(从业务申请至业务终止),向中国人民银行个人信用信息基础数据库及信贷征信主管部门批准建立的其他个人信用数据库或有关单位、部门及个人查询并留存本人的信用信息,并将本人信用信息提供给上述个人信用数据库,查询获得的信用报告限用于中国人民银行颁布的《个人信用信息基础数据库管理暂行办法》规定用途范围内; 5. 保证人已明确知道,如果借款人不能及时偿还全部贷款本息时,保证人应当替其偿还; 6. 我们承诺,借款人与保证人家庭之间的经济相互独立,且无其他债权债务关系。贷款由借款人用于申请时指定的用途,不由保证人使用。 申请人签字:_____ 申请人配偶(主要财产共有人)签字:_____ 保证人签字:_____ 年 月 日					

借款人需提供的清单资料主要包括:
1. 本人有效身份证件(身份证、户口等、结婚证等)及复印件。
2. 配偶(或主要财产共有人)的有效身份证件及复印件。
3. 真实的家庭资产证明或产权证明。
4. 生产经营内容(项目)、家庭年经济收支情况。
5. 借款用途(证明)、经济效益情况。
6. 申请保证贷款,需提供担保人有效身份证件和同意担保的证明文件。
7. 申请抵(质)押贷款,应提供抵(质)押物权属证书及复印件、财产共有人(有处分权人)同意抵(质)押意见书、必要的保险证明等。
8. 需要提供的其他材料。

对于符合条件的贷款申请,业务受理岗人员应在信贷系统中录入客户信息和贷款申请信息(见表4-2),并提交已指定的管户客户经理进行贷前调查。

表4-2 农户小额贷款受理信息登记表

客户姓名		身份证号码			
联系电话		联系地址			
经营项目		贷款用途			
基本资料信息					
是否常住户口	□是 □否	是否有婚姻证明材料		□是	□否
是否有种养殖/生产/经营场所产权证明或租赁合同				□是	□否
是否有保证人/组建联保小组				□是	□否
小组成员/保证人姓名	联系电话	经营项目/工作单位		关系	
其他说明(基本资料客户是否提供,还需要哪些材料)					
基本经营信息					
种植/养殖经营信息(规模、历史、周期等)					
其他经营信息(经营类型、历史及模式、资产规模、盈利状况等)					
损益信息					
月均收入		每月主要经营成本			
种植业收入		种植成本			
养殖业收入		养殖成本			
商业经营收入		商业经营成本			
其他收入		其他支出			
月均家庭收入		月均家庭支出			
每月净收入					

续表

其他信息（上述项目没有涉及但可能影响到贷款的其他信息）	
受理岗意见： 签字： 　　　　　年　　月　　日	业务主管意见： 签字： 　　　　　年　　月　　日

活动3　贷前调查与信用评级

受理农户贷款申请后，应当履行尽职调查职责，对贷款申请内容和相关情况的真实性、准确性、完整性进行调查核实，对信用状况、风险、收益进行评价，形成调查评价意见。贷前调查要求现场实地调查，贷款客户经理（信贷员）必须到申请人的家庭和经营场所进行调查。

农户贷款的贷前调查包括但不限于以下内容：

1. 借款人（户）基本情况；
2. 借款户收入支出与资产、负债等情况；
3. 借款人（户）信用状况；
4. 借款用途及预期风险收益情况；
5. 借款人还款来源、还款能力、还款意愿及还款方式；
6. 保证人担保意愿、担保能力或抵（质）押物价值及变现能力；
7. 借款人、保证人的个人信用信息基础数据库查询情况等。

客户经理贷前调查应当有效借助村委会、村干部、德高望重村民、具有公信力的村民、经营共同体带头人等社会力量，深入了解借款人的人品、信用、生产经营能力、借款户收支和经营、生产经营风险等，并与借款人及其家庭成员进行面谈，做好面谈记录，面谈记录包括文字、图片或影像等。根据借款人实际情况对借款人进行信用等级评定，结合贷款项目风险情况初步确定贷款的额度、期限、利率、方式等。

一、贷前调查准备

根据业务受理获得的贷款申请表、清单资料和其他沟通获取的信息，初步了解客户及其借款的基本情况，做好实地调查方案。

贷前调查人员在到客户的家庭住所或经营场所进行调查前，一定要事先联系好客户，确定好实地调查的时间和地址；应明确调查人员的工作任务，做好任务分工；带好贷款调查表、笔、相机或者移动办贷设备等必需的调查工具。

对于农户联保贷款，一定要事先联系所有的联保小组成员，以确定调查时所有的成员都在。如果在事先的客户联系中，有成员退出联保小组后，小组成员不够最低数量的，则先不进行调查，让有贷款需求的客户寻找新组员，组建小组完毕后再进行调查。

二、贷前调查要点

（一）申请人及其家庭基本信息

1. 申请人的身份证明、职业经历、经营能力、品行、教育背景、健康状况、婚姻状况等。

2. 主要家庭成员基本情况、居住情况、健康状况；家庭其他收入来源（包括家庭成员工资收入、生意收入和其他收入）和主要生活支出（包括日常消费、子女教育、赡养老人、医疗支出等），若有长期生病或先天不足人员，应特别注意了解这方面的花费。

3. 家庭主要财产和负债情况，财产包括住房、交通工具、农用生产工具、大件家电等财产；负债包括住房贷款、汽车贷款等银行借款和私人借款。

4. 社会关系。家庭成员对贷款申请是否知情、家庭关系是否和睦、是否孝敬老人，以及周围邻居对农户的评价。家庭成员对贷款知情非常重要，特别是客户配偶，若其反对贷款，有可能是因为家庭关系不和或者客户想隐瞒配偶贷款用途。

（二）申请人生产经营信息

对于主要从事农业种植、养殖的农户，应了解以下生产经营信息：

农业生产经营历史、生产规模、投入成本和产出收入，农产品销售渠道、历史价格波动、现行市场价格，面临的主要风险等。比如，种植业一般具有季节性、周期性、需要一定的种植技术和经验等特点，面临农产品价格不稳定、保质期短、易受气候、自然灾害、病虫害等风险；养殖业也是具有周期性、需要有专业的养殖技术等特点，面临价格不稳定、易受病害等风险，特别是传染性疾病会导致动物大量死亡。

在获取生产经营信息的过程中，应让农户提供尽可能完整的生产经营记录和凭证，包括账本、单据、合同、银行账户交易明细等，以便更为准确地判断农户实际的生产经营情况，并对重要文档复印存档。

由于农户很难提供完整的财务报表，客户经理必须通过多种渠道调查搜集农户生产经营信息，编制相应的资产负债表和损益表，从而分析农户的还款能力。

（三）贷款用途信息

证明贷款用途真实性、合理性和贷款需求金额的信息，如拟采购农业机械或农业生产资料的报价单、订购单或采购合同、应付款证明、自筹资金数额、产生资金缺口的原因等。对于小规模的种植、养殖的农户贷款，客户经理可根据相关的行业知识和经验常识进行判断，如对于季节性的农业生产，资金需求也呈现季节性。

（四）担保情况的调查

如果是第三方保证担保，贷款客户经理应向申请人和保证人分别询问其关系历史、保证人愿意为申请人担保的原因、保证人与申请人之间有无债权债务关系等。客户经理应在借款人和保证人提供的联系方式之外，通过其他渠道对保证人的基本信息、住址、联系方式、工作单位、职务以及收入状况进行调查核实和交叉检验，了解保证人是否具有担保能力。

如果是抵押、质押担保，客户经理应实地察看抵（质）押物。例如，房产抵押的，要察看了解房产的权属、面积、用途、结构、竣工时间、原价和净值、周边环境等；以动产抵（质）押的，要察看了解抵押物、质押物的规格、型号、质量、原价和净值、用途等；以汇票、本票、债券、存款单、仓单、提单等出质的，要察看权利凭证原件，辨别真伪，必要时请有关部门鉴定。

农户小额贷款调查表、农户信用评级表、信用评级及授信额度标准见表4-3、表4-4、表4-5。

农户贷款调查报告参考格式

表4-3　　　　　　　　　　农户小额贷款调查表

一、客户及其家庭信息							
客户姓名		性别		婚姻状况		教育程度	
户籍地				身份证号码			
居住地址							
固定电话				手机号码			
申请金额			贷款期限			还款方式	
贷款用途		总项目成本		项目资金来源计划		贷款使用明细	
还款来源							
家庭成员及其他情况描述								
住房情况（说明住宅类型、层/间数、宅基地面积、建造年份、建房或购房成本等）							

二、种植业/养殖业信息						
种养项目				种养周期		
种养历史				种养地址		
各生产周期详情						
项目	起止时间	种养规模	单位收入	总收入	单位支出	总支出	毛收入
1期							
2期							
3期							
4期							

三、损益表（可根据客户实际情况增减月份数）						
序号	项目	月	月	月	月	本年总计	预测月份
1	种植业/养殖业						
2	收入						
3	支出						
4	毛收入						

续表

5	商业经营							
6	营业收入							
7	营业支出							
8	毛收入							
9	净利润							
10	家庭收入合计							
11	外出务工收入							
12	工资收入							
13	其他收入							
14	家庭支出合计							
15	家庭生活支出							
16	子女教育支出							
17	医疗卫生支出							
18	人情支出							
19	其他支出							
20	每月净收入							
21	每月偿还其他借款							
22	每月最高还款额							

四、资产负债情况（上期与本期时间尽量选择有可比性的时间）							
资产	上期金额	本期金额	占比	负债	上期金额	本期金额	占比
1. 现金/银行存款				10. 应付账款			
2. 应收账款/预付款				11. 预收款			
3. 原材料				12. 银行借款			
4. 库存商品				13. 私人借款			
5. 其他流动资产							
流动资产总额				负债总额			
6. 房产				所有者权益			
7. 设备				14. 初始投资			
8. 交通工具				15. 留存收益			
9. 其他非流动资产				16. 后续投资			
非流动资产总额							
资产合计				负债及所有者权益合计			
补充说明：								

续表

五、其他人评价信息(从多个邻居或村干部中获得)		
评价人			
联系电话			
与借款人的关系			
对借款人为人处事的整体评价			
借款人爱好嗜好(赌博、酗酒等)			
对借款人信用评价			
借款人和你们相处关系如何			
借款人家庭是否和睦			
客户经理对借款人印象			

六、保证人及联保情况			
保证人信息			
保证人姓名	性别	婚否	户籍地
教育程度		身份证号码	
居住地址			
工作单位/部门		月收入	
固定电话		手机号码	
与客户关系			
保证人核实方式及其他情况说明:			
联保人信息			
是否清楚小组联保责任	□是 □否	是否愿意提供联保	□是 □否
小组其他成员姓名	生产经营项目	组员对客户是否了解	组员对客户的信用评价

七、调查结论及建议					
贷款额度		贷款期限		贷款利率	
还款方式		月还款额		月净收入	
偿还其他贷款		还款占净收入比例			

调查结论及建议:

管户客户经理: 　　　　　辅助客户经理:

年　月　日

表 4-4　　　　　　　　　　　　　农户信用评级表

评级指标及权重		评级标准	分值	得分
家庭结构（15分）	借款人年龄（3分）	20~30岁	2	
		31~45岁	3	
		46~60岁	1	
	劳动力数量（3分）	4人及以上	3	
		3人	2	
		2人	1	
		1人	0	
	婚姻状况（2分）	已婚有子女	2	
		已婚无子女	1	
		未婚/离异	0	
	家庭人口素质和技能状况（7分）	家庭人口文化素质高，无不正当行为（赌博、贩毒等），有一定技术特长和较强的劳动创收能力	7	
		家庭人口有一定的文化和农业劳动技术、无不正当行为，有一定的劳动创收能力	5	
		家庭人口无不正当行为，有种植业、养殖业一般技术和从业经验，能以劳养家	3	
		具备种植业、养殖业基础条件，无不正当行为，有劳动能力，通过信贷支持能够创收并偿还债务	1	
偿债意愿（37分）	信用状况（11分）	诚实守信，无不良商业或社会记录；无贷款逾期记录	11	
		诚实守信，有轻微不良商业或社会记录，但不影响客户整体信用，无贷款逾期记录或有逾期但已及时还款	8	
		有重大影响客户信用状况的不良商业或社会记录；或有恶意拖欠贷款行为	0	
	社会信誉状况（4分）	户主有较高社会声望及荣誉，家庭在社会上有较高的信誉评价	4	
		户主社会声望及荣誉良好，家庭在社会上有良好的信誉评价	3	
		家庭在社会上有一定的信誉评价	2	
		家庭在社会上没有负面评价	1	
	社会关系状况（4分）	同村民、邻里之间关系良好，未发生过任何纠纷	4	
		同村民、邻里之间关系一般，未发生过大的纠纷	2	
		同村民、邻里之间关系较差，经常发生纠纷	0	
	家庭责任感（12分）	家庭责任感强（孝敬父母、关爱子女、家庭和睦等）	12	
		家庭责任感一般	7	
		没有家庭责任感	0	
	生活习惯（6分）	生活习惯良好，没有不良嗜好	6	
		生活习惯良好，有轻微不良嗜好，但不影响正常生产或经营活动	3	
		具有酗酒、赌博等不良习惯	0	

续表

评级指标及权重		评级标准	分值	得分
偿债能力 （40分）	家庭人均年可支配收入 （10分）	人均可支配收入在当地平均水平200%（含）以上	10	
		人均可支配收入在当地平均水平150%（含）~200%	8	
		人均可支配收入在当地平均水平100%（含）~150%	6	
		人均可支配收入在当地平均水平80%（含）~100%	4	
		人均可支配收入在当地平均水平60%（含）~80%	2	
		人均可支配收入在当地平均水平60%以下	0	
	家庭生活水平及财产状况 （10分）	家庭生活水平在当地处于上游水平、财产较多	10	
		家庭生活水平在当地处于中等偏上水平、有一定的财产	8	
		家庭生活水平在当地处于中等水平、财产一般	5	
		家庭生活水平在当地处于中等偏下水平	2	
		家庭生活水平在当地处于下游水平	0	
	家庭生产经营条件及效益 （10分）	家庭生产经营条件好、经营效益好，经济收入稳定，具有较强的按期偿还各种债务的能力	10	
		家庭生产经营条件较好、经营效益较好，经济收入较稳定，具有按期偿还各种债务的能力	7	
		家庭生产经营条件一般、经营效益一般，有一定经济收入	4	
		家庭生产经营条件较差、经营效益较差，收入不稳定	0	
	自有资金比例 （10分）	自有资金占生产、经营、消费所需资金的60%（含）以上	10	
		自有资金占生产、经营、消费所需资金的45%（含）~60%	7	
		自有资金占生产、经营、消费所需资金的30%（含）~45%	4	
		自有资金占生产、经营、消费所需资金的30%以下	0	
其他 （8分）	业务往来 （5分）	在本行开立账户并将80%（含）以上的收入（以人均可支配收入计算，下同）存入本机构	5	
		在本行开立账户，存款金额占收入的50%（含）~80%	4	
		在本行开立账户，存款金额占收入的50%以下	3	
		未在本行开立账户	0	
	综合印象 （3分）	印象良好	3	
		印象一般	0	
评分合计				

表4-5　　　　　　　　　　信用评级及授信额度标准

信用评级得分	信用级别	参考最高授信额度
大于90分	AAA	额度≤年净收入×70% - 年偿还其他借款
81~90分	AA	额度≤年净收入×65% - 年偿还其他借款
71~80分	A	额度≤年净收入×60% - 年偿还其他借款
61~70分	BBB	额度≤年净收入×55% - 年偿还其他借款
60分（含）以下	不得授信	0

农户贷款评估与分析案例

贷款案例：王先生原是当地农业技术站的技术员，已工作15年，于2006年开始在本村租地建大棚种植蘑菇，经过几年的发展，现有种植大棚25个，租地18亩，现种植的蘑菇品种有平菇、金针菇、香菇等。平均每天出菇量为1200公斤。产品主要销往附近城市的各蔬菜批发市场。王先生的蘑菇产品平均每公斤的种植成本约3元，市场销售价格在3至6元之间，平均销售价格为4元，总体算来，每公斤有1元的毛利润，年净利润约40万元。每月费用约11750元，聘请有种植经验的员工5人，每亩地每年租金1200元。种蘑菇用的木粉、化肥等都是在当地农资市场购买的。

王先生预计未来市场行情较好，他计划再建10个种植大棚，共计投入需30万元。自己现有10万元，申请贷款20万元，期限12个月。

王先生是本地人，在本村自己建了住房，配偶协助经营大棚，有一个儿子在上大学。除了现有的大棚，没有其他资产。王先生在当地农村商业银行有贷款5万元。

贷款评估与分析过程：

一、对客户的财务评估

1. 对销售收入的评估：（1）如借款人有出产或销售记录，可根据其记录计算确定；（2）可根据其种植面积、单位面积和产量计算总产量，再根据最近一年销售的市场行情估算销售额；（3）也可根据购买菌种的数量、单位菌种的产量计算总产量，再根据最近一年销售的市场行情估算销售额。

2. 对成本费用的评估：（1）土地租金根据租地合同确定；（2）工人工资根据工资发放表确定，如没有工资表可询问工人的工资额和工人人数确定；（3）种子、农药、化肥费用如有进货单据，按进货单据计算确定，如没有进货单据，可按种植蘑菇面积的一般需求量乘以相应进货价格计算费用。

3. 利润：用销售收入减去成本费用可计算出利润。

4. 王先生主要的资产就是现有的25个大棚，其价值的确定方式有：（1）如是承包给别人修建的，可根据承包合同确定原始价值，再根据已使用年限折旧后计算现在的价值；（2）如是自建的，可根据使用的材料数量和市场行情价格以及人工工资计算确定原始价值，再根据使用年限折旧后计算现在的价值。自有资金10万元可查看现金或银行账户余额确定。王先生的农村自建房若不能转让，一般不计算价值。

5. 对于其负债可通过查询本人及家人的征信记录确定在其他金融机构的贷款额，通过询问本人，访问其员工、朋友、供货商、邻居等确定有无其他负债情况。

6. 借款人现金流特点：一般将蘑菇送到附近城市农贸市场销售都是收取现金，随时又以现金的方式支付工资和种子、农药、化肥款等，很少会将钱通过银行的存取款进行支付，所以通过银行对账单来计算现金流会与实际情况有很大差距。由于销售都是收取现金，很少有赊销，因此其现金收入基本等于其销售额，其现金流的特点是持续且比较均匀的。

二、对客户的非财务分析

1. 可以通过查询客户征信、询问邻居、村干部等了解王先生的人品、信用、家庭关系等情况。
2. 王先生原是农业技术人员，有种植的相关技术。
3. 已经经营了多年，已有25个大棚，有较丰富的经营经验。
4. 邻近城市，有较大的消费市场，需求稳定。
5. 每天都有产品销售，销售收入和现金流持续稳定。

三、贷款风险提示

1. 市场行情不稳定，价格可能低于成本，这样就会亏损。
2. 王先生资产实例薄弱，且其主要的资产就是现有的25个大棚和10万元资金，一旦遭遇洪水、狂风等自然灾害，种植大棚可能被毁坏，使其蒙受重大损失。

四、贷款建议

对于这笔贷款，借款人申请20万元，期限1年，计算其一年的利润一般情况下约为40万元，因此，这笔贷款是可以发放的，适宜用按月还本付息类的贷款产品。但同时，为了防止自然灾害风险，最好要求对其主要资产即种植大棚购买保险，并要求保险第一受益人是贷款机构。

活动4 审查审批与放贷

贷中审查应对贷款调查内容的真实性、合规性和完备性进行全面审查，重点关注贷前调查尽职情况、申请材料完备性和借款人的偿还能力、诚信状况、担保情况、抵（质）押及经营风险等，出具书面审查意见，明确贷款金额、用途、利率、期限、还款方式、担保条件等内容，并提示贷款潜在风险（见表4-6）。

表4-6　　　　　　　　　农户小额贷款审查表

基本信息	客户姓名		申请金额		万元
	申请日期	年　月　日		贷款利率	
	贷款期限		还款方式		
	贷款用途				

续表

基本要素审查	资料是否齐备	□是	□否
	所缺资料：		
	基本资料填写是否完整、合规	□是	□否
	存在的问题：		
	资料是否存在伪造的迹象	□是	□否
	存在的问题：		
主体资格审查	客户主体资格是否符合我行信贷政策	□是	□否
	个人信用等级		
贷款用途审查	贷款用途是否符合我行信贷政策	□是	□否
	贷款用途是否具体、明确	□是	□否
	存在的问题：		
贷款调查审查	客户与管户客户经理是否为关系人	□是	□否
	调查报告是否填写完整	□是	□否
	关键财务指标计算是否准确	□是	□否
	是否说明了数据的获取方式	□是	□否
	客户信用评级表是否合理	□是	□否
	贷款建议是否合理	□是	□否
	主要问题：		
电话核实情况	核实对象：　□借款人　　□保证人		
	核实结果是否一致	□是	□否
	调查岗是否履行了实地调查职责	□是	□否
	存在的问题：		
审查意见	□同意　　□否决　　□需补充调查分析		
	补充内容：		
	具体审查意见		
	贷款金额　　　　贷款利率　　　　贷款期限		
	贷款用途　　　　贷款方式　　　　还款方式		
	风险提示：		
	审查人：　　　　　　　　　　　　　年　月　日		

审查结束后，报给有权审批人审批（见表4-7），必要时经过贷审会审议。经审批同意的贷款，及时通知客户在规定时间内签署合同，办妥相关手续。

审批通过的贷款，应当及时签订农户小额贷款借款合同及其他相关文件，需担保的签订担保合同。借款合同应符合《中华人民共和国合同法》和《个人贷款管理暂行办法》的规定，明确约定各方当事人的诚信承诺、贷款额度、贷款用途、贷款期限、支付对象（范围）、支付金额、支付条件、支付方式、还款方式等。

表4-7　　　　　　　　　　　　农户小额贷款审批表

客户基本信息					
姓名		性别		身份证号码	
贷款申请信息					
金额		期限		还款方式	
贷款用途					
还款来源					
保证人一				身份证号码	
保证人二				身份证号码	
贷款审批意见					
最终决策	□同意　□同意但有部分变更　□否决　□需补充调查分析				
^	补充内容：				
^	审批要素				
^	贷款金额		贷款利率		贷款期限	
^	贷款用途		贷款方式		还款方式	
^	风险提示：				
审贷会成员签字				日期：　　年　　月　　日	
审批人签字				日期：　　年　　月　　日	

借款合同生效后，金融机构应当按合同约定及时发放贷款。采用借款人自主支付的，金融机构应当与借款人在借款合同中明确约定。有下列情形之一的农户贷款，可以采取借款人自主支付：

1. 农户生产经营贷款且金额不超过50万元，或用于农副产品收购等无法确定交易对象的；
2. 农户消费贷款且金额不超过30万元；
3. 借款人交易对象不具备有效使用非现金结算条件的；
4. 法律法规规定的其他情形。

活动5　贷后管理与贷款回收

贷款发放后，管户客户经理必须对其负责的农户及时进行贷后定期或不定期跟踪检查，明确首贷检查期限；采取实地检查、电话访谈、检查结算账户交易记录等多种方式，对贷款资金使用、借款人信用及担保情况变化等进行跟踪检查和监控分析；及时发现借款人、担保人的潜在风险并发出预警提示；采取增加抵（质）押担保、调整授信额度、提前收回贷款等措施，确保资金安全。检查时要做好贷后检查记录，并在信贷系统中完成相应的贷后检查报告（见表4-8）。

对于因自然灾害、农产品价格波动等客观原因造成农户无法按原定期限正常还款的，由农户借款人申请，经金融机构同意，可以对还款意愿良好、预期现金流量充分、具备还款能力的农户贷款进行合理展期。

及时汇集更新客户信息及贷款情况，确保农户贷款档案资料的完整性、有效性和连续性。根据信用情况、还本付息和经营风险等情况，对客户的信用评级和授信限额进行动态管理和调整。

贷款人应按照借款合同约定，收回贷款本息。对于未按照借款合同约定偿还的贷款，贷款人应采取措施进行清收。对于按期还款、信用良好的借款人进行正向激励，采取优惠利率、利息返还、信用累积奖励等方式，促进信用环境不断改善。

表4-8　　　　　　　　　　农户小额贷款贷后检查表

检查日期	年　月　日	检查地点	□家庭住所　□生产经营场所	
具体地址				
一、贷款基本情况				
客户姓名		贷款金额		贷款利率
贷款品种		发放日期		年　月　日
合同约定贷款用途				
是否发生逾期	□是　□否	逾期金额	逾期天数	天
逾期原因				
二、检查内容				
贷款资金实际用途是否与合同约定一致			□是　　□否	
贷款资金的真实用途与金额				
生产经营信息				
家庭信息				
其他借贷及担保信息				

续表

客户的态度及评价	
三、检查结论及处理措施	
检查结论：	
采取措施：	
其他需要说明的问题：	
检查人员：	日期：　年　月　日

✉ 【延伸阅读4-4】

农户贷款业务的主要风险

1. 思想认识风险。由于农村人口多，农民的自身素质和经济发展水平的差异较大，有一部分农户通过贷款资金进行创业而获利，但大部分农户缺乏对市场信息和投资风险的认识准备，急于利用贷款投资，想尽快致富，从而诱发债务负担，造成贷款风险。

2. 信用环境风险。随着农村信用工程的深入开展，农村信用意识逐步增强，但偏远农村、个别农户信用观念仍然淡薄，总是以种种理由推诿，千方百计地逃废贷款债务。如果对这一部分农户的贷款催收措施软弱，将直接或间接地助长农村信用环境的恶化而造成农户贷款风险。

3. 自然灾害风险。自然灾害主要有气象灾害（台风、暴雨、冰雹等）、病害和虫害等。农业对降雨、日照、气温等气候条件有极强的依赖性，抵御自然灾害的能力较弱，一旦遭遇自然灾害，农户可能无法继续生产经营，从而丧失还款能力，导致贷款无法收回。

4. 农产品市场风险。农业产品通常具有一定的季节性，并且大多数农作物种植和农产品生产具有较长的周期。当产品的市场价格发生波动时，农户往往同时对生产作出调整，然而产品供应量的变化相对于生产规模的调整具有显著的滞后性，若未来市场价格变动与预期相反，农户将承受价格风险带来的损失。

5. 贷款期限与生产经营周期错配，还款方式不灵活。对于生产经营周期较长的农业项目，如果树要在种植后3~4年挂果，逐步进入盛果期，前几年种植户只有投入没有相应产出。一般农户贷款期限较短，会导致贷款期限与经营周期不匹配，从而资金紧缺的农户还款压力大，就会发生贷款逾期情况。对于一年以上的贷款，还款方式一般为分期还款按月还息，对于农业生产经营周期较长的农户，由于期间没有农业产出带来收入现金流，也带来还款压力较大。

6. 农户的真实经营情况难以把握。农户贷款贷前调查时，虽然信贷人员对客户进行了面签、面谈及相关信息查询，但是由于农户经营的特殊性，信息不完整、不对称、不透明，农户为了贷款，往往会有夸大收入、资产而隐瞒负债等做法。

7. 资金难以监管，贷款有可能被套用。农户贷款具有程序简单、手续便利的特点，因此设防相对较差。可能会有部分不符合贷款标准的人员把农户贷款当成融资渠道，发动亲朋好友、左邻右舍办理贷款，然后再向农户支付利差，把"农贷"变成"高利贷"。此外可能会有部分企业让员工办理农户贷款，然后由企业统一使用，形成"多人（户）承贷，一人（户）使用"的情况。

8. 贷后检查和管理难度大。农户贷款额度小、数量众多、贷款对象分布分散，信贷机构由于人手不足，难以——对农户贷款及其滋生风险的环节进行动态管理和有效控制，不能及时跟进监督管理，农户贷款总体上的贷后风险监管在客观上难以到位。

9. 部分信贷业务人员风险意识不强、能力不足。由于部分客户经理责任心不强，合规意识淡薄，缺乏基本的合规操作意识和技能，在业务过程中存在不同程度的不严谨、不细致，信贷业务普遍存在的信用评级偏差、贷款额度核定不合理、资料分析不充分、风险特征把握不准确、签约过程不严密、贷后管理不规范等问题在农户贷款业务中同样存在，贷款各环节把控不到位，这些都为农户贷款形成风险埋下了隐患。

资料来源：卫恩祥，张卫峰. 基于银行视角探析农户贷款风险成因及防范对策［J］. 现代金融，2020（1）.

【课后习题】

一、单项选择题

1. 农户联保贷款属于（　　）。
   A. 信用贷款　　　　B. 保证贷款　　　　C. 抵押贷款　　　　D. 质押贷款
2. 以下农户贷款操作流程顺序正确的是（　　）。
   A. ①对农户信用评级②核定授信额度③发放农户贷款④更新农户信用记录
   B. ①对农户信用评级②发放农户贷款③核定授信额度④更新农户信用记录
   C. ①核定授信额度②对农户信用评级③发放农户贷款④更新农户信用记录
   D. ①核定授信额度②发放农户贷款③对农户信用评级④更新农户信用记录
3. 可以采取借款人自主支付的农户生产经营贷款金额不超过（　　）万元。
   A. 20　　　　　　B. 30　　　　　　C. 40　　　　　　D. 50
4. 可以采取借款人自主支付的农户消费贷款金额不超过（　　）万元。
   A. 20　　　　　　B. 30　　　　　　C. 40　　　　　　D. 50

二、多项选择题

1. 根据《农户贷款管理办法》，农户贷款用途主要包括（　　）。
   A. 投资理财　　　B. 生产经营　　　C. 生活消费　　　D. 个体经营
2. 实行农村小额贷款与客户经理"三包一挂"制度，"三包"是指（　　）。
   A. 包调查　　　　B. 包发放　　　　C. 包管理　　　　D. 包收回
3. 对信用户的贷款需求，在同等条件下实行的正向激励机制包括（　　）。

A. 贷款优先　　　　B. 利率优惠　　　　C. 额度放宽　　　　D. 手续简化

4. 农户小额信用贷款的用途包括（　　）。

A. 种植业、养殖业方面的生产费用贷款

B. 为农业生产服务的个体私营经济贷款

C. 农机具贷款

D. 小型农田水利基本建设贷款

5. 农户小额信用贷款服务采取的管理办法总结为（　　）。

A. 一次核定　　　　B. 随用随贷　　　　C. 余额控制　　　　D. 周转使用

6. 以下属于农户贷款产品的是（　　）。

A. 家庭农场贷款　　　　　　　　　B. 农村青年创业贷款

C. 农户消费贷款　　　　　　　　　D. 农民住房财产权抵押贷款

三、简答题

1. 贷款农户与农户贷款的概念有什么含义？
2. 现代农户的贷款需求有哪些特征？
3. 简述支农贷款"政银担"模式与"政银保"模式的含义。
4. 简述《农户贷款管理办法》对农村金融机构的农户贷款流程管理的具体要求。
5. 根据《农户贷款管理办法》，农户贷款有哪些贷前调查内容和调查要点？
6. 根据《农户贷款管理办法》，农户贷款的贷前调查工作要求主要包括哪些？
7. 农户贷款业务的主要风险有哪些？

四、实训题

1. 借款人张平，男，32岁，已婚，本地人，自有住房，主营业务是种植水蜜桃和樱桃，家庭年收入 25 万元。经查银行征信：张平在本行有抵押贷款 57 万元，无银行逾期记录，无他行融资，对外担保 9 万元，无信用卡透支余额。张平因水蜜桃园种植经营需要购买化肥等农资申请小额贷款 15 万元，采用保证担保方式，担保人林兵收入稳定，经征信查询无银行贷款，无对外担保，信用卡透支余额 5000 元，有一定的担保能力，担保意愿强。

如果你是贷款客户经理，在贷款受理和调查环节还需要获取哪些贷款决策需要的信息？

2. 两人一组，一人扮演客户，一人扮演客户经理，根据农户贷款申请，模拟贷款调查。填写贷款调查表 4-3，根据表 4-4 计算该客户的信用评分，根据表 4-5 评定客户的信用等级和授信额度。

参考答案：一、BADB；二、BC、BCD、ABCD、ABCD、ABCD、ABCD

项目五

个体户贷款实务

GETIHU DAIKUAN SHIWU

【知识目标】

了解我国个体工商户的制度、身份界定和申请登记；了解个体工商户的资信状况、贷款需求特征和贷款政策；熟悉典型个体工商户贷款产品类型及其特点；掌握个体户贷款的申请与受理、贷前调查与信用评级、审查审批与放贷以及贷后管理与贷款回收等各环节的操作要求。

【能力目标】

能够正确认识个体户贷款服务的重要性，能够根据个体户的贷款需求提供合适的贷款产品方案，能够开展个体户贷款分析决策与业务流程操作处理，能够分析和防范个体户贷款风险。

模块一 个体户贷款概述

【案例导入】

"四举措"助力县域个体工商户"腾飞"

近年来，随着个体制度改革的持续推进，准入便利化服务的不断提升，荔波农商银行积极探索支持实体经济发展的金融服务措施，发扬"背包精神"，进一步优化业务流程，创新产品服务，大力宣传、普及金融知识，持续服务个体工商户发展。

一是网格化实地走访，了解客户有效需求。通过细分城区及乡镇市场，通过"扫街"行动，了解各类个体工商户的金融有效需求，收集相关资料，了解个体工商户的经营现状及特点，有针对性地开展金融服务工作。

二是规范建档，全面录入。根据信贷系统中个人基本信息录入界面，收集并录入所有必填项目相关资料，完善所能收集的信息资料，做到不重复建立信息档案，并扫描录入电子信贷档案管理系统，实现电子信息数据统一管理，并检查已在信贷管理系统中建档的个体工商户数据完整性，根据实地走访调查所收集的信息，对缺漏数据进行补充完善。

三是优化业务办理流程。荔波农商银行充分利用工商、税务部门的有关数据，主动分析梳理符合信贷准入的个体工商户，有针对性地做好金融推送服务，在确保信贷资金以及政策允许的条件下，对信誉好、有特色的个体工行户实行"一站式"服务，简化贷款操作流程，缩短申请、审批环节，同时给予更多的利率优惠，切实解决个体工商户融资难、融资贵的问题。

四是完善贷后贴心服务。对个体工商户的贷后管理实行贴心服务，不仅在信贷资金上给予大力支持，更在平常的生活中给予关心，每逢节假日，荔波农商银行都会走访慰问个体经营户，给他们送去节日的慰问与祝福，有效地拉近了银商之间的距离，助推了县域经济的发展。

资料来源："四举措"助力县域个体工商户"腾飞"［EB/OL］.［2018-11-23］. https：//www.sohu.com/a/277460393_185758.

请思考：基于材料，谈谈如何做好个体工商户贷款服务。

活动1　了解我国的个体工商户

个体工商户（俗称个体户）在繁荣市场经济、扩大社会就业、方便群众生活、维护社会和谐稳定等方面发挥着重要作用。

一、我国个体户制度

个体工商业者的历史源远流长，存在于人类历史发展的各种社会形态之中，是一种传统的经济形态。新中国成立初期，全国城乡存在大量个体工商业者，人数接近3000万人。随着我国1956年实行社会主义改造，个体工商业者走向合作化道路，到1978年底，全国城乡剩下14万个体工商业者。党的十一届三中全会后，"上山下乡"的800万知识青年大量回城，解决就业问题成为当时党和国家急需解决的问题之一。1982年12月，全国人大五届五次会议通过的《中华人民共和国宪法》第十一条规定："在法律规定范围内的城乡个体劳动者个体经济，是社会主义公有制经济的补充。"我国第一次在宪法中确定个体经济的法律地位。

1987年，国务院颁布《城乡个体工商户管理暂行条例》，对个体工商户的具体问题进行了详细规定，明确了个体工商户可以开设账户、带帮手学徒等权利。2011年4月16日，国务院颁布《个体工商户条例》取代1987年《城乡个体工商户管理暂行条例》，自2011年11月1日起施行，根据2014年2月19日《国务院关于废止和修改部分行政法规的决定》进行了第一次修正，根据 2016 年 2 月 6 日《国务院关于修改部分行政法规的决定》进行了第二次修正。

相对于《城乡个体工商户管理暂行条例》，《个体工商户条例》将经营主体扩大为"有经营能力的公民"；取消了对个体户从业人数的限制，可根据经营需要招用从业人员；放宽了经营范围，只要"不属于法律、行政法规禁止进入的行业"都可以从事经营；取消注册资本金出资额硬性规定，不再将注册资本金作为登记事项；取消了缴纳管理费的规定，并强调不得向个体户集资、摊派，不得强行要求个体工商户提供赞助或者接受有偿服务；取消了年度验照，改为由个体户于每年 1 月 1 日至 6 月 30 日向登记机关报送年度报告，并对其年度报告的真实性、合法性负责；支持有条件的个体工商户做大做强，对个体户申请转变为企业组织形式、符合法定条件的，有关部门应当为其提供便利。"个转企"是指个体工商户利用现有的生产经营条件，依法重新登记为有限责任公司、个人独资企业、合伙企业等各类企业。

《个体工商户条例》

2006 年以来，国家为推动经济社会发展，进一步扩大就业和拉动内需，相继出台了很多政策促进个体私营经济发展。2006 年末，全国个体户数量 2505 万户增加到 2018 年末的 6295.9 万户（第四次全国经济普查），约 90% 的个体户从事第三产业，主要分布在批发与零售业、居民服务和其他服务业、住宿餐饮业、交通运输、仓储和邮政业等。

现在的个体户无论从经营范围、门店规模、人员素质等方面都发生了深刻的改变。很多大型门店虽然挂着个体户的营业执照，但雇工上百，前店后厂；很多知名的品牌，也不乏以个体户形式加盟的门店。如今的个体户一改过去文化水平不高的形象，他们有头脑、有文凭、敢创新，实体与网上经营并举。个体户成为最具活力、最具创造力和市场潜力、最具创新精神的一个特殊经济群体，许多市场经济主体都是从个体户起家，优胜者扩大经营规模跻身私营企业。

一个"个转企"老板的自述

"个转企"：个体户"做大"新契机？

二、个体户概念与身份

根据《个体工商户条例》，有经营能力的公民，依照该条例规定经工商行政管理部门登记，从事工商业经营的，为个体工商户。个体户的合法权益受法律保护，任何单位和个人不得侵害。个体户可以在银行开设账户，向银行申请贷款，有权申请商标专用权，有权签订劳动合同及请帮工、带学徒，享有起字号、刻印章的权利。

个体户可以个人经营，也可以家庭经营。个人经营的个体工商户，收益归个人所有者，对债务负个人责任；以家庭共同财产投资，或者收益的主要部分供家庭成员消费的，其债务由家庭共有财产清偿；在夫妻关系存续期间，一方从事个体工商户经营，其收入作为夫妻共有财产者,其债务由夫妻共有财产清偿;家庭全体成员共同出资、共同经营的,其债务由家庭共有财产清偿。

个体户既具有自然人特征,也具有机构特征。《民法通则》将个体户放在自然人一章;《民事诉讼法》相关司法解释以个体户的负责人为当事人,不承认个体户作为一个组织的诉讼主体资格;在纳税方面,个体户缴纳个人所得税,不缴纳企业所得税。但是,个体户可以有字号和经营场所,可以雇工经营、设立银行账户、拥有商标权,具有明显的组织特征;根据我国最新的《中小企业划型标准规定》,个体户比较符合微型企业的标准;根据 ISO 6523《国际标识法的结构》国际标准,个人经营者列入机构一类。

三、个体户申请登记

申请登记为个体工商户,应当向经营场所所在地登记机关申请注册登记。县、自治县、不设区的市、市辖区工商行政管理部门为个体工商户的登记机关,可以委托其下属工商行政管理所办理个体工商户登记。申请人应当提交个体户开业登记申请书、身份证明、经营场所证明以及规定提交的其他文件。个体工商户登记事项包括:姓名和住所、组成形式、经营范围、经营场所,个体工商户使用名称的,名称作为登记事项。

申请材料齐全、符合法定形式的,当场予以登记;申请材料不齐全或者不符合法定形式要求的,当场告知申请人需要补正的全部内容;需要对申请材料的实质性内容进行核实的,依法进行核查,并自受理申请之日起 15 日内作出是否予以登记的决定;不符合登记条件的,不予登记并书面告知申请人,说明理由,告知申请人有权依法申请行政复议、提起行政诉讼。

予以注册登记的,登记机关自登记之日起 10 日内发给营业执照。国家推行电子营业执照,电子营业执照与纸质营业执照具有同等法律效力。个体工商户在领取营业执照后,应当依法办理税务登记。自 2016 年 12 月 1 日起,全国正式实施个体工商户营业执照和税务登记证的"两证整合",一次申请,由工商行政管理部门核发加载统一社会信用代码的营业执照。

个体工商户登记事项变更的,应当向登记机关申请办理变更登记;变更经营者的,应当在办理注销登记后,由新的经营者重新申请办理注册登记,申请注册登记或者变更登记的登记事项属于依法须取得行政许可的,应当向登记机关提交许可证明;个体工商户不再从事经营活动的,应当到登记机关办理注销登记;税务登记内容发生变化的,应当依法办理变更或者注销税务登记。

✉ 【延伸阅读 5-1】

中国第一位个体工商户

1980 年 12 月,从一张编号 10101 的工商营业执照开始,包括章华妹在内的个体户第一次拥有了合法的经济身份。

重新提起"个体户"这个几乎与改革开放同时出现的词,涌动心头的依然是一个时代所释放出的创富激情。1979 年 4 月,为了生计,章华妹在家门口的解放北路上摆起了一个卖布小摊。

一张小桌，或是一条小凳，上面摆满零碎的小物件，"卖印章、卖玩具、卖纽扣……"吆喝声回荡在整条街上。18岁的章华妹是周围个体户里年纪最小的。此起彼伏的吆喝声，在温州铁井栏、环城路、木杓巷最为集中。这三条被温州市民亲切地称为"马路市场"的街巷，活跃着中国第一代个体工商户的身影，也出现了最早的一批"万元户"。

原温州市工商局副局长陈寿铸，当年为包括章华妹在内的1844人发放了全国第一批个体工商业营业执照。1980年12月，陈寿铸将全国第一张个体工商业营业执照交到章华妹手中。此后，温州"无街不市、无巷不贩、无户不商"，千千万万"蚂蚁雄兵"涌入市场经济的汪洋大海，创造出一个个令人惊叹的传奇。

成为"正经"生意人后，章华妹一家把房子改造成一间几十平方米的小店铺。此后十年，章华妹历经了温州第一代创业者所共同经历的"商海浮沉"。她的主业多次更迭，生意有起有落，很多个体户都渐渐消失在时代浪潮中，但章华妹凭着一股子劲，坚持了下来。

和38年前相比，今天注册个体工商户已成为一件非常简单的事，但把生意做好则不那么容易。

据浙江省工商局统计，截至2018年第一季度，全省在册个体工商户达397.1万户。

在中国第一张个体户营业执照旁边，还挂着章华妹2007年成立的"温州市华妹服装辅料有限公司"的营业执照。为了控制品质，她拉来合作伙伴，自己开工厂、做设计。"生意要做大，还得开公司。"章华妹说。

章华妹只要不外出，还是天天在店里。记者跟着章华妹做了半天生意。8时30分，店已开门，店里上千种纽扣，她都分得清清楚楚，什么样的扣子到她手里一掂量，成色、价格便知道七八分。7月是纽扣生意最淡的时候。来了一位老客，带走了一包纽扣："如果配得好，我回头微信上下单。"

说起改变她命运的第一张个体户营业执照，章华妹说："有人告诉我，如果把那张营业执照拿来拍卖，少说都值几十万元。但我没那个心思。那张执照对我来说太有意义了。如果可以，我愿意做一辈子的个体户。"

资料来源：浙江新闻—浙江在线．中国第一位个体工商户章华妹：我愿做一辈子个体户[EB/OL]．[2018-08-08]．http://zjnews.zjol.com.cn/zjnews/wznews/201808/t20180808_7966080.shtml.

活动2　理解个体户贷款

一、个体户资信状况

从实际情况来看，银行等信贷机构不易掌握个体户本身及其资金需求的真实信息，且个体户的信用状况一般，信用体系不健全，缺少有效、足值抵（质）押资产进行担保，故很难从银行等信贷机构获得信贷支持。

个体户信用状况一般，信用体系不健全。个体户普遍经营规模小、资本实力相对较弱，社会声誉不高，生命周期短；管理不规范，财务数据匮乏，财务信息失真现象较为严重；不稳定因素多，抵抗外部环境变化的能力较差，经营风险高；很多个体户没有申请过信用卡，也没有申请过贷款，信用记录一片空白；个体户在经营过程中产生的工商、税务、社保、水电、租金、通信等可多维刻画其业务经营状况的数据分布于不同的部门体系，跨部门的数据整合难以实现。

个体户资产有限，担保能力薄弱。资产可以分有形资产和无形资产，在多数情况下，由于规模原因，个体户的有形资产较为有限，一般不会购置资金占用量较大的固定资产，而是以用于销售的流动资产为主，商铺等经营场所以租赁为主，即使是购买的商铺和运输车辆一般是登记在个人的名下。在无形资产方面，主要体现为比较稳定的客户网络与专业经营诀窍，这些和他们日积月累的声誉、熟能生巧的历练，甚至祖传技艺密切相关，这些长期形成的无形资产由于会计制度和自身管理缺陷，很难成为其融资的抵（质）押物。

二、个体户贷款需求特征

个体户属于典型的贷款服务长尾客群，个体户涉足的行业众多，不同行业的个体户，资金需求不尽相同。贷款需求一般具有"短小频急"、偏向信用贷款、能够承担较高贷款利率等典型特点。

1. 贷款需求具有"短小频急"的特点。个体户贷款资金主要用于门店租金、进货垫付、人工支出等，这导致其贷款期限短、额度低、频次高、突发性强等的"短小频急"特点。贷款期限较短，一般是3～12个月；金额小，平均贷款额度主要在50万元以下；平均一年会有多次贷款；经常为了抓住商机，急需用款，一般要求1～3天内能够获得资金，最长时间不超过一周，资金需求时效性要求高。

2. 贷款方式偏向于信用贷款。个体户往往无法提供房产、固定资产等传统抵押物，也很难提供具有较强经济实力和较高社会地位的保证人，因此，一般都希望能获得信用贷款。

3. 能够承担较高贷款利率。个体户由于边际效益较高，且贷款额度较小、贷款期限较短，故对利率水平并不太敏感，加上融资渠道本来就少，一般能够接受较高的利率水平。

三、个体户贷款政策

中国银保监会对个体户的融资政策视同普惠型小微企业贷款，可以从四个方面来概括。

第一，要有增量，要求商业银行对个体户的贷款增速要高于其他贷款的增速。截至2020年3月末，普惠型个体户贷款余额4.01万亿元，同比增长16.63%。

第二，要扩面，即扩大个体户贷款覆盖范围。目前，个体户全国登记数量为8000多万户，纳入市场监管总局小微企业名录的个体工商户是6523万户，有贷款的个体工商户是1394万户，覆盖率为21.4%，接下来应进一步扩大个体户的贷款覆盖面。

第三，要降本，要求商业银行运用中国人民银行支小再贷款发放的个体户贷款要实行优惠利率。

第四，要便利，要求商业银行对个体户的贷款要灵活简便。

模块二　个体户贷款产品与方案

【案例导入】

工商银行"商友贷"给力小商户

近年来，服装、皮革、五金、建材、水产、花卉等各类大型商品交易市场在全国范围内蓬勃发展，成为促进消费转型升级和经济协调发展的重要动力。针对这类市场内小商户高度集中的特点，工商银行通过组建"工银商友俱乐部"的服务平台，以"商友卡"为服务介质，创新推出了"商友贷"专属融资产品。

工商银行"商友贷"重点突出了"一次申请贷款，贷款额度循环使用"的特点，集合了一次授信循环使用、银行卡和个人网上银行自助提款、手续便捷高效等多种优势于一身，商户可以根据贷款资金使用安排，随时通过网上银行提前还款，降低了融资成本。同时商户可以灵活采用异地房产抵押、自然人保证、商户联保、市场管理方担保、专业担保公司保证等担保方式，有效缓解了融资担保瓶颈。

对于"商友贷"给小商户带来的便利，在浙江台州做生意的小张深有体会。他在浙江台州市商业街经营一家代理某著名品牌服装的商户，每到季节性进货时，都要四处奔走筹措资金周转，苦不堪言。听别的会员说起"商友贷"产品，便到工商银行咨询相关情况。客户经理了解相关情况后，确认小张符合贷款条件，当天下午就为其办理了贷款手续，一天后 60 万元贷款到账，解决了他周转资金短缺的后顾之忧。

资料来源：工行"商友贷"给力小商户 [N/OL]．[2011-09-09]．http://newpaper.dahe.cn/dhb/html/2011-09/09/content_579644.htm#．

☞ 请思考：基于材料，谈谈工商银行"商友贷"产品的特点。

活动 1　了解个体户贷款产品

随着贷款产品的细分，越来越多的商业银行等信贷机构推出以个体户为客户对象的贷款产品。从贷款方式来说，既有信用贷款也有担保贷款。

一般来说，信贷机构为个体户推出的信用贷款产品，只要借款人信用记录良好，能提供居住证明、营业执照、银行流水等材料，便可提出贷款申请。如果借款个体户资质不是很好，可以找保证人担保或者找一家正规担保公司作担保，即保证贷款；对具有一定的还款能力、拥有抵（质）押资产的个体户，可以申请抵（质）押贷款。

以下通过具体的贷款产品，进一步了解个体户贷款产品的一般特点。

一、小本贷款

小本贷款是台州银行为"做小本生意的人"提供的信贷产品,小本贷款包括小本微贷款、小本小贷款、小本信用贷款、小本农业贷款等各细分贷款品种。该贷款产品无须抵押、手续简便、利率灵活、放贷快速、还贷方便。

小本贷款额度为 2000 元至 100 万元,贷款期限为 3 个月至 3 年,贷款利率根据贷款次数、期限、资信状况不同而变化,分期还款,灵活多样。贷款前不要求客户一定要有存款,无须房产等抵押,1~2 小时完成调查,符合条件的 3 天之内放款到账。

二、电商贷

浙江民泰商业银行电商贷是针对电商平台经营的网店商户(包括个人、个体工商户和企业)发放的,用于商户经营周转、扩大经营规模、支付保证金以及广告费等日常经营用途的经营性贷款。基本条件要求:资信状况良好的电商平台经营的网店商户(海外代购商户除外)、网店实名认证身份一致、服务评分佳、有固定办公场所和仓库、从事网店经营 1 年以上且最近 12 个月持续有效经营。

产品特点:(1)额度最高 200 万元,期限最长 3 年;(2)担保活,可信用、保证、质押、抵押;(3)可结合当地政府机构设立的各类风险补偿基金、担保基金、发展基金等,灵活采用"基金+"形式的混合担保方式。

申请资料:(1)自然人申请:借款人及其配偶的有效身份证件、户口簿、经营证明材料等;(2)属于特殊行业的,须提供有权机关颁发的经营资格证明等;(3)反映借款人经营实体的经营及收益状况的资料,比如近 1 年网上交易记录、近 6 个月主要交易账户的银行流水或支付广告费的凭证等;(4)担保材料等。

三、创业通贷款

浙江泰隆商业银行"创业通"贷款是指为处在创业发展阶段的个体经营户、小微企业主、小微企业提供的一项经营性贷款业务。

产品特色:(1)申请易:可线上申请,线下专属客户经理上门办理。(2)方便贷:手续便捷,信用、保证、抵押、质押等多种担保方式灵活选择。(3)放款快:资料齐全,最快可当天放款。(4)轻松还:还款方式多样,可根据生产经营周期个性定制还款方式。(5)期限长:最长可达 3 年。

办理条件:(1)有合法、稳定的创业经营项目。(2)信用状况良好。(3)有正常还款来源,有按期偿还贷款本息的能力。(4)贷款用途明确、合法。

所需材料:(1)有效身份证、企业证照。(2)与生产经营或收入情况相关的佐证材料。(3)贷款用途证明材料等。

四、商惠通

浙江民泰商业银行商惠通贷款是向从事生产、贸易、服务等行业的小微企业、个体工商户以及自然人发放的用于生产、经营活动的额度在 50 万元(含)以内的贷款。

产品特点:(1)额度高:最高 50 万元;(2)期限长:最长 3 年,到期前可申请展期或续贷;(3)门槛低:适用各类生产经营客户,从简收集材料;(4)审批快:首笔 3

个工作日，周转仅需半天；（5）担保多：保证、质押、抵押、混合或信用皆可。

申请资料：（1）个人申请：身份证、户口簿、相关经营证明材料；（2）个体工商户、企业法人代表申请：营业执照、身份证和户口簿；（3）法人申请：营业执照原件、法人代表身份证等；（4）担保材料等。

五、商铺使用权抵押贷款

台州银行商铺使用权抵押贷款是指客户以本人或第三人在市场开发商处租得购得的商铺（位）使用权作为抵押物申请贷款，并在规定时间内通过到期一次性还本或分期偿还的方式归还贷款本息的贷款方式。目标客户是拥有商铺使用权的个体工商户。

抵押人必须为开发商核发的商铺（摊位）使用权证或抵押人与开发商签订的租赁协议上载明的使用权人本人；抵押人已足额支付给开发商至商铺（摊位）到期日止的商铺租赁费用。

商铺抵押贷款抵押率最高不得超过抵押物评估价值的 50%；对于到期一次性还本的，贷款期限不得超过 1 年（含）；对于等额本息分期还款的，贷款期限为 1 年至 3 年（含）。

六、个体工商户经营快贷

个体工商户经营快贷是中国建设银行运用互联网思维和大数据技术，按照"批量化获客、精准化画像、自动化审批、智能化控险、综合化服务"的普惠金融"五化"模式打造的专门针对全国 7000 多万个体工商户的线上个人经营性信用贷款产品。

该产品基于个体工商户交易结算、金融资产、纳税情况等多维度信息自动计算贷款额度，贷款期限长达 1 年，贷款额度最高 300 万元，对于用款金额在 50 万元以下可通过个人账户支用。客户可通过"建行惠懂你"APP、手机银行、个人网银等互联网渠道实现在线申请、支用、还款全流程自助办理。

活动 2　分析个体户贷款方案

案例一：某个体户经营服装 8 年，每月销售收入为 10 万元，每月利润为 2 万元，每月家庭开支为 8000 元。现有存货 12 万元，房产价值为 60 万元，房贷余额为 13 万元，每月还款 2500 元。现申请贷款 10 万元用于旺季补充存货，期限为 12 个月。

针对这个案例，基于贷款要素角度的贷款方案分析如下：

1. 贷款金额：在这个案例中，借款人的还款来源是利润，因此贷款额度要根据其利润的多少来确定。月均利润为 2 万元，减去家庭开支 8000 元和还房贷 2500 元，每月剩余利润为 9500 元，如果期限为 12 个月，则有剩余利润 114000 元，连本带息还款应该没有问题，可以满足借款人的申请金额。

2. 贷款方式：在本案例中，借款人经营时间长，在当地购有住房，经营情况较好，比较稳定，可以发放信用贷款。

3. 贷款期限：在本案例中，借款人申请的是 12 个月，在测算贷款额度时，也是按

12个月测算的,12个月的剩余利润可能刚好还本付息,这说明12个月期限是合理的,但如果考虑到借款人每月利润可能也不稳定,为了给还款留有余地,或预防其他情况发生,也可以将期限适当延长2个月或3个月,将贷款期限设定为14个月或15个月。

4. 还款方式:借款人每月都有现金收入,应选择按月还款方式,如等额本金或等额本息。

案例二:田先生经营长途客运8年,现有3辆客车,经营同一条线路,挂靠于同一客运公司。有2台车是1年前更换的,1台车已到报废期,更换新车购买及办好各种手续需投入120万元,自有资金50万元,还差70万元,因此他申请贷款70万元。每天固定发班,车站统一售票,客运收入除去车站和客运公司的提成和管理费后,按月转入田先生银行账户。车辆运行的油费、维修保养费、司机工资由田先生自行负责。田先生平均每月能从客运公司收到48万元的运费收入,平均每月支付油费28万元,驾驶员工资3万元,车辆每月维修保养费5万元。田先生妻子和儿子协助经营客车,有两套住房,在1年前更换另两台车时抵押贷款了120万元,每月归还,还有余额60万元。

以上材料在信息真实的情况下,田先生的偿债能力如何?该笔贷款能否发放?如果发放该笔贷款,对贷款期限和偿还方式应如何要求?简要分析如下:

在查询客户征信、了解客户人品口碑、确认客户信用状况良好的前提下,该笔贷款分析决策的关键是对客户的偿债能力进行确认。第一,通过查看银行账户余额和现金确认自有资金50万元。第二,考虑到客运行业有淡旺季,但总体起伏不大,因此其现金流入是持续的,每个月的费用也基本相同。根据田先生客运生意的营收和成本费用支出,可知每月利润约为12万元。第三,田先生已有的一笔贷款未还本金余额60万元,期限还有一年,故每月需偿还本金5万元,故田先生每月可用于该笔贷款的可还款收入约为7万元。第四,考虑到田先生的妻子和儿子协助经营客车,应没有其他收入来源,以及家庭生活开支和利息支付,可用于该笔贷款的可还款收入约为5万元。第五,田先生每个月收入稳定,现金流稳定,贷款用途合理,从贷款偿还能力方面考虑,可以发放该笔贷款,贷款产品适宜按月还本付息类产品,期限应以18个月为宜。

模块三 个体户贷款流程操作

【案例导入】

"电商小贷"模式分析

在互联网金融发展的背景之下,小微金融的业务模式出现了创新,金融资源配置的覆盖范围更加广泛。阿里巴巴、腾讯、新浪、百度、苏宁、京东等电子商务企业开始在小额信贷领域构建各自的互联网业务模式,并通过第三方支付业务渠道向金融领域的各个方向发展。与传统金融相比,电商企业的互联网金融平台在资金配置效率、渠道、交易成本、数据信息、系统技术五个方面具有优势，是一种更普惠、更易得的小额金融模式。

"电商小贷"模式发展迅猛，其流程包括五步：商户提出贷款申请、平台审核商户数据、视频远程沟通确认、基于数据的资信评估和网上贷款发放。其风险控制主要分为贷前、贷中和贷后三个阶段。贷前主要根据电子商务企业的经营数据和第三方认证数据，判断小商户经营情况，评估小商户偿债能力；贷中主要通过电商自有数据分析平台实时监控商户的交易状况和现金流，为风险预警提供数据支持；贷后主要通过互联网监控小商户经营情况和异常行为，可能影响正常还款履约的行为将被预警或提示，设立贷后监控、网络店铺下线暂停机制。

资料来源：王李. 互联网金融时代"银行小贷"与"电商小贷"模式对比研究——基于小微企业、个体工商户融资需求满足性的视角［J］. 社会科学战线，2015（7）.

☞ **请思考**：基于材料，线下传统个体户贷款业务操作处理与电商小贷业务操作处理有什么区别？

个体户贷款一般用于个体户的生产经营，是以个体户主为借款人，属于个人贷款，但我国监管部门界定广义小微企业贷款包括个体户贷款。商业银行等信贷机构应建立有效的个体户贷款全流程管理机制，结合个体户的经营收入、成本费用、负债总额、贷款用途、担保情况等因素，合理确定贷款金额和期限，控制借款人每期还款额不超过其还款能力。

活动1　贷款申请与受理

个体户申请贷款须无重大不良信用记录，贷款用途明确合法，持有营业执照且实际经营至少半年以上。在通常情况下，借款人可以与客户经理联系提出贷款需求，也可以通过线上申贷系统提出贷款申请。

在贷款受理环节，客户经理（或受理岗业务人员）与客户及时联系和接触，了解贷款需求和客户基本情况，初步判断该客户是否具备获得贷款的条件。对于同意受理的个体户贷款，告知申请人填写书面贷款申请（见表5-1）和需准备的清单材料。一般情况下，申请个体户贷款的清单材料包括：

1. 借款人的身份证、户口簿、婚姻状况证明以及个体户的营业执照和税务登记证（两证整合的提供营业执照）的原件及其复印件。
2. 可证明个体户经营收入和成本费用的相关资料、银行流水等。
3. 保证贷款需提供保证人的相关资料。
4. 抵（质）押贷款需提供合法、足值的抵（质）押物产权凭证、抵押人或出质人的抵（质）押承诺书。
5. 银行等信贷机构要求提供的其他资料。

表 5-1 个体工商户小额贷款申请表

一、申请人基本信息					
姓名		性别		家庭人数	
身份证号码					
婚姻状况	□未婚	□已婚有子女	□已婚无子女	□离异	□丧偶
教育程度	□大学本科及以上	□大专/高职	□高中/职高	□初中及以下	
户籍所在地			居住地址		
住宅电话			手机号码		
配偶姓名			身份证号码		
二、申请人经营信息					
个体户名称				主要合伙人	
地址				办公电话	
营业执照号码				经营年限	
主营业务					
三、贷款申请信息					
申请金额	大写人民币_____			小写¥_____	
贷款用途				贷款期限	月
四、保证人基本信息					
姓名		性别		婚姻状况	
身份证号码					
教育程度	□大学本科及以上	□大专/高职	□高中/职高	□初中及以下	
户籍所在地			居住地址		
联系电话			工作单位		
月收入（元）			与借款人关系		
五、借款人及保证人声明及承诺					

　1. 我承诺以上所填信息完全属实，若由××银行工作人员或其他人员代为填写，是经我授权并认可的，且按规定报送贵行留存的资料复印件属实；

　2. 我承认本申请表作为向贵行申请贷款的依据，无论银行是否贷款，银行均有权保留此申请书及相关资料；

　3. 经贵行审查，本申请不符合规定的条件而未予通过时，我没有异议；

　4. 本人授权××银行在本次业务过程中（从业务申请至业务终止），向中国人民银行个人信用信息基础数据库及信贷征信主管部门批准建立的其他个人信用数据库或有关单位、部门及个人查询并留存本人的信用信息，并将本人信用信息提供给上述个人信用数据库，查询获得的信用报告限于中国人民银行颁布的《个人信用信息基础数据库管理暂行办法》规定用途范围内；

　5. 保证人已明确知道，如果借款人不能及时偿还全部贷款本息时，保证人应当替其偿还；

　6. 我们承诺，借款人与保证人家庭之间的经济相互独立，且无其他债权债务关系。贷款由借款人用于申请时指定的用途，不由保证人使用。

申请人签字：_____　　　　　　　　　　　申请人配偶（主要财产共有人）签字：_____
保证人签字：_____
　　　　　　　　　　　　　　　　　　　　　　　　　　　　年　　月　　日

表 5-2　　　　　　　　　　个体工商户小额贷款受理信息登记表

客户姓名		性别		年龄		贷款用途	
联系电话			联系地址				
商户名称				经营年限			
经营项目及地址							

一、基本资料信息					
是否有营业执照	□是	□否	是否本人持有	□是	□否
是否有税务登记证	□是	□否	是否有特许经营许可证	□是	□否
是否有经营场所产权证明或租赁合同	□是	□否	是否常住户口	□是	□否
是否有保证人/组建联保小组				□是	□否

续表

小组成员/保证人姓名	联系电话	经营项目/工作单位	关系

二、基本经营信息			
损益信息		资产负债信息	
月均销售额		固定资产：	
毛利率（毛利润）		房产	
主要经营成本：		交通工具	
工资		设备	
场地租金		其他	
税收		流动资产：	
水电费		库存商品	
交通运输费		原材料	
其他费用		应收款或预付款	
		负债信息：	
		应付账款	
		银行或私人借款	
家庭收入		家庭支出	
其他信息			

本人有无控制或参与投资、经营的其他经营项目：　□有　□无
商户（企业）名称：_____
盈利情况：

受理岗意见：	业务主管意见：
签字：	签字：
年　　月　　日	年　　月　　日

活动2　贷前调查与信用评级

个体户贷款调查要将个体户经营与其个人和家庭作为一个整体考察，对获取的相关信息应进行交叉检验、汇总分析。通常个体户的贷款金额较小，客户也很难提供规范和标准的申贷材料。因此，在贷款调查时，应以客户经理的实地观察和主观判断为主，基于对个体户及其生产经营信息和财务信息的分析，作出贷款决策。

贷款客户经理须通过不同途径对个体户经营及其个人与家庭基本信息、个体户生产经营收入与成本费用、家庭其他收入与支出、个体户及其家庭的资产负债状况、贷款用途、资金缺口、还款来源、贷款担保等情况进行调查，特别要注重调查还款现金流、贷款用途及非财务信息，全面客观地分析借款人的还款意愿和偿债能力。

一个信贷员的陌生拜访

个体户经营及其个人与家庭基本信息具体包括：个体户生产经营项目、经营历史、行业特征、竞争情况、生产经营规模和场所位置等，借款人的个人基本情况、生产经营能力、人品口碑等，家庭成员的结构、年龄、职业等。

客户经理必须了解个体户的贷款用途及自有资金情况。如商贸类客户贷款用于备货，应关注客户是否旺季来临、上游供货商是否有优惠措施、存货数量和结构等情况；服务类客户贷款用于装修、扩大店面等，应关注客户的经营计划、新合同等；加工类客户贷款用于购置设备，应关注客户自有资金、设备购置厂家、设备型号等信息。真实的贷款目的还应通过了解生意流程及调查细节来确认。

在调查过程中，需要留下相关影像资料。比如，贷款客户经理与客户在调查现场的合影、个体户的生产经营场所、存货（包括主要生产原材料、产成品或商品）、机器设备、家庭住所等。

表 5-3　　　　　　　　　　　个体工商户贷款调查表

一、客户及家庭信息									
客户姓名		性别		年龄			户籍所在地		
婚姻状况		教育程度		家庭人数			本地居住年限		
居住地址									
住房状况	□自有		□租赁	□按揭		□经营场所	□与亲属共住		□其他____
固定电话				手机号码					
申请金额		期限			还款方式				
贷款用途	总项目成本			项目资金来源计划			贷款使用明细		
信贷历史（包括银行贷款和民间借贷）									
融资来源	金额		期限	还款方式		发放日期	余额	担保	用途

续表

其他需要说明的情况：						
二、业务信息						
（一）业务信息概述						
个体工商户名称						
经营地址						
主营业务			经营年限			
经营场地面积		平方米	雇员人数			
是否有营业执照	□有	□无	营业执照号			
经营历史及资本积累过程						
（二）采购及销售信息						
主要供应商	采购货物种类	每次采购金额	付款方式	频次	采购占比	
主要客户	销货种类	每次销售金额	付款方式	频次	销售占比	

（三）月度季节性分析（"0"表示平均，"+"表示旺季，"−"表示淡季）

1	2	3	4	5	6	7	8	9	10	11	12

（四）毛利润计算　　单位（元）

商品名称	存货数量	价格		毛利率（%）	收入占比（%）	加权毛利率（%）
		进货价	销售价			
合计						

三、财务信息

（一）损益表（可根据客户实际情况增减月份数）

项目		月	月	月	月	本年总计	预测月份
销售收入							
	小计：						

续表

销售成本								
	小计：							
毛利润								
其他成本费用	工资							
	租金							
	水电费							
	运输费							
	通信费							
	维护费							
	招待费							
	税费							
	其他							
	小计：							
营业利润								
家庭收支	经营收入							
	工资收入							
	其他收入							
	收入小计：							
	生活支出							
	教育支出							
	医疗支出							
	人情支出							
	其他支出							
	支出小计：							
每月净收入								
每月偿还其他借款								
每月最高还款额								

（二）资产负债表（上期与本期时间尽量选择有可比性的时间）

资产	上期金额	本期金额	比例	负债	上期金额	本期金额	比例
1. 现金/银行存款				10. 应付账款			
2. 应收款/预付款				11. 预收款			
3. 原材料				12. 银行借款			
4. 库存商品				13. 私人借款			

续表

5. 其他流动资产			
流动资产总额		负债总额	
6. 房产			
7. 设备			
8. 交通工具			
9. 其他非流动资产			
非流动资产总额		所有者权益	
资产合计		负债及所有者权益合计	

补充说明：

四、保证人及联保情况

（一）保证人信息

保证人		年龄		性别		教育程度	
婚姻状况		户籍所在地		与客户关系			
居住地址							
工作单位		工作部门				月收入	
固定电话		手机号码					

保证人核实方式及其他情况说明：

（二）联保人信息

是否清楚小组联保责任	□是　□否	是否愿意提供联保	□是　□否
小组其他成员姓名	生产经营项目	对客户是否了解	对客户的信用评价

五、调查结论与贷款建议

贷款额度		贷款期限		贷款利率	
还款方式		月还款额		月净收入	
偿还其他贷款		还款占净收入比例			

调查结论及建议：

管户客户经理：　　　　　　　辅助客户经理：

　　　　　　　　　　　　　　　　　　　　年　月　日

表 5-4　　　　　　　　　　　个体工商户信用评级表

评级指标及权重		评级标准	分值	得分
个人综合素质（15分）	年龄（3分）	18~30岁	2	
		31~45岁	3	
		46~60岁	1	
	婚姻状况（2分）	已婚	2	
		未婚	1	
		离异	0	
	户籍所在地（3分）	本地户口	3	
		非本地户口	0	
	经营能力（7分）	负责经营五年以上，社会交往能力强，头脑精明、活络，有很强的专业技能	7	
		负责经营三年以上，社会交往能力较强，有较强的专业技能	5	
		负责经营一年以上，有一定的社会交往能力和专业技能	3	
		负责经营一年以内，具备经营必备的社交能力或专业技能	1	
偿债意愿（40分）	信用状况（11分）	诚实守信，无不良商业或社会记录，无贷款逾期记录	11	
		诚实守信，有轻微不良商业或社会记录，但不影响客户整体信用，无贷款逾期记录或有逾期但已及时还款	8	
		有重大影响客户信用状况的不良商业或社会记录，或有恶意拖欠贷款行为	0	
	社会声望及荣誉（4分）	有较高社会声望及荣誉	4	
		有良好社会声望及荣誉	3	
		在社会上有一定的信誉评价	2	
		在社会上没有负面评价	1	
	营业执照（4分）	有营业执照且办照时间在一年以上	4	
		有营业执照但办照时间在一年以下	2	
		有过期营业执照	0	
	纳税情况（4分）	已登记且有适当纳税额	4	
		不交税，但支付关系费	2	
		没有任何税务相关支出	0	
	家庭成员职业情况（5分）	家庭重要成员（配偶、子女）为公务员或企（事）业单位职工	5	
		家庭其他成员中有公务员或企（事）业单位职工	3	
		家庭成员职业不固定	0	
	家庭责任感（6分）	家庭责任感强（孝敬父母、关爱子女、家庭和睦等）	6	
		家庭责任感一般	3	
		没有家庭责任感	0	

续表

评级指标及权重		评级标准	分值	得分
偿债意愿 （40分）	生活习惯 （6分）	生活习惯良好，没有不良嗜好	6	
		生活习惯良好，有轻微不良嗜好，但不影响正常生产或经营活动	4	
		具有酗酒、赌博等不良习惯	0	
偿债能力 （40分）	营业场地 （4分）	自有房产	4	
		租赁房产	2	
		租赁柜台	0	
	盈利能力 （9分）	月均净利润3万元（含）以上，商品质量高	9	
		月均净利润2万元（含）以上，商品质量较高	7	
		月均净利润1万元（含）以上，商品质量一般	5	
		达不到以上规模的，无假冒伪劣商品	3	
		存在假冒伪劣商品	0	
	家庭年可支配收入水平 （9分）	在当地平均水平200%（含）以上	9	
		在当地平均水平150%（含）~200%	6	
		在当地平均水平100%（含）~150%	4	
		在当地平均水平80%（含）~100%	2	
		在当地平均水平80%以下	0	
	所有者权益 （9分）	在20万元（含）以上的	9	
		在15万元（含）至20万元之间	6	
		在10万元（含）至15万元之间	3	
		在5万元（含）至10万元之间	2	
		在3万元（含）至5万元之间	1	
		在3万元以下	0	
	资产总额 （9分）	30万元（含）以上	9	
		20万元（含）至20万元之间	6	
		10万元（含）至20万元之间	3	
		10万元以下	0	
其他 （5分）	业务往来 （2分）	与本行建立良好的业务合作关系	2	
		有本行建立一般的业务合作关系	1	
		与本行无业务合作关系	0	
	综合印象 （3分）	印象良好	3	
		印象一般	0	
评分合计				

个体户贷款评估与分析案例

贷款案例：李女士现年 42 岁，从 2010 年开始在当地县城经营服装生意近 10 年，现有两个品牌男装专卖店。两个店的装修一年前投入了约 80 万元（店面一般会三年重新装修一次），租金每年共 65 万元，店铺的位置都在县城较好的地段。李女士现有库存服装 95 万元，其中去年及以前的库存价值约 18 万元，当年的春装、夏装、秋装价值约 77 万元。现在要进冬季的服装，首批进货需要 120 万元，李女士现在只有 60 万元的现金，因此申请贷款 60 万元，期限 1 年。李女士丈夫是警察，在当地交警队上班，有一女儿，22 岁，协助自己经营，有一套住房，李女士说自己在省城还有一套住房（但不愿提供产权证明）。当年 8 月在邮储银行贷款 10 万元，按月归还，已还一个月。

贷款评估与分析过程：

（一）对客户的财务评估

1. 销售收入的评估。（1）如借款人有销售记录，可根据其记录计算确定。（2）对于服装专卖店，其供货厂商一般都会与其定期对账，有较明细的对账单，可根据借款人与供货厂商的对账单确定其进货量，再根据其进货量和毛利润率推算其销售额。（3）一般情况下，借款人会通过银行转账的方式支付厂商的货款，通过查看其银行转账记录分析其进货量，再根据其进货量和毛利润率推算其销售额。同时，借款人也会将大部分销售额存入银行账户，通过计算其银行对账单的存入金额可大致推算出销售额。

2. 销售成本的评估。（1）上述销售收入评估中的进货额就是其进货成本。（2）也可访问其供货厂商相关产品的供货价格确定。

3. 费用的评估。（1）门面和仓库租金根据租房合同确定。（2）工人工资根据工资发放表确定，如没有工资表，可询问工人的工资额和工人人数确定。（3）运费、税费、水费、电费等费用。如有单据，按单据计算确定；如没有单据记录，合理估算确定。

4. 利润。用销售收入减去成本费用可计算出利润。

5. 对李女士资产的确定。（1）存货：可清点库存各种款式服装的数量，再根据各自的进货单价确定存货的价值。（2）自有资金 60 万元可查看现金和银行账户余额确定。（3）自有房产根据当地的房价行情和住房面积评估确定（李女士称省城另有住房，但不愿提供产权证明，不计入资产内）。

关于是否将店铺装修计入其资产的问题：由于此类服装专卖店对装修的要求很高，一般隔几年就要重新装修一次，更新很快；同时，借款人一旦不再经营服装，或将店铺转让出去，其装修将被破坏后重新装修，其原有的装修将变得毫无价值，因此，根据谨慎性原则，以及在实际操作中的经验，店铺的装修不宜计入资产价值内。

6. 对于其负债，可通过查询本人及其家人的征信记录确定在其他金融机构的贷款额，通过询问本人，访问其员工、朋友、供货商、邻居等确定有无其他负债情况。

7. 此类借款人的现金流特点：服装销售的旺季在春季、秋季、冬季，淡季在夏季，因此，其现金流特点是春秋、冬季较大，夏季较小。

（二）对客户的非财务分析

李女士经营服装销售已有10年，有较丰富的经营经验；店铺经营位置好。

（三）该笔贷款的风险分析

1. 品牌男装有较明显的销售淡旺季。

2. 李女士服装库存产品较多，特别是还有大量以前年度的商品。服装的款式流行趋势变化较快，如在当季不能销售完，由于跟不上流行的款式，就很有可能成为滞销商品。因此，李女士应通过打折促销等方式处理过多的库存商品。

（四）贷款建议

对于这笔贷款，借款人申请60万元，贷款用途合理，可以发放。由于将要进入冬季的销售旺季，借款人现金流充足，因此，适用按月还本付息的贷款产品，同时，为了防止借款人出现意外风险，"借款合同"除了李女士夫妻签字外，最好要求其女儿作为共同债务人在"借款合同"上签字。

活动3　审查审批与放贷

全面审查个体户贷款调查内容的合法性、合理性、准确性，重点关注客户经理贷前调查的尽职情况和借款人的偿还能力、诚信状况、担保情况、抵（质）押比率、风险程度等。对于需要补充的申请资料、补充调查的信息，或者真实性有待进一步确认的信息，审查人员与客户经理进一步沟通，或者直接与客户进行交流，必要时需到现场实地补充调查。

对个体户贷款的风险评价应以分析借款人现金收入为基础，采取定量和定性相结合的分析方法，全面、动态地进行贷款审查和风险评估。根据审慎性原则，在授权范围内规范审批操作流程，明确贷款审批权限，贷款审批人员按照授权独立审批贷款。

贷款审批通过后，贷款人应与借款人当面签订书面借款合同（电子银行渠道办理的贷款除外），借款合同应符合《中华人民共和国合同法》的规定，明确约定各方当事人的诚信承诺和贷款资金的用途、支付对象（范围）、支付金额、支付条件、支付方式等，明确借款人不履行合同或怠于履行合同时应当承担的违约责任。

需担保的贷款应同时签订担保合同，依照《中华人民共和国物权法》《中华人民共和国担保法》等法律法规的相关规定，办理相关登记手续或签订相关协议等，规范担保流程与操作。

借款合同生效后，贷款人按合同约定由独立的放款管理部门或岗位落实放款条件，及时发放贷款。贷款人应按照借款合同约定，通过贷款人受托支付或借款人自主支付的方式对贷款资金的支付进行管理与控制。

✉ 【延伸阅读 5-2】

个体户贷款风险提示与防范

一、借款人自身风险表现与防范

（一）借款人经验及能力不足的风险

风险表现：无行业从业经验或从业时间短，管理能力较差；受教育程度低或能力较弱；频繁更换所从事的行业，且成功率很低；经营项目时间不长。

风险防范：要求从事本项目经营的时间必须至少达到6个月，经营正常稳定后才能给予贷款；如有其他收入来源，可在此基础上确定贷款额度；提供担保。

（二）借款人婚姻及家庭不稳定的风险

风险表现：借款人家庭不和、离异或有多次婚姻史；与父母、大部分兄弟姐妹及亲戚等关系恶劣。这样的借款人品德有缺陷，或者没有将主要精力用在经营事业上。对于夫妻双方共同作为借款人的贷款，一旦夫妻离异，通常双方都会逃避债务。

风险防范：如果夫妻双方离异的可能性很大，最好暂时不给予贷款；或者在有担保的情况下放款，同时一定要夫妻双方都作为借款人在"借款合同"上签字。

（三）借款人居住不稳定的风险

风险表现：非本地常住人口，在本地无固定居住地或无住房。

风险防范：要求提供本地居住稳定、有实力的人担保，或是本地居民稳定，对借款人有控制力的担保。如果借款人在本地的经营项目很稳定，投资额很大，不易轻易转让的，居住的稳定性则没有那么重要。

（四）借款人品质及道德风险

风险表现：品行较差，有欺诈或欺骗行为；有不良嗜好，如好赌、涉毒、涉黄等。

风险防范：不应给予其贷款。

（五）借款人及家人的健康风险

风险表现：身体不健康或有严重疾病；家人有重大疾病。

风险防范：对于借款人本人有重大疾病等健康问题的，最好不给予贷款；如果是其家人有重大疾病等健康问题的，可考虑增加担保。

（六）借款人信用风险

风险表现：有不良信用记录；拖欠供货商的货款；拖欠应纳税款、电费、水费等费用；拖欠其员工的工资等。

风险防范：如果是非恶意的，应拒绝为其提供贷款；如果是非恶意行为，且时间都不长，同时借款人有还款能力和认识到信用记录重要性的，可先向其提供小金额的贷款，并要求提供担保；以后还款记录良好，可逐步增加贷款金额。

（七）借款人转移资产风险

风险表现：所有或大部分资产不在自己名下；夫妻之间办理假离婚，将财产转移登记在其中一方，以另一方的名义来申请贷款。

风险防范：面对这种情况，一般不要给予贷款，或要求其办理足值的抵押、质押贷款。

（八）借款人还款能力突然下降或丧失了还款能力

风险表现：突然遭遇资产的重大损失；遭受严重疾病不能自理或死亡。

风险防范：可要求借款人对其资产购买财产保险，并明确规定，在贷款期限内，保险第一受益人是贷款机构。

二、个体户生产经营的风险表现与防范

（一）经营资质风险

风险表现：经营项目需特种许可的，没有特许经营证明，如无安全生产许可证、环保证等。

风险防范：最好不要给予贷款。

（二）借款人对其经营的项目管理不足风险

风险表现：财务管理混乱；生产、经营场地脏、乱、差；安全、消防存在重大隐患；生产现场管理不到位，存在窝工、偷工现象；仓库管理混乱，存货乱堆乱放，存在丢料、盗料现象等。

风险防范：客户经理发现有管理不足的现象后，要与借款人沟通，让其尽快纠正；如果情况严重，足以影响还款能力时，要求借款人采取整改措施，有明显效果后才考虑给予贷款。

（三）经营风险

风险表现：使用或经营的原料或产品质量低劣；进货成本费用很高，进货中间环节多；借款人生产技术条件落后，机器设备老化、陈旧，生产工艺差；安全生产条件差，消防安全隐患严重；销售渠道单一，过分依赖少数客户；应收账款收款期长、收款困难；产品技术含量低，无竞争力等。

风险防范：要与借款人沟通，让其尽快扭转这种不利的局面；如果预计将来一段时间内不会损害其还款能力，可考虑提供贷款，视情况要求提供抵押或担保；如果足以影响还款能力时，要求消除或减轻这种风险后，才能考虑给予贷款。

（四）还款能力不足的风险

风险表现：经营项目投资较小或固定资产少，很容易转移或出让；利润少，收入不足；资产负债率过高；现金流入量相比每期的还款额较小。

风险防范：应降低贷款额度，在借款人的还款能力内发放贷款；也可要求提供抵押或保证担保。

（五）贷款用途风险

风险表现：用途不明确；高风险的投资；没有资金保证的项目；效益差的项目；弥补持续性经营亏损；在已有很高债务的情况下，借新债还旧债；搞虚假项目；非法经营

活动。

　　风险防范：不给予贷款。
　　（六）经营策略风险
　　风险表现：恶意降价销售，甚至以低于成本价销售。
　　风险防范：要慎重，可暂时不考虑给予贷款，或办理抵押担保贷款。
　　（七）发展理念风险
　　风险表现：盲目扩大规模和投资；对自己不熟悉和没有经验的行业进行大额投资，开展多项目经营。
　　风险防范：要谨慎，最好不给予贷款，或降低贷款金额，同时要求提供担保。

活动 4　贷后管理与贷款回收

　　贷款支付后，贷款人应采取有效方式对贷款资金使用、借款人的信用及担保情况变化等进行跟踪检查和监控分析，确保贷款资产安全。一般由客户经理进行贷后检查，对借款人进行日常回访和贷款的还款提醒，借款人如没有按时还款，要负责与借款人联系，做好催收；通过账户分析、凭证查验或现场调查等方式，核查贷款支付是否符合约定用途；调查借款人、保证人的经营等是否发生足以影响还贷的变化，查询抵（质）押物是否有被查封、扣押、冻结等情况。

　　在贷后检查中发现的贷款风险，要及时采取措施进行处理和化解。根据风险的性质和大小，采取相应的风险处置措施。为了能与客户进行长期的合作，客户经理应在贷款全流程中做好客户关系维护。

　　关于个人贷款展期期限的规定：一年以内（含）的个人贷款，展期期限累计不得超过原贷款期限；一年以上的个人贷款，展期期限累计与原贷款期限相加，不得超过该贷款品种规定的最长贷款期限。

　　贷款人应按照借款合同约定，收回贷款本息。对于未按照借款合同约定偿还的贷款，贷款人应采取措施进行清收。

【延伸阅读 5-3】

不良贷款清收与失信者黑名单法律后果

　　化解存量和防控新增并重，在化解存量方面，以司法处置为重心、化解分期为抓手，分析形成原因，逐笔制订清收计划。

　　1. 列入失信人，反客为主。案例：2016 年末，向法院申请强制执行，将借款人及相关人员列入失信人名单（中国执行信息公开网）。2017 年初，借款人因其被列入失信人名单，护照作废、被限制出入境，难以回国，主动联系银行，希望银行同意分期偿还贷款。双方在其偿还部分本金的前提下，达成协议。

　　2. 积极保全，掌握主动。借款人吴某，欠贷款 150 万元，法院判决后，银行与贷款保证人吴某某、余某达成分期偿还协议。但后续未完全按照分期偿还协议履行，且长期失联。2017年初，银行获知吴某某在杭州有一处房产，该行立即联系执行法官，在案件尚未分案的情况下，说服法官为该案件特赴杭州保全。为提高保全效率，全程银行员工予以陪同协助，当日连夜出发至杭州，次日完成查询、查封、现场查看、查封告知等全套手续。查封完成后，吴某某态度立即转变，由长期回避变为立即上门协商。

3. 联合布控，强势化解。借款人陈某欠贷款90万元，在诉讼及执行阶段，规避执行和抗拒还款。2017年初司法机关对其采取联合布控措施，2月末其欲外出在动车站被公安扣留，当天移交法院经办法官。当日晚上银行相关人员与借款人斗智斗勇、几度交锋，最终突破其心理防线，通过其亲戚、朋友筹措借款40万元，剩余部分金额分期偿还。

"失信被执行人名单"通俗被称为"失信者黑名单"，被纳入"失信被执行人名单"的法律后果：

1. 银行等金融机构对纳入"失信被执行人名单"的被执行人限制其贷款、融资等金融活动，降低信用卡额度，并将其存款情况及时通过司法查询平台报告法院。

2. 工商管理部门对失信被执行人降低其信用等级，限制其"守信用、重合同"评比资格。

3. 被执行人为国家机关或者公务员、中共党员、人大代表、政协委员等特殊主体的，根据有关规定在评优选先、晋职晋级等方面予以限制，或者取消其政治待遇、荣誉称号，直至给予纪律处分。

4. 限制失信被执行人出境，铁路部门不向其出售火车票，民航部门不向其出售机票。

5. 招标投标管理部门限制失信被执行人参加政府采购和工程项目招投标。

6. 建设管理部门暂停受理失信被执行人的工程项目许可、资质审批，暂缓受理建筑市场相关业务事项，暂缓办理建设工程质量竣工验收备案等工作；规划管理部门对失信被执行人享有使用权的土地暂停办理规划报建手续、暂缓办理在建项目的后续规划手续。

7. 其他限制。

资料来源：《浙江农信报》第318期，2017-03-14。

☞ 请思考：借款人如执意不还款会有什么后果？

【课后习题】

一、单项选择题

1.《城乡个体工商户管理暂行条例》是（　　）年颁布实施的。
   A. 1986　　　　B. 1987　　　　C. 1988　　　　D. 1989

2.《个体工商户条例》是（　　）年颁布实施的。
   A. 2008　　　　B. 2009　　　　C. 2010　　　　D. 2011

3. 个人经营的个体工商户债务应以（　　）承担。
   A. 家庭财产　　　　B. 法人财产　　　C. 个人财产　　　D. 个体户财产
4. 家庭经营的个体工商户债务应以（　　）承担。
   A. 家庭财产　　　　B. 法人财产　　　C. 个人财产　　　D. 个体户财产
5. 个体户贷款需求特点描述错误的是（　　）。
   A. 能够承担较高利率　　　　　　　　B. 贷款金额一般较小
   C. 贷款期限一般较短　　　　　　　　D. 贷款方式偏向担保

二、多项选择题

1. 个体工商户登记事项包括（　　）。
   A. 姓名和住所　　　B. 组成形式　　　C. 经营范围　　　D. 经营场所
   E. 注册资本
2. 个体工商户"两证整合"的两证是指（　　）。
   A. 组织机构代码证　B. 工商营业执照　C. 税务登记证　　D. 统计登记证
   E. 社会保险登记证
3. 以下属于不良信用行为的有（　　）。
   A. 借款人拖欠其员工的工资
   B. 借款人拖欠供货商的货款
   C. 借款人拖欠应纳税款、电费、水费等费用
   D. 借款人经营不善
   E. 借款人已有逾期的拖欠贷款
4. 以下属于借款人还款能力不足的表现有（　　）。
   A. 用于高风险的投资　　　　　　　　B. 经营项目收入不足
   C. 资产负债率过高　　　　　　　　　D. 遭遇资产重大损失
   E. 进货成本费用很高
5. 个体户的贷款需求特点包括（　　）。
   A. 贷款次数较为频繁　　　　　　　　B. 偏向需求信用贷款
   C. 贷款期限一般较短　　　　　　　　D. 贷款需求时效性高
   E. 能够承担较高利率

三、简答题

1. 个体户的概念与债务承担规则有哪些？
2. 个体户如何申请登记？
3. 个体户的贷款需求特征有哪些？
4. 个体户贷款的申请资料一般包括哪些？
5. 个体户贷款的调查内容一般包括哪些方面？
6. 个体户贷款的借款人自身可能存在哪些风险？
7. 个体户经营方面可能存在哪些风险？

四、实训题

1. 分组模拟个体户贷款业务的流程操作。

2. 分组开展调研，调查分析学校、社区、市场等区域的个体户贷款需求和贷款获得情况。

4~6人为一组，对个体工商户的经营状况、贷款需求和贷款获得等情况进行调查，撰写调查报告。在贷款需求和贷款获得方面，注意重点分析贷款的金额、期限、利率、用途、贷款方式、还款来源、还款方式等贷款基本要素。

参考答案：一、BDCAD；二、ABCD、BC、ABCE、BCD、ABCDE

项目六
小微企业贷款实务
XIAOWEI QIYE DAIKUAN SHIWU

【知识目标】

了解我国小微企业的重要性、划型标准、主要特点、相关管理制度；掌握我国小微企业贷款的界定、现状与问题、相关贷款制度、贷款特征等；理解典型小微企业贷款产品特点和小微企业贷款服务创新需求；掌握小微企业贷款的申请与受理、贷前调查与信用评级、审查审批与放贷、贷后管理与贷款回收等各环节的操作要求。

【能力目标】

能够正确认识小微企业及其贷款服务的重要性，能够根据小微企业的贷款需求提供合适的贷款产品和服务，能够开展小微企业贷款分析决策与业务流程操作处理，能够分析和防范小微企业贷款风险。

模块一 小微企业贷款概述

【案例导入】

哈尔滨银行助 10 万小微企业成长

作为本土城市商业银行，哈尔滨银行紧紧围绕国家重点支持的行业和产业，通过丰富金融产品、优化担保手段、简化审批流程，"金融活水"持续注入，全生命周期地扶持小微企业创业。到 2018 年末，哈尔滨银行服务的客户数量达 2000 万，包括小微企业、个体工商户、农户及广大城市居民，其中，小微民营企业贷款客户数超过 10 万户，被誉为"中小企业成长的摇篮"。

哈尔滨银行党委书记、董事长郭志文常说:"一家银行,尤其中小银行,如果将一亿元人民币贷款给一家大企业,可谓锦上添花;但是,如果将这一亿元贷给5000个正在创业的人,每笔2万元,而5000笔贷款就是5000家小微企业,至少能解决1万人就业问题,这背后关乎多少家庭的希望、多少个人的发展和社会稳定问题,这样的收益不仅仅是经济效益,更多是社会效益,是雪中送炭!" 2019年以来,为更好地支持小微民营企业发展,哈尔滨银行坚守小额信贷本源业务发展定位,加快以小微企业客户为中心的经营转型。

为支持小微民营企业走向高质量发展,哈尔滨银行通过改革优化内部经营模式和管理流程机制,搭建专业组织架构,提升运营服务效率。完善小微金融专门部门设置,在原小企业金融部和微型金融事业部基础上成立小微金融部,在总行、分行间搭建垂直化的小微企业服务架构,组建专业服务团队,推进小微金融业务发展及战略落地。创新搭建"集中管控"及"铁三角"团队运营模式,同步客户营销、风险管理与综合开发,逐步通过标准化流程,提高客户服务效能。针对额度较小的微型金融业务,采取"信贷工厂"模式,实现快速审批、快速放款,满足小微民营企业客户快速融资需求。

2018年11月14日,哈尔滨银行向社会公开发布"服务小微民企八项承诺",即发挥总部优势、提高服务效率、丰富产品种类、降低融资成本、升级线上渠道、提供增值服务、匹配专项资源、坚持正向激励,全面调动集团资源,帮助小微民企纾解融资难。

资料来源:井洋,薛婧,李健.哈尔滨银行助10万小微企业成长[N/OL].黑龙江日报,2019-07-02(1). http://epaper.hljnews.cn/hljrb/20190702/428580.html.

请思考:基于材料,谈谈哈尔滨银行是如何做好小微企业贷款服务的?

活动1　了解我国的小微企业

一、小微企业的重要性

小微企业是小型企业和微型企业的简称。小微企业是提供新增就业岗位的主要渠道,是企业家创业成长的主要平台,是科技创新的重要力量。支持小微企业健康发展,对于保障和改善民生,保持经济平稳较快发展和社会和谐稳定,具有重要意义。我国中小微企业分布在国民经济各主要行业,贡献了50%以上的税收、60%以上的GDP、70%以上的技术创新、80%以上的城镇劳动就业、90%以上的企业数量,是大众创业、万众创新的重要载体。

根据第四次全国经济普查数据,截至2018年末,全国共有中小微企业法人单位1807万家,比2013年末第三次全国经济普查时增加966.4万家,增长115%,占全部规模企业法人单位的99.8%。其中,中型企业23.9万家,占比1.3%;小型企业239.2万家,占比13.2%;微型企业1543.9万家,占比85.3%。可见,小微企业占全部企业数量的98.5%。根据中国银保监会的统计口径标准,个体工商户贷款也属于小微企业贷款,我国个体工商户由2013年末的4436.3万户增加到2018年末的6295.9万户。因此,小微企业贷款的客户数量规模庞大,普惠金融服务任重道远。

二、小微企业的划型标准

长期以来,我国对小微企业尤其是微型企业的发展问题重视不够,甚至没有微型企业的划型标准和统计数字。1988年原国家经委等五部委联合发布《大中小型工业企业划分标准》和2003年原国家经贸委等四部委联合发布《中小企业标准暂行规定》(国经贸中小企〔2003〕143号),均没有设定微型企业标准。

为贯彻落实《中华人民共和国中小企业促进法》和《国务院关于进一步促进中小企业发展的若干意见》(国发〔2009〕36号),工业和信息化部、国家统计局、国家发展改革委、财政部研究制定了《中小企业划型标准规定》,并于2011年6月18日发布。根据企业从业人员、营业收入、资产总额等指标的具体标准,结合行业特点,该规定首次将中小企业划分为中型、小型、微型三种,首次明确了微型企业的划分标准。

《中小企业划型标准规定》适用的行业包括:农、林、牧、渔业,工业(包括采矿业,制造业,电力、热力、燃气及水生产和供应业),建筑业,批发业,零售业,交通运输业(不含铁路运输业),仓储业,邮政业,住宿业,餐饮业,信息传输业(包括电信、互联网和相关服务),软件和信息技术服务业,房地产开发经营,物业管理,租赁和商务服务业,其他未列明行业(包括科学研究和技术服务业,水利、环境和公共设施管理业,居民服务、修理和其他服务业,社会工作,文化、体育和娱乐业等)。各行业划型标准见表6-1。

《中小企业划型标准规定》

表6-1　　　　　　　　　　　中小企业划型标准

行业名称	指标名称	划分标准	中型	小型	微型
农、林、牧、渔业	营业收入	20000万元以下	500万元及以上	50万元及以上	50万元以下
工业	从业人员	1000人以下	300人及以上	20人及以上	20人以下
	营业收入	或40000万元以下	且2000万元及以上	且300万元及以上	或300万元以下
建筑业	营业收入	80000万元以下	6000万元及以上	300万元及以上	300万元以下
	资产总额	或80000万元以下	且5000万元及以上	且300万元及以上	或300万元以下
批发业	从业人员	200人以下	20人及以上	5人及以上	5人以下
	营业收入	或40000万元以下	且5000万元及以上	且1000万元及以上	或1000万元以下
零售业	从业人员	300人以下	50人及以上	10人及以上	10人以下
	营业收入	或20000万元以下	且500万元及以上	且100万元及以上	或100万元以下
交通运输业	从业人员	1000人以下	300人及以上	20人及以上	20人以下
	营业收入	或30000万元以下	且3000万元及以上	且200万元及以上	200万元以下
仓储业	从业人员	200人以下	100人及以上	20人及以上	20人以下
	营业收入	或30000万元以下	且1000万元及以上	且100万元及以上	或100万元以下
邮政业	从业人员	1000人以下	300人及以上	20人及以上	20人以下
	营业收入	或30000万元以下	且2000万元及以上	且100万元及以上	或100万元以下

续表

行业名称	指标名称	划分标准	中型	小型	微型
住宿业	从业人员	300 人以下	100 人及以上	10 人及以上	10 人以下
	营业收入	或 10000 万元以下	且 2000 万元及以上	且 100 万元及以上	或 100 万元以下
餐饮业	从业人员	300 人以下	100 人及以上	10 人及以上	10 人以下
	营业收入	或 10000 万元以下	且 2000 万元及以上	且 100 万元及以上	或 100 万元以下
信息传输业	从业人员	2000 人以下	100 人及以上	10 人及以上	10 人以下
	营业收入	或 100000 万元以下	且 1000 万元及以上	且 100 万元及以上	或 100 万元以下
软件和信息技术服务业	从业人员	300 人以下	100 人及以上	10 人及以上	10 人以下
	营业收入	或 10000 万元以下	且 1000 万元及以上	且 50 万元及以上	或 50 万元以下
房地产开发经营	营业收入	200000 万元以下	1000 万元及以上	100 万元及以上	100 万元以下
	资产总额	或 10000 万元以下	且 5000 万元及以上	且 2000 万元及以上	或 2000 万元以下
物业管理	从业人员	1000 人以下	300 人及以上	100 人及以上	100 人以下
	营业收入	或 5000 万元以下	且 1000 万元及以上	且 500 万元及以上	或 500 万元以下
租赁和商务服务业	从业人员	300 人以下	100 人及以上	10 人及以上	10 人以下
	资产总额	或 120000 万元以下	且 8000 万元及以上	且 100 万元及以上	或 100 万元以下
其他未列明行业	从业人员	300 人以下	100 人及以上	10 人及以上	10 人以下

资料来源：《关于印发中小企业划型标准规定的通知》，工信部联企业〔2011〕300 号。

《中小企业划型标准规定》适用于在中华人民共和国境内依法设立的各类所有制和各种组织形式的企业。个体工商户和该规定以外的行业，参照该规定进行划型。

【延伸阅读 6－1】

对我国公司的基本认识

根据《中华人民共和国公司法》，公司是指依照本法在中国境内设立的有限责任公司和股份有限公司。公司从事经营活动，必须遵守法律、行政法规，遵守社会公德、商业道德，诚实守信，接受政府和社会公众的监督，承担社会责任。公司的合法权益受法律保护，不受侵犯。公司是企业法人，有独立的法人财产，享有法人财产权。

依法设立的公司，由公司登记机关发给公司营业执照。公司营业执照签发日期为公司成立日期。公司营业执照应当载明公司的名称、住所、注册资本、经营范围、法定代表人姓名等事项。公司营业执照记载的事项发生变更的，公司应当依法办理变更登记，由公司登记机关换发营业执照。

公司法定代表人依照公司章程的规定，由董事长、执行董事或者经理担任，并依法登记。公司法定代表人变更，应当办理变更登记。

公司以其全部财产对公司的债务承担责任。有限责任公司的股东以其认缴的出资额为限对公司承担责任；股份有限公司的股东以其认购的股份为限对公司承担责任。

公司可以设立分公司。设立分公司，应当向公司登记机关申请登记，领取营业执照。分公司不具有法人资格，其民事责任由公司承担。

公司可以设立子公司，子公司具有法人资格，依法独立承担民事责任。

本法所称一人有限责任公司，是指只有一个自然人股东或者一个法人股东的有限责任公司。一人有限责任公司应当在公司登记中注明自然人独资或者法人独资，并在公司营业执照中载明。一人有限责任公司的股东不能证明公司财产独立于股东自己的财产的，应当对公司债务承担连带责任。

有限责任公司由五十个以下股东出资设立。设立有限责任公司，应当具备下列条件：（1）股东符合法定人数；（2）有符合公司章程规定的全体股东认缴的出资额；（3）股东共同制定公司章程；（4）有公司名称，建立符合有限责任公司要求的组织机构；（5）有公司住所。

设立股份有限公司，应当有两人以上两百人以下为发起人，其中须有半数以上的发起人在中国境内有住所。设立股份有限公司，应当具备下列条件：（1）发起人符合法定人数；（2）有符合公司章程规定的全体发起人认购的股本总额或者募集的实收股本总额；（3）股份发行、筹办事项符合法律规定；（4）发起人制定公司章程，采用募集方式设立的经创立大会通过；（5）有公司名称，建立符合股份有限公司要求的组织机构；（6）有公司住所。

资料来源：中华人民共和国公司法（2018年修正）[EB/OL]．[2018-10-26]．http：//gkml.samr.gov.cn/nsjg/xyjgs/201907/t20190719_304991.html．

三、小微企业的主要特点

（一）投资主体和所有制结构多元，私营小微企业是主体

小微企业涵盖城乡各类企业所有制形式，国有集体、外资、私营企业中，小微企业比例各不相同，外资企业中小微企业的比重最低，私营企业中小微企业的比重最高，构成了我国小微企业的主体。

（二）劳动密集型企业为主，两极分化明显

小微企业一方面敢于创新，各类新兴行业和新型业态不断涌现，另一方面又大多集中于以资源开发型、产品初加工型、服务低层次型为主的传统行业，呈现出"锄头与卫星齐飞，高端与低端并存"的现象。工业、批发业和零售业、租赁和商务服务业的小微企业占总数的2/3，科技型小微企业（仅指信息传输业、软件和信息技术服务业）的占比约5%。

小微企业多数为劳动密集型企业，技术装备落后。许多小微企业满足于引进设备仿制产品所带来的短期效益，缺乏自主创新的意识，产品技术含量不高，附加值低，竞争充分，直接制约了其投入产出效益水平的提高。

（三）区域分布不平衡，具有明显的地域集群特色

由于各地经济社会发展水平、产业布局和产业政策导向等存在区域差异，不同地区小微企业的发展水平和产业特点也呈现很大的差别。首先，小微企业区域分布不均衡，如东部地区集中了2/3的小微工业企业。其次，小微企业产业集群的地区分布不均匀，

小微企业产业集群程度与区域经济发展水平呈正相关性，经济欠发达地区小微企业则比较分散。最后，区域间分布不平衡呈缩小趋势，西部地区企业实有户数发展速度相对较快，小微企业发展贡献了增量部分的 3/4 以上，中西部一些地区也出现了产业集群化趋势。

（四）易受外部环境变化影响，具有较强的生命力和进取精神

小微企业因其自身规模小，抗风险能力弱，对外部经济、政策环境的敏感程度普遍较高。此外，小微企业在发展过程中仍旧面临大企业的挤出效应，尤其是宏观经济环境不景气的背景下，各种社会资源向大中型企业倾斜倾向更加明显。

虽然小微企业发展面临种种困难，但小微企业主普遍对未来的发展前景抱以积极乐观的态度。调查中发现，有超过 1/3 的小微企业主曾经有过多次创业经历，最终经过不懈努力，找寻到最适合的发展平台。小微企业一旦找到合适机会，会展现顽强生命力和进取精神。

（五）小微企业素质有待提高，经营风险较大

多数小微企业经营规模小、技术水平低、经营管理落后、发展方式粗放、缺乏拥有自主知识产权的产品和技术，在人员素质、创新能力和品牌建设等方面均存在不足，抗风险能力不强。因而，小微企业的市场经营风险极易通过财务风险转化为融资风险。

管理体制不健全。大多数小微企业采取家长式的单一管理方式，重大的投资决策由企业主一人决定，决策往往不具有科学性，而且在企业内部缺乏一套完备的管理体制和内部监督与审计制度。

小微企业的财务管理不规范。小微企业提交给税务部门的财务报表缺乏规范性和透明度，没有标准化的财务信息，部分企业存在"假凭证、假账簿、假报表"的现象，会计信息严重失真。为了避税，大多数小微企业是没有利润或者很少利润，低估其盈利水平。

缺乏合格的抵押品或担保方。小微企业的固定资产比例低，缺乏银行较偏爱的土地、房产等可供抵押的资产。

四、"五证合一、一照一码"

国务院办公厅《关于加快推进"五证合一、一照一码"登记制度改革的通知》（国办发〔2016〕53号）要求在全面实施工商营业执照、组织机构代码证、税务登记证"三证合一"登记制度改革的基础上，再整合社会保险登记证和统计登记证，实现"五证合一、一照一码"，是继续深化商事制度改革、优化营商环境，推动大众创业、万众创新的重要举措。

积极推进"五证合一"申请、受理、审查、核准、发照、公示等全程电子化登记管理，加快实现"五证合一"网上办理。对于已按照"三证合一"登记模式领取加载统一社会信用代码营业执照的企业，不需要重新申请办理"五证合一"登记，由登记机关将相关登记信息发送至社会保险经办机构、统计机构等单位。企业原证照有效期满、申请变更登记或者申请换发营业执照的，登记机关换发加载统一社会信用代码的营业执照。

取消社会保险登记证和统计登记证的定期验证和换证制度，改为企业按规定自行向工商部门报送年度报告并向社会公示，年度报告要通过全国企业信用信息公示系统向社会保险经办机构、统计机构等单位开放共享。没有发放和已经取消统计登记证的地方通过与统计机构信息共享的方式做好衔接。

活动2　了解小微企业贷款

一、小微企业贷款界定

小微企业贷款可分为狭义小微企业贷款和广义小微企业贷款。

狭义小微企业贷款是指发放给小型企业和微型企业的贷款，即"央行口径"的小微企业贷款。中国人民银行在2011年及以前统计的是小企业（含票据贴现）贷款。自2012年第一季度到2018年第三季度末，金融机构贷款投向报告统计的是狭义小微企业贷款余额。从2018年第四季度金融机构贷款投向仅报告普惠口径的小微贷款。普惠小微贷款是指单户授信总额1000万元及以下的小微企业贷款、个体工商户和小微企业主经营性贷款。自2019年起，中国人民银行将普惠小微贷款考核标准由"单户授信小于500万元"调整为"单户授信小于1000万元"，引导金融机构更好地满足小微企业的贷款需求，使更多小微主体受益。

广义小微企业贷款，即"银监口径"的小微企业贷款。自2012年起，中国银监会发布年报披露小微企业贷款，明确广义小微企业贷款余额＝小型企业贷款余额＋微型企业贷款余额＋个体工商户贷款余额＋小微企业主贷款余额。

二、小微企业贷款现状与问题

我国金融机构狭义小微企业人民币贷款余额由2012年第一季度末的10.38万亿元持续增加到2018年末的26.01万亿元，占人民币各项贷款的比重由18.13%上升到19.08%，其中2017年末占比最高时达到20.23%。银行业金融机构广义小微企业贷款余额由2011年末的12.34万亿元持续增加到2018年末的33.49万亿元，在各项贷款中的占比由21.21%提高到23.63%，其中2017年的占比最高达到24.47%。可见，小微企业贷款在各项贷款中的占比基本保持在20%~24%，明显低于小微企业在税收、国内生产总值、就业等方面的贡献度，且差距较大。

小微企业贷款是一个世界性难题，小微企业贷款难，既有其经济实力差、生命周期短、融资渠道狭窄、企业治理和财务管理不规范等自身原因，也有部分商业银行经营理念滞后，存在重大轻小倾向、信贷技术创新不够等诸多原因。目前，我国小微企业融资渠道缺乏、贷款覆盖率低、贷款难、贷款贵、贷款繁等问题依然突出，也很难通过资本市场进行直接融资。

三、小微企业贷款服务政策

（一）小企业贷款六项机制

2005年7月，中国银监会制定《银行开展小企业贷款业务指导意见》，要求按照市场原则和商业化运作模式，着力引导和督促银行业金融机构建立和完善小企业贷款"六项机制"。

1. 利率的风险定价机制。小企业贷款有一定风险，为实现小企业贷款业务商业性的可持续发展，银行必须实行风险定价，根据风险程度确定相应利率，以足够利差来弥补小企业贷款的风险。

2. 独立核算机制。由于小企业贷款业务的特殊性，对小企业贷款业务进行独立的成本和利润核算，独立考察小企业贷款业务的经营管理业绩。

3. 高效的贷款审批机制。对有条件的基层行进行合理授权，简化小企业贷款业务的审批程序，减少贷款审批层级，实施"双人""四只眼睛"原则，以适应小企业贷款业务"短、小、频、急"的特点。

4. 激励约束机制。研究制定风险防范与正向激励并重的业绩考核评价办法，使小企业信贷人员的收入水平、职级晋升等个人利益能与其业绩紧密联系，从而充分调动工作积极性。

5. 专业化的人员培训机制。在减少贷款审批层级的同时，必须在各业务环节配备专业的、有经验的业务人员。注重对从事此项业务员工的专业化培训，以提高信贷人员的专业素质。

6. 违约信息通报机制。注意收集和掌握各自业务区域内的恶意违约客户相关信息，并在本地区银行业金融机构内部定期通报，以防范风险，改善信用环境。

（二）两个不低于、四单原则、三个不低于、两增两控

2008年，中国银监会要求银行对小企业信贷增长实现"两个不低于"，即小企业贷款增速不低于全部贷款的平均增速、增量不低于上年同期水平。同时，推进大中型银行加强小企业专营机构建设，提出了单列信贷规模、单独配置资源、单独信贷评审、单独进行独立会计核算的"四单"原则。

2015年3月，中国银监会发布《2015年小微企业金融服务工作的指导意见》，要求银行提高服务质效、扩大服务覆盖，惠及更多小微企业，将以往单纯侧重贷款增速和增量的"两个不低于"调整为"三个不低于"，从增速、户数、申贷获得率三个维度考察小微企业贷款增长情况，即小微企业贷款增速不低于各项贷款平均增速，小微企业贷款户数不低于上年同期户数，小微企业申贷获得率不低于上年同期水平。

为进一步引导银行业聚焦薄弱环节、下沉服务重心，中国银监会办公厅印发《关于2018年推动银行业小微企业金融服务高质量发展的通知》，要求在继续监测"三个不低于"、确保小微企业信贷总量稳步扩大的基础上，重点针对单户授信1000万元以下（含）的小微企业贷款，提出"两增两控"的新目标，"两增"即单户授信总额1000万元以下（含）小微企业贷款同比增速不低于各项贷款同比增速，贷款户数不低于上年同期水平，"两控"即合理控制小微企业贷款资产质量水平和贷款综合成本。突出对小微企业贷款量质并重、可持续增长的监管导向。

四、小微企业贷款特征

贷款需求呈现"短、小、频、急"四个特点。一是贷款期限短，小微企业融资一

般为流动资金贷款，满足短期资金周转需要，期限一般为3~12个月；二是贷款金额小，小微企业的规模决定了其贷款金额需求不高，平均贷款额度一般在100万元及以下；三是贷款频率高，小微企业的经营方式导致其容易产生临时性的贷款需求，平均一年会有2~3次贷款；四是贷款时效性强，资金需求急，小微企业经常为了抓住稍纵即逝的商机而急需用款，一般要求在1~3天内就能获得资金，最长时间不要超过一周。

抵（质）押担保不足。小微企业普遍存在缺乏抵（质）押物的问题，无力为其融资需求提供有效担保。小微企业的资产主要是少量的房产、汽车，以及生产用的设备等固定资产。小微企业也很难找到合适的担保人，如果是找专业的担保公司，担保费率一般较高。

利率浮动空间大。因为小微企业成长性良好，边际收益较高，所以有能力支付较高的贷款利息。再加上小微企业融资渠道比较少，对银行贷款依赖性比较强。这就导致商业银行小微企业贷款业务的利息率浮动空间较大。

贷款还款具有相对较大的不确定性。大部分小微企业在经营过程中由于缺乏话语权，往往被迫采用先生产后付款的方式，容易造成大量的应收账款，而这部分应收账款容易被拖欠，且收款期不容易预测。

✉ 【延伸阅读6-2】

浙江泰隆商业银行小微金融服务模式

浙江泰隆商业银行是一家专注小微、践行普惠的城商行，成立25年来，依托根植地方的地缘、人缘、亲缘关系，不断深化灵活高效的经营机制，始终专注普惠、服务小微，走出了一条差异化、可持续的发展道路。截至2018年末，该行贷款500万元以下的客户数占比99.82%，余额占比91.58%；100万元以下贷款客户数占比96.06%，余额占比65.94%；户均贷款仅29万元；涉农贷款占比49.6%。

一是推动机构和服务"双下沉"。在机构和人员配置方面，积极向基层一线延伸，截至2018年末，已有300多家网点，90%以上分布在农村和社区，服务范围覆盖1300多个乡镇；8100多名员工中，近50%为客户经理。在产品和服务方面，坚持"三品三表"和"两有一无"。将小微客群细分为小微企业类客户与普惠类客户：对于小微企业类客户，主要考察企业主人品信不信得过，产品卖不卖得出，物品靠不靠得住，核实水表、电表、海关报表；对于普惠类客户，只要"有劳动意愿、有劳动能力、没有不良嗜好"，都有获贷机会。

二是推行社区化网格化服务。以物理网点为中心，在一定服务半径的范围内，通过网格化运作，划分若干个子社区，按照标准流程"五步法"推进开发。"五步法"即"一选、二找、三进、四沉、五评"。"一选"是指做好市场调研，根据市场容量合理划定子社区，加强社区档案管理。"二找"是指建立关键平台和渠道、社区关键人队伍，进行名单制动态管理。"三进"是指通过社区活动系统化切入，借助平台和渠道开展批量化作业。"四沉"是指开展客户建档和客群细分，开展交叉销售，提供综合服务。"五评"是指通过社区巡查强化过程评估，通过社区评级强化结果评估，不断提高社区产效。截至2018年末，浙江泰隆商业银行共有1.43万个子社区，客户经理人均管户子社区7个左右，90%以上的新增普惠类贷款来源于子社区。

三是降低小微客户融资成本。设立60多个利率档次，做到一户一价、一笔一价、一期一价，并按照人民银行和监管部门要求，推动小微企业贷款利率逐年降低。2018年12月发放的小微企业贷款利率较2018年6月下降54个基点。严格执行"七不准""四公开"的要求，除了落实政府定价、政府指导价的25项手续费减免规定外，还主动减免除利息之外的多项费用，做到简单透明，近五年累计减免手续费近9.5亿元。

四是加强小微产品研发创新。根据小微企业贷款"短、小、频、急"的特点，创新"融e贷"产品，可长期授信、定期年审、分段计息、随用随借、循环使用。积极推广PAD金融移动服务平台和信贷中台集中作业，客户经理人手一台PAD。通过现场采集、批量操作、远程审批，做到客户立等可贷，办理一笔新增贷款只要30分钟，续贷操作仅需3分钟。同时，积极引入工商、司法、反欺诈、海关、黑名单、实名认证、税务等外部数据，将"三品三表"和"两有一无"模型化，并建立250条贷前预评估规则，小微金融的服务能力和服务效率明显提高。

五是实行"三道防线"强化风险治理。推行全面、垂直、独立的风险管理模式，构筑"三道防线"。第一道防线是业务条线、管理条线、支持条线，三个条线相互制衡；第二道防线是风险部与合规部，负责监测、协调、评估、指导本行的风险管理活动，实行平行牵制；第三道防线是审计部，负责对本行风险管理体系的有效性、充分性进行评估、监督。通过三道防线，初步形成了审慎经营、过程管理、全员参与的良性风控机制。

资料来源：《中国小微企业金融服务报告（2018）》。

请思考：基于材料，谈谈浙江泰隆商业银行小微金融服务的主要经验启示。

模块二 小微企业贷款产品与服务创新

【案例导入】

浙商银行发布对公贷款产品"至臻贷"

"融资成本高、资金效率低、办理手续烦"，一直是困扰企业融资与流动性管理的三大难题，也是传统银行授信"批而不用"的症结所在。针对此，2016年9月28日，浙商银行全新发布对公贷款产品——"至臻贷"，开启了公司贷款个性定制的新时代。

利率方面，为满足企业多样化的计息需求，"至臻贷"不仅为企业提供了固定利率、SHIBOR浮动利率、多合约保底利率等多种贷款定价方式的选择，还可从提款金额、贷款期限、提款方式、还款方式等维度对实际执行利率进行修正,给企业更多的自由定价权。

期限方面,"至臻贷"实现了灵活"定制",允许企业根据双方约定提前还款,按实际用款时间支付利息,更好地匹配企业的实际融资需求。

还款方式上,企业在申请单笔提款时不仅可以自主设定还款期限,还可选择按计划还款、提前还款、日终自动还款等方式。企业自主设定还款计划,也可根据约定在线调整,从而能够切实盘活银行授信额度,减少备付资金占用。

手续流程上,"至臻贷"采用线上模式,为企业提供7×24小时服务。企业只需通过企业网银提交申请,结合电子合同和电子回单,就能实现全程在线办理,从而无须往返银行。

资料来源:中国财经. 浙商银行发布对公贷款产品"至臻贷" [EB/OL]. [2016-09-30]. http://finance.china.com.cn/roll/20160930/3925117.shtml.

☞ 请思考:基于材料,谈谈"至臻贷"与一般流动资金贷款产品相比的特点。

活动1　了解小微企业贷款产品

一、商链通

民生商链通——小微供应链金融,是中国民生银行依托核心企业,针对其上游供应商、下游经销商中的小微客户群体,设计个性化或标准化的金融服务产品,提供综合金融解决方案,利用信息流、资金流、物流等交易数据构建授信体系、防范授信业务风险的一种服务模式。

商链通的特色:

1. 担保种类丰富。区别于传统授信产品,供应链金融产品不仅包括货押授信、信用授信等传统产品,还包括E押贷、微贷和基于互联网技术的网乐贷等新型产品,支持客户线上、线下申请,满足客户多样化需求。

2. 办理高效快捷。通过核心企业与银行实现系统对接,上游供应商、下游经销商中的小微客户在核心企业原有系统中即可实现线上贷款申请、用款、还款全流程,高效快捷。

3. 综合效益高。民生商链通可以助力核心企业扩大销售规模、提高市场占比、拓展销售渠道、吸引新经销商,从而帮助核心企业和谐供应关系,体现承担社会责任的正面效应。

以商链通的经营性微贷产品为例。

商链通产品优势:(1)无须抵押、无须担保;(2)贷款额度最高人民币50万元;(3)授信期限最长3年。

商链通贷款条件:(1)具备完全民事行为能力的中国大陆公民,年满18周岁,授信期限届满时不超过60周岁;(2)有经营体且成立并持续稳定经营2年以上,拥有3

年以上行业经验；（3）征信记录良好，符合民生银行准入要求；（4）借款人及名下企业无不良社会记录，无司法、工商行政执法等违法违规记录；（5）具备相应的资产实力及还款能力；（6）在民生银行开立结算账户，愿意将民生银行作为主要结算行；（7）民生银行要求的其他条件。

办理商链通所需的资料如下：（1）借款人和配偶的身份证、户口簿、婚姻状况证明；（2）营业执照，或可佐证承包经营或实际控制人的其他资料；（3）近6个月公司或个人账户银行流水；（4）本地房产证、购房合同、租房协议，三种之一即可；（5）资信证明材料；（6）民生银行要求的其他资料。

二、丰收创业卡

乐惠丰收创业卡是杭州联合银行面向信用良好、生产经营稳健的个体工商户和小微企业主等个人客户发放的银联标准丰收卡系列产品之一，除具有丰收借记卡的结算功能外，还具有个人循环贷款功能，为准备创业或处于事业成长期的客户提供融资、结算于一体的金融服务。

丰收创业卡的特色：（1）超长授信，最长授信期限可达2年；（2）循环使用，在最高贷款限额100万元内，实行"一次授信，随借随还，循环使用"；（3）担保灵活，可采用保证、抵押、质押、联保等担保种类中的一种或者多种组合担保方式；（4）用款便捷，可在我行任一网点办理放款，还支持在ATM、POS机等自助设备刷卡透支，最高透支金额可达10万元。

丰收创业卡的申请条件：（1）常住地在杭州联合银行机构辖区服务范围内的个体工商户和小微企业主等个人客户；（2）能提供相关的营业执照、纳税证明等合法经营证明；（3）生产经营状况良好，第一还款来源充足，有按期偿还贷款本息的能力；（4）有合理、真实的贷款用途；（5）经营稳定，近年来无不良信用和不良行为记录；（6）能提供贷款人认可的担保人（物），并办理合法有效的担保手续。

丰收创业卡的申办流程：（1）符合申办条件的客户根据自身需求，向杭州联合银行提出借款申请并提供基本资料；（2）杭州联合银行对借款人的借款用途、资金实力、信用状况、还款能力以及提供担保情况进行调查核实；（3）杭州联合银行根据申请人的情况进行全面风险评价，确定贷款额度，丰收创业卡最高授信额度为100万元，其中自助放款额度为10万元，并根据借款人的贷款用途、生产周期等确定贷款期限，最长还超过2年；（4）申请人办理丰收创业卡，并与杭州联合银行签订合同文本及借款凭证，办理贷款手续。

三、小企业联合担保贷款

浙江稠州商业银行小企业联合担保贷款以无法提供抵押物和他人担保的小企业法人、个体经营户为客户对象。多个借款人，通过参加互助的联合担保体（由三个以上五个以下（含）的小企业自愿组成）并向浙江稠州商业银行缴存一定额度保证金的形式，共同为贷款提供担保。浙江稠州商业银行凭此向借款人发放一定额度的贷款。

小企业联合担保贷款的特点：（1）贷款门槛低，没有抵押和保证人也可轻松贷款；

（2）互助互利，联合担保体成员互助互利，共担风险。

小企业联合担保贷款的办理条件：（1）由个体经营户组成联合担保体的应具备以下条件：经营稳定、信誉良好，无不良信用及债务记录，具有相应的代偿能力；（2）由法人组成联合担保体的应具备以下条件：经营与资信状况良好，具有相应的代偿能力，拥有的净资产剔除或有负债后应超过担保的贷款金额；（3）浙江稠州商业银行规定的其他条件。

同类的贷款如齐商银行的"手拉手组团贷"，是指由四家以上经营良好的小企业自愿组团，在联合担保的基础上，企业缴纳一定比例的资金，组建"共同担保基金"，为组团企业贷款提供担保的贷款产品。组团内企业单户授信最高不超过1000万元人民币，组团最高授信额度10000万元人民币，贷款期限最长不超过一年。

小企业联合担保贷款的优势和特点：（1）企业自愿组团相互联保，无须额外抵（质）押，节省时间和费用；（2）组团企业设立担保资金池，为成员提供担保，同时风险共担；（3）组团贷款成员之间需自由、自愿组建。

四、支小贷

浙江泰隆商业银行在中国人民银行支持金融机构扩大小微企业贷款投放的信贷政策指引下，使用人民银行支小再贷款资金，经杭州联合银行信贷准入后，向符合条件的小微客户发放的用于正常生产经营的贷款产品。

贷款客户对象是经合法登记的小微企业、个体工商户、小微企业主。

支小贷特色如下：（1）额度最高3000万元；（2）信用保证灵活选择；（3）手续便捷放款快。

办理支小贷所需的条件：（1）经合法登记的小微企业、个体工商户；（2）信用状况良好；（3）有正常还款来源，有按期偿还贷款本息的能力；（4）贷款用途明确、合法。

办理支小贷所需材料包括：（1）有效身份证件/企业证照；（2）与生产经营或收入情况相关的佐证材料；（3）贷款用途证明材料等。

业务申请后一般3个工作日内作出明确答复。

五、企惠通

企惠通是浙江民泰商业银行针对企业客户推出的额度最高1000万元、期限最长5年的企业循环贷款业务和中长期流动资金贷款业务。包括仅限放款中心审核、柜面放款的企惠通一般循环贷款和可通过网银、柜面自助放款的企惠通自助循环贷款。

企惠通授信条件：（1）注册登记且正常生产经营至少满6个月的小微企业；（2）有固定经营场所；（3）授信行不超过4家（含本行）；（4）资信状况良好等。

企惠通特点：（1）额度高：最高1000万元；（2）期限长：最长5年；（3）循环贷：随借随还、方便快捷；（4）成本低：一次授信、循环使用，按日计息，节约成本；（5）申请易：可线上、线下多渠道申请。

企惠通申请资料：（1）营业执照、法定代表人身份证明文件、公司章程；（2）经营证明材料；（3）担保材料等。

企惠通办理时限：首笔3个工作日。

【延伸阅读 6-3】

建设银行全流程线上"小微快贷"模式

近年来,建设银行运用互联网思维和大数据手段,加强对小微企业在银行内部数据和外部公共信息的互联和整合,创新推出"小微快贷"信贷产品,为小微企业带来便捷和快速的金融服务。

从 2012 年开始,建设银行就开始研究"小微快贷"模式,积累数据和创建模型,借鉴零售业务理念,利用 6 万多户小微企业、数亿条数据信息,创新小微企业评分卡,建立了区别于大中型企业的贷款评价方式和流程。在此基础上,建设银行充分发挥服务领域广、交易活动频、数据掌握全的优势,对小微企业在建设银行的资金结算、交易流水、工资发放、存款投资等各类经营数据、交易数据进行整合。依托"新一代"核心系统和金融科技优势,建立全流程线上融资模式,客户可通过网上银行、手机银行实现贷款在线申请、实时审批、签约、支用和还款。在客户信息完整的情况下,只需几分钟即可完成贷款全流程,有效契合小微企业"短、小、频、急"的资金需求。

截至 2017 年末,"小微快贷"贷款余额 974.47 亿元,累计投放 1718.23 亿元,贷款客户 15.2 万户,较当年初新增 14.2 万户,不良贷款率 0.16%,户均贷款 64 万元;到 2018 年末,已累计为 55 万户小微企业提供超 7100 亿元信贷支持,有力地推动了普惠金融的发展。

资料来源:中国银行保险监督管理委员会:《中国小微企业金融服务报告(2018)》。

活动2　创新小微企业贷款产品服务

小微企业情况千差万别,不同行业、不同成长阶段的企业融资需求和融资方式不同,对银行业金融机构产品和服务创新提出了较高要求。中国人民银行会同有关部门积极引导银行业金融机构以市场需求为导向,大力开发个性化、差异化、定制化金融产品和服务。

一、推出信用贷款产品

针对小微企业可抵押资产不足问题,各银行业金融机构积极创新信贷模式,更多依托企业良好的信用记录、市场竞争能力、财务状况等,发放无担保、无抵押的信用贷款,降低对抵押担保的依赖。如中国农业银行推出全线上、纯信用的小微企业法人信贷产品"微捷贷";北京银行为中关村科技园区具备条件的中小企业推出纯信用贷款产品"融信宝";台州银行创新推出信用贷、快易贷等产品,贷款金额最高 300 万元;深圳前海微众银行推出全线上、纯信用流动资金贷款产品"微业贷"。

二、开发无还本续贷产品

针对小微企业续贷难、"过桥"资金成本高等问题,各银行业金融机构在风险可控的前提下,简化续贷办理流程,支持正常经营的小微企业融资周转"无缝对接"。如中国民生银行2014年推出转期续贷服务，截至2018年末，无还本续贷余额1291.79亿元，有效缓解小微企业"融资难、融资贵"困境；吉林银行推出"接续贷"产品，实现"无缝转贷"，2018年办理小微企业"接续贷"业务31.96亿元，为小微企业客户节省成本4474万元等。

三、拓宽抵（质）押物范围

针对轻资产型、初创型和科技型企业抵押担保难等问题，一些银行业金融机构积极创新专利权、商标权等知识产权融资产品，进一步拓宽抵（质）押物范围，有效缓解企业融资难题。如北京银行推出知识产权质押的"智权贷"，软件著作权质押的"软件贷"等；宁夏银行创新开展林权抵押、应收账款质押、存货监管质押等融资担保模式。

四、开展小微企业银行转贷款业务

开发性、政策性银行以提供批发资金转贷形式与地方性中小银行合作，专门用于投放小微企业，将其政策、资金优势与商业银行资源、人力优势相结合，实现优势互补，进一步拓宽小微企业融资渠道，降低小微企业贷款成本。如中国进出口银行按照"单独建账、单列名单、单独统计、单独管理"的要求，将低利率、长期限的政策性资金批发给区域性、地方性小型商业银行，为小微企业提供更精准、更有效的普惠金融服务，截至2018年末，已与50家小型商业银行开展转贷款合作。

《银行开展小企业授信工作指导意见》

模块三　小微企业贷款流程操作

【案例导入】

广州农商银行创新中小企业金融服务模式

近年来，广州农商银行通过营销体系建设、优化审批流程和创新业务产品等措施促进金融与实体经济的良性互动发展，持续提升中小企业金融服务的效率和满意度。

营销体系创新　实现业务专营化

为了给中小民营企业提供更加优质的服务，广州农商银行进行了营销组织管理体系优化改革，在总行专门设立了中小企事业群，在广州核心区域设置中小企金融区域总部12个，组建中小企直营中心团队29个，全行500多名客户经理深入专业市场、商圈、社区和村社提供专属中小企业金融服务，面对面解决中小企业发展中遇到的问题。

优化审批流程　提升服务效率

为进一步优化中小企业审批流程，广州农商银行秉承"高效率、高质量"的原则，简化不必要的业务流程和审批环节，针对"商圈"和"产业链"中小企业授信客户的业务需求和风险特性研究设计批量融资方案，提高授信审批效率。

广州农商银行积极探索中小企业业务批量模式化经营方式，通过搭建专业专注集中服务平台，助力中小企业发展。该行围绕集约高效团队、营销模式和服务创新、客户与业务结构调整三大方面推动中小企业金融服务转型。市场前端依据不同商圈、市场资源建立特色化、模式化、贴身式专业团队，围绕"商圈"和"产业链"深度切入，加大金融供给端发力，通过提高金融服务可及性，推进解决中小企业"融资难"问题；中后台因地制宜、因需实策，围绕"批量"和"专业"开展，重点提升批量化和专业化服务功能，提升中小企业服务质效。

产品服务创新　满足融资需求

为降低中小企业融资财务成本，满足中小企业经营发展过程中的合理资金需求，切实解决中小企业经营周期和贷款期限错配问题，广州农商银行对原有公司条线产品进行市场适应性优化，如"连连贷""新农村建设贷款""美丽城乡贷款"等产品；应市场和客户需求变化，结合政策导向、商业运行模式和交易规则进行批量商业模式设计和线上融资产品开发；针对绿色产业客户，给予适当授信政策、信贷资源倾斜，打造创新型绿色金融产品体系，提高中小企业服务质量。例如，该行推出的升级版中小企业"连连贷"产品，企业可以免还本续贷，减轻中小企业财务负担。通过精心设计的专属中小企业的金融产品和服务，降低总体金融融资成本，切实解决中小企业"融资难、融资贵"问题。

资料来源：广州农商银行创新金融服务模式支持中小企业发展［EB/OL］．［2019-02-04］．http://gd.sina.com.cn/finance/observer/2019-02-04/cj-ihrfqzka3580416.shtml.

请思考： 基于材料，谈谈广州农商银行创新解决中小企业"融资难、融资贵"问题的经验。

活动1　贷款申请与受理

客户以企业法人为借款人填写贷款申请书信息，如表6-2所示。越来越多的商业银行等信贷机构不需要客户填写纸质的贷款申请书，而是将相关申请信息直接录入信贷业务系统。

提供清单资料主要包括：（1）营业执照、章程、银行开户信息、特殊行业生产经营许可证或资质等企业基本信息资料；（2）企业法定代表人、实际控制人、主要股东、财务负责人等的有效身份证件；（3）近3年和当期资产负债表、损益表、现金流量表的基本信息或已编制好的财务报表；（4）近1年的主要银行结算账户对账单；（5）董事会成员和主要经营管理负责人、财务负责人、技术负责人名单和签字样本等；（6）董事会或发包人同意申请授信业务的决议、文件或具有同等法律效力的文件或证明；（7）授信业务由授权委托人办理的，需提供客户法定代表人授权委托书（原件）；（8）经营场所证明或租赁合同协议书；（9）其他必要的资料。

客户经理查询企业征信、工商登记信息、税务登记信息等，结合企业经营情况、资产负债情况等对企业能否申请贷款作出初步判断，对于同意受理的贷款，开展贷前调查。

表 6-2　　　　　　　　　　小微企业借款申请书

借款人名称			法定代表人								
地　　址			信用等级								
申请借款金额	人民币（大写）			千	百	十	万	千	百	十	元
借款用途			原欠贷款余额								
借款期限			年　月　日起至　　　年　月　日								
还款资金来源											
提供担保意向			抵押人（出质人）名称								
			保证人名称								
信用报告查询授权	兹授权你行在审核本单位借款申请时需要查询本企业信用状况的，可以向中国人民银行企业信用信息基础数据库查询、保存、打印本单位的信用报告。		申请借款人（盖章）： 法定代表人/负责人（签字）： （或代理人） 　　　　年　月　日								

✉ 【延伸阅读 6-4】

了解小微企业信用报告

小微企业规模小，借款往往通过个人经营性贷款获取，较少使用企业信贷工具。企业主的信用状况对企业经营影响较大，然而，商业银行很难从信用报告中了解企业主的信用状况。金融机构在对小微企业授信时信息不对称问题，人民银行征信中心将小微企业和其关键人信息进行整合，设计了单独的小微企业信用报告，以便全面反映小微企业的信用状况。

小微企业信用报告包括信息概要、基本信息、信贷信息、非信贷交易信息、公共信息和声明信息六部分。报告主体部分既保持了目前银行版企业报告主体内容，又突出小微企业信用报告自身特点。

信息概要置于报告第一部分，满足金融机构快速了解小微企业信用状况的需要。与一般企业信用报告相比，信息概要部分增加了关键人信息概要和查询历史信息（近3个月内查询历史记录）。关键人是指小微企业主等对企业经营活动有重要影响的自然人，来自个人信用报告中的信贷概要，由查询用户自行判定并在输入查询条件时录入。近3个月内查询历史记录主要是反映小微企业近期信贷需求。基本信息和信贷信息与银行版企业信用报告保持一致。增加了非信贷交易信息，包括公共事业缴费记录和商务付款信息，反映小微企业的信用历史。

资料来源：《中国小微企业金融服务报告（2018）》。

活动2　贷款调查与信用评级

一、贷款调查概况

客户经理应根据小微企业贷款业务种类收集和核实客户的财务信息和非财务信息，有效识别信息的"真伪"，并能够基于财务分析和非财务分析，对能否贷款和如何贷款提出建议，是每个贷款调查人员必须掌握的核心技能。

客户经理根据调查和所收集信息情况，编制有关小微企业或其业主个人或主要股东的资产负债表、损益表和现金流量表，作为分析小微企业财务状况和偿还能力的主要依据。基于非财务信息的分析对小微企业的还款意愿和可持续发展能力作出评价。

小微企业的非财务信息主要包括：

1. 客户关键人员如经营决策人员、主要执行人员和技术人员的个人职业经历、受教育程度、品行、神体健康状况等。

2. 客户业主或主要股东个人及其家庭其他投资、资产负债及或有负债情况。

3. 客户业主或主要股东家庭成员情况、家庭居住情况，婚姻状况，家庭大致日常收入、生活开支情况。

4. 客户业主或主要股东个人资信情况，信贷登记咨询系统和个人征信系统信息，在工商、税务、海关等部门的信用记录情况。

5. 客户近一年的水电费或其他公用事业收费清单。

6. 客户近一年的设备运转和开工率，主要生产设备的技术水平。

7. 客户成品仓库的入库、出库情况。

8. 客户的纳税清单。

9. 客户的资产、职工人数、收入情况。

10. 客户近一年的现金流情况。

11. 客户主要供应商和销售商情况。

客户经理应依据核实、分析结果，出具适用、精练和标准化的书面贷款调查报告，客户经理对调查报告中所含信息的真实性及调查结论负责。调查报告应对客户基本情况、借款事由、还款能力、现金流量、业主或主要股东个人信用情况、贷款风险进行分析，并对贷款的品种、金额、用途、期限、利率、还款方式、担保条件等提出建议。

二、贷款调查要点

（一）调查准备

1. 申请资料的确认

（1）是否具备申请资格，包括申请人提供的证件是否有效，企业是否为本人经营等。

（2）经营实体是否符合规定，包括企业经营业务范围是否符合法律规定、企业是否有合法经营手续、经营地址是否在本机构规定的服务区域范围内、是否有相应的盈利能力偿还贷款，若以个人名义申请的申请人是否为企业实际经营者或股东等。

（3）担保物是否符合条件。对于房产抵押的，房屋产权类型是否符合规定、产权是否清晰、能否办理抵押登记。

（4）提交资料的完整性。客户是否提交了完整的申请资料，对于资料欠缺的，还应补充哪些资料。

2. 经营与财务状况分析

在调查之前，应根据申请和受理信息，对企业经营状况及法定代表人或实际控制人进行简要分析，以便在调查过程中更有针对性地获取信息。

（1）经营行业特点分析。应根据企业经营业务内容，了解该行业的经营特点，包括业务流程、进销渠道、行业利润水平、主要经营风险等。

（2）资产负债分析。应根据客户提交的申请表、资产负债凭证等信息，了解客户或经营企业的资产负债情况，大致判断客户净资产是否满足对应的申请额度要求，以及哪些资产还没有提供相应的凭证。

（3）盈利能力分析。根据客户提交的申请表，银行对账单等信息了解。

（4）调查方法分析。在调查前，应明确客户已经提供了哪些数据，哪些数据需要补充，是否还需要提供其他反映其还款能力和还款意愿的资料。针对客户能提供的资料和企业经营特点，初步设定适合该客户的调查方法和步骤，以及注意事项等。

（二）主要调查内容

1. 客户总体情况

（1）基本情况。调查客户主体资格、历史沿革、地理位置（包括注册地）、产权构成、组织形式、职工人数和专业构成、土地使用权取得方式等。在调查基础上，形成客户经营历史简介，对其经营的合法性、主要股东结构及对经营的影响进行分析，对员工结构进行评价，对客户的生产要素进行分析评价。

（2）管理水平。主要了解经营者素质与整体管理水平。通过与业主谈话，调查其经营思路；通过工商、税务、行业协会、主管部门、海关、法院、统计局、供电、供水、保险机构、担保公司等机构或部门对经营者个人的社会形象和资产负债情况等进行调查，对其个人的品质、学历、经历、能力、业绩等进行评价。

公司管理方面主要了解企业组织结构的合理与稳定性，员工凝聚力及其工作干劲，生产管理方面是否科学、有序、严密，财务制度是否健全。通过对企业现场的生产组织与运行情况观察，评价企业组织结构、车间管理和财务管理水平。

（3）经营情况。了解客户近3年的经营情况，最近12个月的生产、销售或营业收入、纳税额、平均盈利水平、现金流量表等情况。

2. 销售真实性分析

（1）核实纳税销售额

查看企业总账及明细账核实销售额，核实总分类账、总账与报表是否一致。对账实不符的，要了解情况，并要求企业提供真实销售依据。

查看企业增值税、营业税开票情况，进一步核实销售额。

查看企业基本户和其他账户的开票部分货款回笼、现销情况和应收账款增减情况，分析纳税销售的真实性。

（2）推断企业真实销售额

查看企业电费发票，了解年度用电量，比较上年同期用电量，估计判断企业年度销售情况。

根据客户提供情况，了解其避税部分销售的结算方式、资金流向，以及有关合同、结算凭证，结合个人结算账户进出情况核实其销售额。

销货款回笼调查。根据企业提供的销售周期检查销货款回笼情况，重点调查各种账户销货款归行额、现销时反映在现金日记账金额。

检查应收账款。核实应收账款分户账的真实性，检查应收账款质量及增减变化，注意应收账款中开票部分与未开票部分的比重及企业处理方法。

判断销售的合理性。根据上述相关数据分析，按"真实销售＝账户汇入货款（含可认定的个人账户）＋现金日记账现销款项＋应收账款净增减额"来判断真实销售情况。

（3）盈利能力判断

对企业净资产的变动进行分析，关注企业资产的真实性和存在形式。

分析企业个人借款、其他应收款及应付款中属于股东个人借款的增减情况，判断企业盈利是否存在转移情况。

分析客户个人消费资产特别是不动产的变动情况，辅助判断企业盈利情况。

分析客户存货的账实是否相符，判断企业利润转移情况。

3. 偿债能力分析

在分析确认企业销售、盈利真实的前提下，分析资产负债率、应收账款坏账情况、存货质量、分析资产与债务的流动性匹配，观测客户在各金融机构融资借新还旧情况和自有资金的还贷能力，对偿债能力进行评价。

4. 现金流量情况分析

贷款资产的安全性保障依赖于企业的第一还款来源，即经营性现金流量净额。对于一般的小微企业客户，信贷员要分析客户最近12个月的销售收入或营业收入总额、回笼的销售款或营业款总额和占比，进而了解客户市场竞争力情况。通过客户提供的结算账户开立明细情况表，掌握其现金流入流出的所有路径。包括其结算账户的数量、结算占比、各银行的占比情况，并分析原因；同时，对以前年度客户账户的结算情况进行调查，掌握其结算偏好并分析原因。

5. 贷款担保情况

调查客户可用于贷款抵（质）押担保的权属、财产价值，预计变现的难易程度，客户实收资本情况等。

拟以房地产为抵押物的，要分析抵押物是否为合法有效、易变现的个人住房或商用房，房地产抵押物是否为借款人所有，是否出租、自用或空置，是否存在产权纠纷，房地产抵押物的评估价值是否合理。

拟以土地使用权抵押的,要分析是否依法出让的土地使用权。对于附有地上建筑物的国有划拨土地使用权抵押,抵押物价值应剔除须补交的土地出让金,同时适当地降低抵押率。

拟以存单等有价证券或其他物权质押的,要核实质物的真实性及权属的有效性,要分析质物价值的稳定性和变现的可能性。

6. 融资及信用状况

企业主的信用及其对信用的重视程度直接关系到贷款能否按期收回。必须通过访谈、外部调查以及人民银行征信系统查询等措施,调查了解客户的融资水平、融资方式、还本付息情况、上年存贷比情况、偿债能力变化、对外担保等情况。根据企业历史融资与非融资信用记录,通过与业主个人言谈和对客户的侧面了解,评价其信用状况和还贷意愿。

7. 客户发展前景

调查企业所处行业目前的发展状况、在当地行业所处位置,生产企业客户的产品适销程度、产品档次、同行和用户的评价,流通企业客户的地理环境、购销渠道、同行和服务对象的评价等。根据客户过去三年及最近一年的发展趋势分析客户发展及盈利前景。

【延伸阅读6-5】

实地调查与侧面调查的思路

一、实地现场调查

整体思路设计为"先全面后局部"。

1. 热身(活跃气氛):通过赞美客户服饰、小孩学习成绩等营造融洽的谈话气氛。

2. 了解经营履历、经营沿革:判断其从业时间、合伙情况、初始投资及经营历史,整体上把握客户经营情况。

3. 了解行业:通过了解行业的经营特点及发展前景,分析行业的周期性风险、核心竞争力、政策性风险、客户自身风险规避措施。

4. 了解总产值(总营业额):了解企业的总产值(总营业额),衡量客户的生产规模、盈利能力。

5. 了解收入情况:以便接下来进行权益积累检验。

6. 了解总资产情况:以便运用"资本积累历史"交叉检验。

7. 了解负债:银行借款直接能通过征信系统了解,而私人借款常因客户隐瞒而无法直接了解,故建议可通过资本积累历史进行交叉检验。

8. 分析资本积累历史:使用"资产-负债=初始投资+期间净利积累"对客户权益真实性进行初步验证。

9. 了解、分析借款原因:了解客户因什么事件和原因导致其发生资金短缺,评价客户还款可能性。

10. 了解、分析借款用途：了解其贷款金额、时间与其实际资金需求、经营项目、经营周期是否相符，判断其是否挪用贷款。

11. 了解、分析还款来源：分析客户还贷资金来源，判断其是否正常。

12. 分析经营风险：对其采购、中间成本控制、销售各环节作了解。

13. 分析管理风险：内部组织架构是否健全，是否建立科学的决策程序、人事管理制度、质量管理与成本控制措施等。

14. 了解具体资产项目：包括现金（存款）、应收款、预付款、存货、房产、厂房、设备、其他投资等。

15. 了解具体的主营业务收入：了解产品种类（各种产值占比）、主要产品销量（单个）、售价（单个）等。

16. 了解具体的主营业务成本：了解主要产品原材料消耗量、原材料成本（单个）、工资、水电费、财务费用、税收等。

17. 向借款人询问担保人情况，安排到担保人处调查。

18. 担保人调查应参照借款人的调查方法，将各项风险弄清楚。

二、侧面调查

1. 向担保人及其家人确认担保意愿。
2. 向担保人侧面了解客户：客户的人品、诚信、资产实力、道德风险等。
3. 向内部股东、财务人员、工人了解：收入、成本、行业风险、前景、生产是否正常、生产能力如何等。
4. 向同行了解：经营规模的匹配性、生产设备的匹配性等。
5. 向邻居了解：生产是否繁忙、运输批次多少等。
6. 向朋友了解：社会关系、诚信、资产实力等。

小微企业贷款调查报告主要包括：小微企业及其贷款需求的基本情况、财务情况分析、非财务情况分析、风险因素及调查建议四个方面。示例如下：

一、基本情况　　　　　　　　　　　　　单位：万元

企业名称		主营业务	
经营地址			
注册资本		成立时间		雇员人数	
统一社会信用代码			信用等级	
法定代表人		身份证号码		联系电话	
婚姻状况		配偶姓名		身份证号码	
借款金额		申请期限		贷款方式	
上年日均存款		本年日均存款	
本行合作年限		银行融资家数	
最高信用额度		本行用信额度	

续表

对外担保情况：	
主要股东及其出资与股权占比情况：	
历史沿革及资本积累情况：	
企业主主要履历：	
关联方情况：	

二、财务情况分析

单位：万元

（一）资产负债表

资产	上期	本期	负债及权益	上期	本期
银行存款			银行借款		
短期投资			其中：本行借款		
应收票据			应付票据/敞口		
应收账款			非银行机构融资		
其他应收款			民间融资		
预付账款			预收账款		
存货			应付账款		
其他流动资产			其他应付款		
流动资产合计			其他流动负债		
固定资产			流动负债合计		
长期投资			长期负债		
其他资产			其他长期负债		
非流动资产合计			负债合计		
资产合计			所有者权益		

（二）损益简表

营业收入	年	上期	本期
减：营业成本			
营业税金及附加			
营业费用			
管理费用			
财务费用			
资产减值损失			

续表

加：公允价值变动收益					
营业利润					
加：营业外收入					
减：营业外支出					
利润总额					
减：所得税					
净利润					

（三）现金流及还款来源分析

（四）财务比率分析						
	项目	上期	本期	项目	上期	本期
偿债能力	流动比率（%）			营运能力	应收账款周转天数		
	资产负债率（%）				存货周转天数		
盈利能力	毛利润率（%）			其他比率			
	净利润率（%）						
财务状况评价						

（五）财务数据交叉检验
销售额检验
权益检验

三、非财务情况分析

（一）经营能力分析	
供应环节	1. 主要供应商： 2. 供应评价：
生产环节	
销售环节	1. 主要客户： 2. 销售评价：
环保情况	

（二）管理能力分析

（三）行业与产品分析	
行业特征、优劣势	
产品情况	

（四）近一年重大投资及下阶段发展前景

（五）信用状况分析	
非现场调查情况	
侧面了解	

四、风险因素及调查建议

（一）主要风险点分析
（二）风险控制措施
（三）调查人建议及调查结论

表 6-3　　　　　　　　　　　小微企业信用评级打分表

序号	指标大类	评价指标名称	指标分值	打分标准	标准分值	得分
一	信用履约评价（15）	1. 贷款资产形态	5	无关注，无次级、可疑、损失贷款	5	
				有关注，无次级、可疑、损失贷款	3	
				有次级、可疑、损失之一者	0	
		2. 到期信用偿还记录	5	按期还本	5	
				存在逾期1个月（含）以内的贷款	2	
				存在逾期1个月以上的贷款	0	
				有借新还旧贷款	0	
				分期还款方式出现3次以内逾期	2	
				分期还款方式出现3次以上逾期	0	
		3. 利息信用偿还记录	5	至测评日止按期付息	5	
				存在拖欠利息1个月（含）以内	2	
				存在拖欠利息1个月以上	0	
二	偿债能力评价（40）	4. 实收资本（万元）	10	实收资本≥100	10	
				80≤实收资本<100	9	
				65≤实收资本<80	8	
				50≤实收资本<65	7	
				40≤实收资本<50	6	
				30≤实收资本<40	5	
				20≤实收资本<30	3	
				10≤实收资本<20	1	
				实收资本<10	0	
		5. 抵（质）押能力	5	抵（质）押物价值≥1000万元	5	
				800万元<抵（质）押物价值≤1000万元	4	
				500万元<抵（质）押物价值≤800万元	3	
				300万元<抵（质）押物价值≤500万元	2	
				100万元<抵（质）押物价值≤300万元	1	
				100万元以下或其他抵押物	0	

续表

序号	指标大类	评价指标名称	指标分值	打分标准	标准分值	得分
二	偿债能力评价（40）	6. 抵（质）押物变现能力	5	县级以上城区、省级以上开发区、省道或国道两侧的房地产	5	
				主要城镇的城区的房地产	3	
				其他区域的房地产	0	
		7. 货款归行情况	10	归行额≥1000万元	10	
				900万元≤归行额<1000万元	9	
				800万元≤归行额<900万元	8	
				700万元≤归行额<800万元	7	
				600万元≤归行额<700万元	6	
				500万元≤归行额<600万元	5	
				400万元≤归行额<500万元	4	
				300万元≤归行额<400万元	3	
				200万元≤归行额<300万元	2	
				100万元≤归行额<200万元	1	
				归行额<100万元	0	
			10	归行额对银行债务比率>240%	10	
				230%<归行额对银行债务比率≤240%	9	
				220%<归行额对银行债务比率≤230%	8	
				210%<归行额对银行债务比率≤220%	7	
				200%<归行额对银行债务比率≤210%	6	
				190%<归行额对银行债务比率≤200%	5	
				180%<归行额对银行债务比率≤190%	4	
				170%<归行额对银行债务比率≤180%	3	
				160%<归行额对银行债务比率≤170%	2	
				150%<归行额对银行债务比率≤160%	1	
				归行额对银行债务比率≤150%	0	
		8. 日均存贷比	5	存贷比≥25%	5	
				20%≤存贷比<25%	4	
				15%≤存贷比<20%	3	
				10%≤存贷比<15%	2	
				5%≤存贷比<10%	1	
				存贷比<5%	0	
		9. 或有负债比率	5	或有负债比率≤100%	5	
				100%<或有负债比率<125%	4	
				125%<或有负债比率<150%	3	

续表

序号	指标大类	评价指标名称	指标分值	打分标准	标准分值	得分
二	偿债能力评价（40）	9. 或有负债比率	5	150%＜或有负债比率＜175%	2	
				175%＜或有负债比率＜200%	1	
				或有负债比率≥200%	0	
三	盈利能力评价（15）	10. 销售毛利润率	10	毛利润率≥20%	10	
				19%＜毛利润率＜20%	9	
				18%＜毛利润率＜19%	8	
				17%＜毛利润率＜18%	7	
				16%＜毛利润率＜17%	6	
				15%＜毛利润率＜16%	5	
				14%＜毛利润率＜15%	4	
				13%＜毛利润率＜14%	3	
				12%＜毛利润率＜13%	2	
				10%＜毛利润率＜12%	1	
				毛利润率≤10%	0	
		11. 所得税纳税额	5	所得税纳税额≥5万元	5	
				4万元≤所得税纳税额＜5万元	4	
				3万元≤所得税纳税额＜4万元	3	
				2万元≤所得税纳税额＜3万元	2	
				1万元≤所得税纳税额＜2万元	1	
				所得税纳税额＜1万元	0	
四	经营及发展能力评价（15）	12. 货款归行额增长率	6	归行额增长率≥10%	6	
				8%≤归行额增长率＜10%	5	
				6%≤归行额增长率＜8%	4	
				4%≤归行额增长率＜6%	3	
				2%≤归行额增长率＜4%	2	
				0≤归行额增长率＜2%	1	
				归行额增长率＜0	0	
		13. 增值税纳税额增长率	5	纳税额增长率≥10%	5	
				8%≤纳税额增长率＜10%	4	
				6%≤纳税额增长率＜8%	3	
				4%≤纳税额增长率＜6%	2	
				2%≤纳税额增长率＜4%	1	
				0≤纳税额增长率＜2%	0	

续表

序号	指标大类	评价指标名称		指标分值	打分标准	标准分值	得分
四	经营及发展能力评价（15）	14.用（水）电量增长率		4	增长率≥5%	4	
					4%≤增长率<5%	3	
					3%≤增长率<4%	2	
					2%≤增长率<3%	1	
					增长率<2%	0	
五	综合评价（15）	15.经营者素质	品质	1	艰苦创业，谈吐诚实，社会反映良好	1	
					其余	0	
			经历	1	从事本行业经营年限≥3年	1	
					从事本行业经营年限<3年	0	
					曾从事经营的企业发生关、停、破产	0	
			能力	1	管理规范、经营稳健、思路清晰	1	
					其余	0	
			健康	1	年龄在50周岁以内，身体健康	1	
					其余	0	
			业绩	1	纳税额逐年增加	1	
					其余	0	
		16.法人治理结构	治理结构	2	法人治理结构完善	2	
					基本完善	1	
					其余	0	
		17.发展前景	市场竞争力	2	企业产品供不应求或具有独有技术	2	
					企业产品供求平衡或为大企业配套	1	
					其余	0	
			行业发展前景	2	行业发展前景良好	2	
					行业发展前景一般	1	
					其余	0	
		18.开户情况	开户情况	2	在本行独家开户	2	
					在2家以上商业银行开户，在我行开立基本结算账户	1	
					其余	0	
		19.与我行业务合作关系	合作关系	2	全部业务在我行办理	2	
					在我行办理与贷款业务份额相应的存款、结算或中间业务	1	
					仅办理贷款业务，无存款、结算或中间业务	0	

续表

序号	指标大类	评价指标名称	指标分值	打分标准		标准分值	得分
五	综合评价（15）	20. 特殊扣分	−5	发生3个月以内欠税（费、工资）现象		−3	
				发生3个月以上欠税（费、工资）现象		−5	
				没有发生拖欠现象		0	
		21. 特殊加分	5	净资产≥1000万元		5	
				500万元≤净资产＜1000万元		2	
				净资产＜500万元		0	
				评分总汇		100	
				评定等级			

活动3　审查审批与放贷

一、审查审批与放贷概述

贷款审查人员应对小微企业的贷款申请表、清单资料、贷款调查报告等贷款材料的合规性、有效性和完整性进行审查。审查人员应根据小微企业或其业主（主要股东个人）的资产、负债、现金流状况等，对影响客户财务状况的各项主要因素进行分析评价；对客户经营状况、资信情况、抵（质）押物或保证情况及其他非财务信息等进行分析评价。

审查人员应根据审查与分析结果，出具书面审查意见。对审查同意的贷款，审查意见应明确授信品种、金额、用途、利率、服务收费、期限、偿还方式、担保条件、授信条件等内容，并提示贷款风险。审查人员对审查意见负责。

审查结束后，报给有权审批人审批，必要时经过贷审会审议。经审批同意贷款的，通知客户在规定时间内签署借款合同，办妥相关手续后就可以放贷。

对于小微企业贷款，可分别授予客户经理、审查人员一定的贷款审批权限。经审批同意的贷款业务，审批意见应明确贷款品种、金额、用途、利率、期限、偿还方式、担保条件等内容。审批人员对审批意见负责。

二、贷款审查要点

（一）审查小微企业股东及实际控制人的诚信情况

以定性审查为主。主要对小微企业的股东及实际控制人的发展历史、个人品行、信用状况、个人资产、负债状况、是否存在其他投资、从业经验、经营管理能力、有无对外担保进行审查。对于经办业务人员及相关领导与贷款申请人是否存在利益关系要进行审查。

（二）审查分析小微企业所在行业情况

申请人所处行业在当地具备明显产业集群特点的，首先要看小微企业是否处于当地主流行业，该行业是否为本机构支持的行业，同时需要分析申请人在同类企业中在各项要素上的地位（盈利能力、负债水平、销售渠道、上下游关系）。

申请人所处行业在当地不具备明显集群特点的，重点分析销售渠道和消费市场的稳定性、产品的特殊性、盈利能力的保障程度和保障方式。

对于为大型企业配套的小企业要分析大型企业所处行业的特点、竞争程度、发展趋势、产品寿命周期等因素。

（三）审查分析小微企业的发展前景

通过分析小微企业近2年来产品的产销量、产成品及原材料，产品的寿命周期、销售渠道等，判断企业的销售前景及盈利能力。对于给大企业提供配套产品的，尤其是大企业的经营将直接影响其生存的小企业，要对大企业经营状况进行分析和判断。

由于小企业的实际控制人对小企业的发展前景具有重要影响，因此还要分析小企业实际控制人是否具备丰富的从业经验和技术背景。

（四）审查贷款金额及用途是否合理

主要是对贷款用途的合法性、真实性，贷款资金监控的有效性进行审查。可通过对客户近2年销售情况及增长率、原材料采购需求、购销结算方式、资金占用时间、自有资金状况、资金缺口情况等方面的分析判断贷款需求是否真实、合理。通过审查客户资金使用控制措施是否有利，判断贷款是否可能被挪用，是否存在潜在风险。

（五）审查还款来源是否充足、贷款期限是否合理

1. 还款来源审查

一般来说，企业的流动资金贷款都应以其正常经营活动产生的现金流作为还款来源，因此应重点审查客户的生产经营活动是否正常，销售回款是否及时。客户的财务报表分析可以作为判断还款能力的辅助手段。

对于有其他银行债务的客户，要审查以往履约记录，分析债务到期时间，判断其在偿还其他银行债务之后是否会出现资金缺口，是否会影响生产经营，是否有充足资金偿还贷款。如果有对外担保，要分析被担保企业的情况，判断担保履约的可能性及给客户还款可能造成的影响。

2. 贷款期限审查

要结合申请人的生产周期，生产淡旺季及销售回款时间，审查贷款期限是否合理。比如，对于贸易型企业，要结合申请人的购货及销售时间，收款方式，判断还款来源是否充足及授信期限是否合理。

（六）审查贷款担保能力

能否对小微企业进行贷款，应首先判断贷款申请人的第一还款来源是否充足。但是考虑到小微企业抗风险能力相对较弱，因此对额度超出信用贷款的小微企业贷款必须重视担保能力的审查，原则上应以控制能力强，价值稳定，变现能力强的抵押担保作为担保的主要方式，并由其主要股东或实际控制人提供无限连带责任保证担保。

1. 对于抵押担保，要重点审查抵押物变现能力及变现价值。

以商品住宅、门市房、写字楼（均含土地使用权）、土地使用权抵押的，要根据抵押物所处地段建筑物及土地的可比价格，变现能力确定抵押物的评估价值是否可以为本

机构接受。以土地使用权设定抵押的，原则上采用以出让方式取得且权属清晰、转让行为不受限的出让土地设定抵押。

以厂房、机器设备抵押的要确认抵押物的权属关系，计算并判断抵押价值是否合理。由于设备、厂房变现能力相对较差，所以接受这类抵押主要是作为约束申请人的还款行为的手段，不能以此作为还款来源。

2. 如由专业担保公司提供担保，担保人原则上应该是有政府背景的担保公司。要重点审查担保公司选择担保单位的标准，以往赔付情况，对外担保总额与净资产相比是否适度。

3. 如果代偿能力较强的优质企业或大型生产厂商为配套企业提供连带责任保证担保，应该审查大型生产厂商的经营和财务状况，以确定其担保能力。由担保单位董事会或股东会出具同意提供担保的函（根据担保单位公司章程决定）。

4. 如果是出口信用保险公司保险，要审查出口信用保险公司给申请人核定的保险额度，要审查申请人出口是否有违反出口信用保险公司保险规定的行为。要对保单的免责条款进行审查。

（七）对客户经理的调查质量进行评估

对客户经理的调查过程、次数、基本方法、从业经验、与贷款申请人的关系及熟悉程度进行评估。

（八）审查小微企业贷款定价是否合理

由于小微企业发展过程中存在一定不确定性，因此其贷款的风险成本和管理成本要高于大中型企业。为覆盖贷款风险，在定价时要充分考虑风险成本与管理成本，确定高于大中型企业的合理的价格水平。

活动4　贷后管理与贷款回收

贷款发放后，贷款客户经理必须对其负责的客户及时进行贷后跟踪检查，并做好贷后检查记录。小微企业应按照借款合同约定的还款方式、还款计划按期偿还贷款本息。

商业银行等信贷机构应动态监测，及时发现小微企业客户的潜在风险并进行风险预警提示，对于发生影响小微企业履约能力的重大事项时，应及时形成书面报告。根据贷后监测结果和风险状况及时采取措施，调整风险分类结果，并视情况决定是否对贷款进行调整，包括展期、缩减授信、要求借款人提前还款、终止授信等。对出现逾期或欠息的贷款要及时清收处置，对核销的损失类贷款做到"账销、案存、权在"。

《商业银行小企业授信工作尽职指引（试行）》

商业银行应将客户违约信息及时录入本行信贷管理信息系统或在内部进行通报；应定期向银行业监管机构报告；应通过银行同业协会和新闻媒体，对恶意逃废银行债务的小微企业予以通报、曝光、联合制裁。

【延伸阅读6-6】
小微企业贷款的预警信号风险提示

（一）与客户品质有关的信号

1. 客户关键人员如经营决策人员、主要执行人员和技术人员失踪或无法联系。
2. 客户拒绝提供与信用审核有关的文件。
3. 客户隐瞒重要信息或提供虚假信息，如隐瞒资产、债务真实情况。
4. 客户无恰当理由突然改变会计政策或核算方法以及折旧计提方式、存货计价方式等。
5. 客户无正当理由撤回或延迟提供与财务、业务、税收或抵押担保有关的信息或要求提供的其他文件。
6. 竞争者、供应商或其他客户对授信客户的负面评价，以及媒体负面报道。
7. 客户改变主要授信银行，向许多银行借款或不断在这些银行之间借新还旧。
8. 客户频繁更换会计人员或主要管理人员。
9. 客户卷入法律纠纷。
10. 客户有破产和解或破产重整经历。

（二）企业主及主要股东个人的风险预警信息

1. 有赌博、涉毒、嫖娼等违法或违反社会公德的行为。
2. 持有外国护照或拥有外国永久居住权，或在国外开设分支机构。
3. 被公众媒体披露的其他不端行为。
4. 社会公众对客户法定代表人或经营者个人品质、行为反映不良。
5. 客户法定代表人或经营者个人纳税额大幅度下降。

（三）客户在银行账户变化的信号

1. 客户在银行的存款不断减少或出现异常变化。
2. 对授信的长期占用。
3. 缺乏财务计划，如总是突然向银行提出借款需求。
4. 短期授信和长期授信错配。
5. 经常接到供货商查询核实存款情况的电话。
6. 突然出现大额资金向新交易商转移。

（四）客户管理层或关键技术人员变化的信号

1. 关键管理人员或技术人员行为异常。
2. 财务计划和报告质量下降。
3. 主要业务频繁变化。
4. 对竞争变化或其他外部条件变化缺少对策。
5. 核心盈利业务削弱和偏离。
6. 以往的合作伙伴不再与其合作。
7. 不遵守授信承诺。

8. 管理层能力不足或构成缺乏代表性。
9. 缺乏技术工人，工资不能正常发放或有劳资争议。

（五）业务运营环境变化的信号

1. 存货异常变化。
2. 工厂维护或设备管理落后。
3. 主要业务发生变动。
4. 缺乏操作控制、程序控制、质量控制等。
5. 主要产品线上的供货商或客户流失。
6. 水电费或其他公用事业收费的支出显著减少。

（六）财务状况变化信号

1. 付息或还本拖延，经常申请延期支付，或申请实施新的授信，或不断透支。
2. 申请实施授信支付其他银行债务，授信抵押品情况恶化或再次用于抵押。
3. 客户或其业主或其主要股东向其他企业或个人提供担保。
4. 客户主要股东向其他人转让或拟转让股权。
5. 客户财务比率指标恶化，包括：
（1）流动性比率，如流动比率、速动比率等过低；
（2）杠杆比率，如负债比率过高，经常用短期债务支付长期债务或作为长期资金使用；
（3）保障比率，如利息保障倍数过低，现金流不足以支付利息；
（4）获利能力比率，如资产收益率、资本收益率等大幅下降。
6. 应收、应付项目发生异常变化。
7. 支票收益人要求核实客户支票账户的余额。
8. 定期存款余额减少。
9. 授信需求增加，短期债务超常增加。
10. 客户自身的配套资金不到位或不充足。
11. 其他银行提高对同一客户的利率。
12. 客户申请无抵（质）押授信产品或申请特殊还款方式。
13. 银行无法控制抵押品和质押权。
14. 客户无形资产占比过高或者无形资产估价过高。
15. 客户或有负债大幅增加。
16. 客户关联交易增多。

（七）客户履约能力变化信号

1. 客户现金流出现问题。
2. 客户产品或服务的市场需求下降。
3. 客户还款记录不正常或未按合同还款。
4. 客户欺诈，如在对方付款后故意不提供相应的产品或服务。
5. 客户弄虚作假（如伪造或涂改各种批准文件或相关业务凭证）。

6. 客户主要业务或经营环境的重大变动。

资料来源：《商业银行小企业授信工作尽职指引（试行）》。

【课后习题】

一、单项选择题

1. 根据《中小企业划型标准规定》，对于房地产开发经营，营业收入（　　）万元以下或资产总额（　　）万元以下的为微型企业。
   A. 100，1000　　B. 200，2000　　C. 100，2000　　D. 200，1000

2. 银行应创新小企业授信业务，完善业务流程、风险管理和内部控制，着重建立和完善小企业授信的（　　）。
   A. 三项机制　　B. 四项机制　　C. 五项机制　　D. 六项机制

3. 客户经理应关注并收集小微客户的（　　）信息，包括业主或主要股东个人信息及家庭资信情况、企业经营管理、技术、行业状况及市场前景等。
   A. 财务　　B. 非财务　　C. 正式　　D. 非正式

4. 银行开展小企业贷款业务实行（　　）。
   A. 客户经理制　　B. 专管员制度　　C. 团队制度　　D. 外包制度

5. 银行在小企业贷款上引入贷款利率的（　　）机制。
   A. 风险定价　　B. 自由竞争　　C. 双方协商　　D. 最大收益

二、多项选择题

1. 中小企业划分为中型、小型、微型三种类型，具体标准根据企业以下哪些指标，结合行业特点制定。（　　）
   A. 营业收入　　B. 从业人员　　C. 利润　　D. 资产总额

2. 推进"五证合一、一照一码"登记制度改革，以下属于"五证"的是（　　）。
   A. 工商营业执照　　　　　　　B. 组织机构代码证
   C. 税务登记证　　　　　　　　D. 社会保险登记证

3. 对小微企业贷款进行实地调查的内容包括（　　）。
   A. 企业主的信用状况　　　　　B. 资产负债情况
   C. 保证人的保证意愿和担保能力　D. 企业市场环境状况

4. 《商业银行小企业授信工作尽职指引（试行）》规定，审查人员应根据客户或其业主或主要股东个人的（　　）等，对影响客户财务状况的各项主要因素进行分析评价，必要时可重新编制客户资产负债表和现金流量表。
   A. 收入　　B. 资产　　C. 负债　　D. 现金流状况

5. 小企业授信工作尽职是指商业银行从事小企业（　　）等各项授信业务活动的工作人员履行了本指引规定的最基本的尽职要求。
   A. 授信业务调查　　B. 授信审查　　C. 授信审批　　D. 授信后管理

三、简答题

1. 小微企业的重要性和主要特点有哪些？

2. 我国对小微企业贷款的界定是怎样的？
3. 两个不低于、四单原则，三个不低于、两增两控的具体内容是什么？
4. 小微企业的贷款特征有哪些？小微企业贷款面临哪些问题？
5. 小微企业贷款产品有哪些主要特点？
6. 小微企业客户申请贷款通常需要提供哪些方面的材料？
7. 小微企业贷款调查内容主要包括哪些方面？
8. 小微企业贷款审查要点主要包括哪些方面？

四、实训题

1. 分组调查某小微企业的基本情况、生产经营情况、企业管理情况、贷款需求情况等，撰写调研报告。
2. 根据本项目的小微企业贷款调查报告示例，分组完成被调研小微企业的贷款调查报告。

参考答案：一、CDBAA；二、ABD、ABCD、ABCD、BCD、ABCD

项目七 小额信贷绩效评价

XIAOE XINDAI JIXIAO PINGJIA

【知识目标】

了解小额信贷机构绩效评价的相关理论知识；理解和掌握财务绩效评价的生产率指标；效率指标、收益率指标，了解财务可持续的评价方法；理解企业社会绩效与财务绩效的关系；了解小额信贷机构社会绩效管理的基础知识、流程和评价指标。

【能力目标】

能够客观分析小额信贷机构绩效评价的重要性，正确认识小额信贷机构财务绩效与社会绩效的关系，能够运用相关指标对小额信贷机构的财务绩效和社会绩效进行评价。

模块一 财务绩效评价

【案例导入】

小额信贷：寻求公益性和盈利性的平衡

以 2005 年在中国举办的"国际小额信贷年"为起点，中国银行业协会（花旗集团）微型创业奖（以下简称微型创业奖）即将走过第 10 个年头。10 年来，微信创业奖覆盖的范围从客户个人到信贷员再到机构，从公益扩展到商业，不断地完善自身的制度，以确保评选结果的公平合理。

中国银行业协会农村合作金融工作委员会副主任耿博则表示，中国银行业协会每年都会对评奖做一些改进，包括评审规则的制定，一些定性定量指标的完善，还有专家组成员更新；并对评选规则及一些指标做一些更加合理的修改和进一步完善，使这个评选更加公平、公正、公开透明。

"公益小贷的占比很低而且范围很小,虽然社会绩效很高但是影响不足。"中国小额信贷联盟理事长杜晓山说,"微型创业奖需要更大的范围,我们始终强调有代表性:既要有公益的,又要有商业的;既要有银行等传统金融机构的,又要有新兴的非银行金融机构的。"

在杜晓山看来,小额信贷机构的可持续发展离不开对其公益性和盈利性的平衡,"金融的特点就是安全性、流通性、效益性"。传统金融机构更追求安全性和效益性,小额信贷则要反其道而行之,这样才能解决传统金融不能解决的问题。"普惠金融的意义,就在于要求所有人的资源为所有人服务,既要公平又要效益。"他说。小额信贷机构必须要做到财务效益与社会绩效的平衡。

他认为小额信贷机构面临着3个挑战:项目的覆盖规模如何达到尽可能大,业务能否尽可能深入到贫困群体,成本和效益的性价比最高。

"正是通过微型创业奖的评选,很多机构才了解到什么是真正的小额信贷。"小额信贷联盟秘书长白澄宇表示,"微型创业奖的评选基本上是按照国际上公认的小额信贷理念来设定评选指标,机构参评的过程也是培训过程。"

耿博同样认为,获奖机构通过微型创业奖的评选扩大知名度后,会更加注重社会责任。而通过专家的实地走访、现场答辩等系列严格程序,也能对机构以后的工作起到促进和提高的作用。

资料来源:小额信贷:寻求公益性和盈利性的平衡 [EB/OL]. [2014-12-09]. http://finance.ce.cn/rolling/201412/09/t20141209_4080168.shtml.

☞ **请思考**:基于材料,谈谈小额信贷机构的财务效益与社会绩效的关系。

绩效是一个管理学概念,是机构期望的结果,是机构为实现其目标而展现在不同层面上的有效产出。在小额信贷领域有两个并存且同等重要的绩效概念,即财务绩效和社会绩效。

小额信贷发展初期,其全部目标就是服务于扶贫减困。1997年2月,在美国华盛顿举办的首届小额信贷高峰会议上,小额信贷的领军人物们为小额信贷设计了一个"双赢"目标,即可持续发展的小额信贷机构同时也能最大限度地减轻贫困。其中,实现机构自身的可持续发展是小额信贷的财务绩效目标,最大限度地减轻贫困是小额信贷的社会绩效目标。社会绩效目标和财务绩效目标,前者是目的,后者是手段,当两者发生矛盾需要取舍时,将社会绩效目标作为优先目标才更符合小额信贷的本来意义。

小额信贷实现可持续发展是为了能够长期地为穷人服务,它是一个手段性目标;为穷人服务是小额信贷产生的动因和初衷,它是一个宗旨性目标。小额信贷如果没有了为穷人服务的宗旨,可持续发展就失去了原本意义。

小额信贷不是为了营利而产生的,利润最大化不是它追逐的目标,小额信贷的目标是为穷人提供金融服务,帮助他们摆脱贫困,实现社会效益的最大化;当然,小额信贷机构为了能够可持续地为穷人服务，在经营过程中应该遵循市场经济的原则，注重机构的财务绩效，但是，这一切都不能以牺牲社会绩效目标为代价。

活动1　理解财务绩效评价指标

财务绩效体现的是小额信贷机构在经营管理中的财务状况和盈利能力，财务绩效指标可以帮助我们明确小额贷款机构在经营方面的成果和不足。小额信贷机构通常使用的财务绩效评价指标主要包括生产率指标、效率指标和收益率指标。

一、生产率指标

许多生产率指标用于衡量一定投入（如职员、信贷员、分支机构）水平下的产出量（如贷款数量、贷款资本或客户数）。以下常用的四个生产率指标从不同角度衡量生产率，所有的生产率指标含义相似，即指标值越高，机构产出越多。

1. **有效贷款客户总数/职员总数**

这个指标测量小额信贷机构的贷款客户数量与在职员工总数之比，包括后台员工（管理信息系统、会计、行政人员）、管理人员和前台员工（信贷员）。许多分析人员认为，该指标可以较好地衡量小额信贷机构自身对提供金融服务的适应性。较低的指标显示有较多的职员从事行政工作，而较高的指标则表示有较多的职员直接从事贷款业务或提供金融服务。

2. **有效贷款客户总数/信贷员总数**

这个指标是有效贷款客户与信贷员，或直接从事金融服务的职员总数之比。有些分析人员怀疑这个指标在进行机构间比较时的有效性，因为各机构的贷款技术、人员结构以及金融服务的类别有很大的不同。然而，小额信贷机构可以在内部运用这一指标来比较各分支机构之间或分支机构内部职员的生产率。一般而言，成功的小额信贷机构在这个指标上的标准值为：个人信贷是250个有效贷款客户/信贷员；小组信贷是350个有效贷款客户/信贷员。

3. **有效贷款客户总数/分支机构总数**

这个指标对借款人或者客户与小额信贷机构的分支机构进行比较，反映每个信贷分支机构的平均生产率，也能够反映小额信贷机构的业务能力。

4. **总贷款余额/信贷员总数**

这个指标用于衡量财务生产率，它比较的是总贷款余额与信贷员总数。该指标根据贷款方法、贷款规模和目标市场的变化而有很大的不同。小额信贷机构管理层用这个指标来跟踪信贷员一段时间内的财务生产率。

二、效率指标

效率指标衡量的是为产生收益而提供的服务（如贷款）的成本。小额信贷机构的效率指标反映的是贷出一个单位货币的成本。与生产率指标相反，效率指标值越低，机构越有效率。对于吸收存款的小额信贷机构，效率指标会由于有额外的吸收存款的经营成本而较低。因此，吸收存款的小额信贷机构的效率指标不能与未吸收存款的小额信贷机构的同类指标相比。常用的两个效率指标如下：

1. 经营费用/平均贷款余额

这个指标也称为管理效率，需要强调的是，这里的成本指的是经营费用，不包括资金财务成本和贷款损失准备金。为了进一步分析，经营成本可以拆分开来，以衡量特殊成本因素的效率，如工资和津贴，工资和津贴通常在经营成本中占比较大。因为管理效率不包括财务成本和贷款损失准备金，便于进行机构间的效率比较，因为不同机构的资金结构不同，要求的贷款损失准备金也可能不同。

2. 总经营成本/平均贷款余额

这个指标也称为经营效率，需要强调的是，这里的成本指的是总经营成本，它包括资金财务成本和贷款损失准备金，在机构内部使用这一指标更有意义。

实物捐赠对小额信贷机构经营的好处在于它不会产生直接成本。实物捐赠通常包括设备捐赠、捐赠者支付的审计费用、技术支持、租金补贴或者其他形式用于机构运营的非现金补贴。为了评估在没有补贴的情况下，小额信贷机构如何进行可持续经营，需将小额信贷机构的财务报表进行调整，以消除这些补贴对机构业绩的影响。然而，实际上并非所有的实物捐赠都能帮助小额信贷机构实现其目标，在没有捐赠者援助时，它也能运营。事实上，一些实物捐赠实现的是捐赠者的目的，并不代表这是没有捐赠的机构在经营中所必须付出的成本。因此，这一类型的实物捐赠不会出现在调整项中。

对于上述两个效率指标，如果机构存在实物捐赠，且符合需要对财务报表进行调整的情况，应在指标计算公式的分子（经营费用或总经营成本）上加上实物捐赠。另外需注意的是，这两个公式衡量的是一个时期而非一个时点的效率，在这种情况下，分母用的是总贷款余额的时期平均数。

生产率与效率指标提供了有关小额信贷机构获得收益与其成本费用间的比率关系的信息。通过计算和比较长期的生产率和效率指标，小额信贷机构能够确定它们是否在最大限度地使用其拥有的资源。生产率和效率指标都能够用来比较一个小型信贷机构的长期财务绩效并衡量其经营上的改善状况。通过把小额信贷机构的财务绩效作为一个整体进行跟踪分析，包括经营良好的分支机构、信贷人员或者其他经营机构，一个小额信贷机构能够确定在各个主要的经营机构间的"理想"关系。如果指标是适用的，那么，各分支机构的管理人员能够将自己管理的机构与其他机构相比较，以确定自身在什么地方需要降低成本，在什么地方需要增加收益。

三、收益率指标

收益率指标衡量的是小额信贷机构的与其资产平衡表相关的净收入。收益率指标有助于投资者和管理者确定他们是否能够从小额信贷机构投资中获得适当的回报。

1. 资产收益率（ROA）

$$资产收益率（ROA）= 经营利润/平均总资产$$

$$调整后的资产收益率（AROA）= 调整后的经营利润/平均总资产$$

ROA 是用来衡量小额信贷机构运用其总资产获取收入能力的指标，分母为该期间的平均总资产，即该期间的期初和期末资产值的平均数。由于不同机构间存在的通货膨胀、补贴、实物捐赠等差异，ROA 指标不适合用于不同机构之间的比较。当根据标准的调整办法（通货膨胀调整、补贴资金成本调整、实物捐赠调整）将分子进行调整计算后，不同机构调整后的资产收益率（AROA）就能进行比较了。

2. 净资产收益率（ROE）

$$净资产收益率（ROE）= 经营利润/平均净资产总额$$

$$调整后的净资产收益率（AROE）= 调整后的经营利润/平均净资产总额$$

ROE 是用来衡量利润水平的重要指标，它可以反映出股东投资的回报率。ROE 衡量的也是某个给定期间的收益，因此，净资产必须取平均值，即该期间的期初和期末净资产值的平均数。

AROE 是一个类似于 AROA 的财务分析工具，它衡量净资产在为机构资产提供融资所得的回报，而不是机构资产自身带来的回报，因为资产也可以通过负债融通。通货膨胀对小额信贷机构的净资产有较大影响，如果 AROE 小于零，那么意味着机构的净资产年复一年地被侵蚀。

3. 贷款收益率

$$贷款收益率 = 贷款收入/平均贷款余额$$

贷款收益率衡量的是小额信贷机构通过其贷款业务获取了多少收益。收入即收益，包括所有现金利息和费用收入，但不包括应收利息。

贷款收益率在区分小额信贷不同的利息和费用结构的实际现金流方面尤其有用。它衡量在某一期间贷款业务获得的实际收入额，并与带来收益的同期平均未偿贷款余额进行比较，反映了小额信贷机构获得必需收入的能力，是可持续发展的首要指标。

✉ 【延伸阅读 7-1】

相关财务指标的界定

扶贫协商小组（CGAP）、世界银行集团于 2003 年出版的《微型金融共识指南：微型金融财务术语、比率以及调整的释义》中对相关财务指标的界定如下：

经营（总）收入（Total Operating Revenue）：包括所有金融收入和其他经营收入。金融收入是指从贷款资产和投资活动中获得的收入，其他经营收入是指从其他金融服务中获得的收入。经营收入不包括捐赠，或任何与小额信贷机构贷款和提供金融服务这些核心业务无关的收入。当然，如果小额信贷机构认为其培训师的金融服务是不可分割的组成部分，那么培训收入也应被包括在经营收入内。

经营（总）费用（Total Operating Expense）：包括员工费用和管理费用，但不包括财务成本和贷款损失准备金，也不包括与非金融服务相关的费用。其中员工费用（Personnel Expense）包括员工的工资、奖金、福利以及就业税。它同时也指工资和福利或人员费用。它也可以包括招聘员工的费用和（或）最初的岗位设定费用。它不包括为现有员工提供的继续或专业培训费用，这种费用应被视为管理费用。管理费用（Administrative Expense）

是与小额信贷机构金融服务或其他服务直接相关的非财务费用,这些服务构成机构与客户金融服务关系的一部分。如折旧、水电、办公用品、广告、交通、通信以及咨询费用。它不包括对员工、收入或利润的征税,但包括交易税和购置税,如增值税。

财务成本(Financial Expense):也称金融费用,指为所有负债所支付的利息、费用和佣金,这些负债包括小额信贷机构持有的客户存款账户、商业和优惠贷款、抵押及其他负债,也可能包括协调信贷额度的费用;既包括已经用现金支付的利息,也包括应付未付利息。

贷款损失准备金(Loan-loss Allowance):是指为因拖欠而导致的损失所耗费(预留)的那部分总贷款余额。这一科目是指累计的贷款损失预提费用减去累计贷款注销额所剩余的部分。应该注意的是,贷款损失准备金通常不是现金储备,而是一个账户设置,用于向财务报告的读者提供预计贷款损失规模的信息。

经营净收入(Net Operating Income):总营业收入减去与经营小额信贷机构核心金融服务相关的费用合计,包括经营(总)费用、财务成本及贷款损失准备金。它不包括捐赠和来自非金融服务的收入。

活动2　了解财务可持续性评价

一、小额信贷机构的可持续性

第一种,是指小额信贷机构的利息和手续费收入不足以覆盖运营成本,世界上大多数小额信贷机构属于此类。这类机构大多依靠赠与或捐赠者及政府提供的低息贷款,他们严重依赖补贴。总体来看,这类机构会耗尽资金最终走向结束,他们客户的期望往往无法满足。

第二种,这类小额信贷机构的收入能够覆盖运营成本,但不能够覆盖获得资金的商业成本。虽然这类机构能够覆盖运营成本,但是由于无法覆盖财务成本,他们仍然需要资助,资助的程度取决于他们获取资金的成本。

第三种,这类小额信贷机构能够实现完全的自给自足,不仅能够覆盖所有成本,而且还能够获得盈利。这类机构发放的贷款利率还包括通货膨胀溢价。他们在不需要资助的情况下盈利,而且股权回报率可以达到私人部门的股权回报率。这类机构能够吸收公众储蓄并能够利用国内外的投资资金。而能否获取资金是小额信贷机构提供商业化金融服务的重要衡量指标。

二、财务可持续的评价方法

(一)经营自足与财务自足

财务可持续是小额信贷可持续发展的最重要指标。国际上,多数小额信贷机构一般采用"自足"指标和补贴依赖指数来衡量机构的可持续发展能力。

经营自足(Operational Self Sufficiency,OSS),即经营自负盈亏率,也称操作自负盈亏率。这是实现可持续发展的最低标准,它测量经营收入补偿经营费用的程度,反映了在给定的期间内，小额信贷机构用其所有的经营收入补偿其出现在利润表中所有的经营费用的能力。

财务自足（Financial Self Sufficiency，FSS），即财务自负盈亏率，也称金融自负盈亏率，测量经营收入补偿所有费用的程度，反映了小额信贷机构在微利水平上运营的能力。实现财务自足的小额信贷机构能在接受很少或完全不接受捐赠的情况下，提供可持续性的服务，从而实现机构的可持续发展。具体计算公式如下：

经营自足（OSS）＝经营收入÷（经营费用＋财务成本＋贷款损失准备金）
财务自足（FSS）＝经营收入÷（经营费用＋财务成本＋贷款损失准备金＋资本成本）

财务自足指标计算公式中的资本成本项，是一个费用调整项，包括通货膨胀率调整、资金成本补贴调整、非现金补贴调整、不良贷款调整、外汇损益调整等。

（二）补贴依赖指数

世界银行的 Jacob Yaron（1992）开发了补贴依赖指数（SDI）来衡量小额信贷机构对财政补贴的依赖程度和可持续发展能力。SDI 主要用来计算一个小额信贷机构为保证其收益与资本的机会成本相等时所需要的资金补贴程度，用来对补贴依赖性进行评估并定量计算。

具体衡量在其他条件不变的情况下，一家小额信贷机构为了抵消其所收到的补贴，以及为了使其股权回报等于以市场利率借入资金的成本，而所需要提高平均贷款利率的百分比。这个指标将补贴作为小额信贷机构当前经营和利息收入水平的一部分，在清晰反映机构未来持续经营对补贴的依赖程度方面具有明显优势。具体计算公式如下：

补贴依赖指数（SDI）＝$S \div (LP \times I)$

其中，$S = A \times (m - c) + [(E \times m) - P] + K$

S = 小额信贷机构收到的年度补贴额；
LP = 平均年度贷款余额；
I = 发放贷款的加权平均利率；
A = 小额信贷机构以优惠利率借入的资金余额（年度平均值）；
m = 借贷资金的市场利率；
c = 小额信贷机构实际借贷资金的年度加权平均利率；
E = 平均年度净资产；
P = 年度报告利润（税前，如需要，对贷款损失准备金、通货膨胀及其他因素进行调整）；
K = 收到其他补贴的年度总和（如国家对小额信贷机构营业成本作出的部分或全部补偿）。

SDI 为 0 或负数意味着小额信贷机构取得了完全的自我可持续发展。SDI 为 100% 意味着如果完全取消补贴，小额信贷机构需要将平均贷款利率翻番才能实现可持续发展。负的 SDI 意味着小额信贷机构不仅完全取得了自我可持续发展，而且它的年度利润在减去以合适的市场利率计算的资本成本后，还能超过它的年度补贴总额（如果这家小

如何做到扶贫与经济双赢——河北易县扶贫经济合作社调查

额信贷机构接受补贴的话），负的 SDI 还意味着小额信贷机构可以在不接受任何补贴的同时降低平均贷款利率。

模块二 社会绩效评价

【案例导入】

解码宜信：社会责任串起战略发展

作为社会资金融通的主体，金融企业的社会责任不仅体现在积极投身公益。在经济周期调整的当下，金融机构的首要任务，就是做实体经济的"金融帮手"，突出地体现在助力实体经济、扶持小微企业，充分利用金融机构在经济社会发展中的特殊优势和影响力，带动其他企业乃至整个行业关注并积极履行社会责任，将社会责任的履行效果扩大化。

作为中国小额信贷行业领军企业，宜信帮助中国的贫困农户、工薪阶层、大学生和小微企业主等传统金融系统不能覆盖的群体获得发展所需资金，通过创新金融理念将承担社会责任与战略发展紧密结合起来。

坚守"双底线"价值观　扶持小微企业

宜信公司是一家集财富管理、信用风险评估与管理、信用数据整合服务、小额借款行业投资、小微借款咨询服务与交易促成、公益理财助农平台服务等业务于一体的综合性现代服务业企业。公司创办8年来，始终秉承"双底线"的价值观，在追求企业商业价值同时践行企业的社会责任。

宜信通过推出"小微企业助力计划"、"普惠信用圆梦中国"小微企业创业案例大赛、编写《小微企业生存之道》书籍等方式来帮助小微企业主提升创业能力。通过基于互联网、移动互联网的产品服务应用解决方案帮助小微企业人群更好地经营、管理自己的客户、员工。在不断完善的小微金融服务体系下，小微商家将获得成长每个阶段所需的融资、咨询甚至理财等多种服务，不断获得成长。

可持续扶贫　创新公益模式

"授人以鱼不如授人以渔"，不同于传统的"输血式"扶贫助农，宜信公司于2009年推出宜农贷平台，将爱心的出借人与需要资金的农村借款人一对一对接起来，在陌生的出借人和农村借款人中间搭建了公开透明的爱心桥梁，开创一种"可持续扶贫"的创新公益模式。

相比传统公益模式，宜农贷公益理财的相关操作更加公开、透明，投资人可以通过互联网清楚地了解到自己的资金帮助了哪些人，并且同一笔资金可以反复帮助多个贫困农户。

五年来，经过努力和发展，宜农贷现在有22个合作机构，覆盖的农户有1万多名，爱心出借人达到12万，平台累计出借资金已超过1亿元。

在农村发展和扶贫事业当中，互联网技术创新金融的方式会起到很重要的作用。以"宜农贷"实践为例，如果我们能够把每一位农户看作一名微型创业者，他们会有一种感尊严和责任感,拿到钱的状态不一样,起到的作用也不一样。

社会责任贯穿战略发展

对金融机构而言,对于社会的经济责任不应仅局限于创造利润和纳税捐赠,其更深刻的内涵是要以正确的方式进行业务运营,了解并及时处理利益相关方所关注的问题,带动其他企业乃至整个行业关注并积极履行社会责任,将社会责任的履行效果扩大化。

宜信集团 CEO 唐宁曾指出:"宜信在过去的实践中发现,企业的社会责任应该作为企业经营发展战略的一部分,企业需要坚持经济绩效与社会绩效的平衡,追求全面可持续发展。"

资料来源:解码宜信:社会责任串起来战略发展 [EB/OL]. [2015-01-07]. https://business.sohu.com/20150107/n407616622.shtml.

请思考:基于材料,谈谈对宜信公司将社会绩效作为公司战略的理解。

活动1　了解社会责任与社会绩效

企业社会责任是指一个企业在其运营和活动中对其所有利益相关者应承担的责任或义务,这种义务是基于基本的道德规范和社会准则。企业社会责任具有三重基本原则,即对经营绩效的考核要兼顾社会、环境和经济三个相互关联的领域。企业社会责任不仅考量企业如何运用其利润,也考核企业如何获得利润。

企业社会绩效虽然也是企业社会责任所要求的行动,但社会绩效与社会责任有区别,不同学者对社会责任和社会绩效内涵的认识不尽相同,具体见表7-1。

表7-1　　　　　　　　社会责任和社会绩效的区别和联系

维度	一般企业社会责任		小额信贷社会绩效
	层次1	层次2	
企业目的和责任	经济目的是企业唯一的目的,社会目的是实现经济目的的手段	企业目的是多元的,追求利益相关者的整体利益	企业目的是多元的,追求利益相关者的整体利益
动力来源	外部压力要求的	自觉、自愿的	自觉、自愿性
行动模式	社会事务参与	社会事务参与	纳入企业经营管理
行为特征	可不纳入内控系统 可不纳入考核评价 可不纳入报表报告	可不纳入内控系统 可不纳入考核评价 可不纳入报表报告	纳入内控系统 纳入考核评价 纳入报表报告

资料来源:杜晓山,孙同全,张群. 公益性及商业性小额信贷社会绩效管理比较研究 [J]. 现代经济探讨,2011 (5).

对社会责任的认识有两种不同的层次,显示了概念的演进和深化。"层次1"认为经济目的是企业唯一的目的,所有非财务和非经济的目的都被看作是获得目的的手段。企业在外部压力,如法律、社会期望、市场等逼迫下履行其社会责任,是一种社会事务性参与,表现为慈善捐赠等形式,没有纳入企业的战略范围,从而不纳入企业内控系统、考核评价、报表报告体系。

"层次2"深化了"层次1"的认识,"层次2"认为,企业目的是多元的,除了经济目的以外,企业也应当有社会目的和环境目的,应追求利益相关者的整体利益,而不仅仅是某个主体的利益,"层次2"能够自觉、自愿履行其社会责任。但是在行动模式上仍然停留在社会事务参与的层级,并没有纳入企业日常管理活动中。

社会绩效是指一个机构根据其宗旨自觉地进行经营管理所产生的社会效益。小额信贷社会绩效是建立在利益相关者视角下进行讨论的,机构追求利益相关者的整体利益,而不仅仅是某个主体的利益,重要利益相关者包括客户、捐助者、投资者、员工以及社区。他们不仅仅关注机构的财务绩效,还考虑机构的社会成果。社会绩效将社会成果与机构的社会宗旨目标相联系。在设定机构社会宗旨目标时必须明确各利益相关者所关注的绩效。企业的社会绩效内生于企业宗旨和目标,实现社会绩效是企业的一种自觉行为,强调对社会绩效进行管理,要将社会绩效管理纳入企业内控系统、对员工的考核评价体系,以及报表报告。

活动2　理解企业社会绩效与财务绩效的关系

对于企业的社会绩效与财务绩效之间的关系,存在着不同的观点。

一、社会绩效促进财务绩效

良好的社会绩效将导致较高的企业利润。20世纪50年代到90年代,强生、可口可乐、IBM、3M、施乐等社会绩效良好的企业的利润增长率达到11.3%,而同期道琼斯行业平均增长率水平约为6.2%。一些学者试图解释这种现象,主要理论观点如下:

社会影响假说(The Social Impact Hypothesis)认为,良好的社会表现会导致较高的财务绩效,企业可以通过提高企业声誉来降低商业风险,获得监管机构更多的支持,吸引财政市场上更多的投资,满足不同利益相关者的需求和期望,增进财务绩效(Cornell 和 Shapiro,1987)。

利益相关者契约成本论(Stakeholder Contract Costs Theory)认为,良好的企业社会绩效可降低利益相关者的管理成本,从而提高企业经济效益(Sen,1997;Swanson,1995)。

二、提高社会绩效导致财务绩效下降

企业将资金、资源投入社会行为,用于提高企业社会绩效,将增加企业的成本,无法达到利润最大化的目标,从而降低了财务绩效和企业整体绩效。主要理论观点如下:

交易假说(The Trade-off Hypothesis)认为,高社会责任表现会导致低财务绩效,企业履行社会责任会导致财务支出,从而降低盈利能力,尤其是当其他公司不积极参与社会活动时,会导致该企业处于竞争市场中的不利地位与处境。

私有成本理论(Private Costs Theory)假定企业社会绩效造成企业成本的增加,却无法获得相对的报酬(Friedman,1970;Preston 和 O'Bannon,1997)。

经营阶层的狡黠理论（Managerial Guile Theory）认为，即使某些企业社会行为会损害企业的整体绩效，一些经理人仍会基于私人利益而从事企业社会行为，因为监督经理人的行为是很困难的，尤其是在大型企业。这一理论意味着经理人将资源用在社会目标上，而不将这些资源用在有高生产力的产品上，将使企业的财务绩效无法达到最大化的目标。

三、社会绩效依赖于良好的经济绩效

良好的财务绩效增加了企业在社会绩效领域投资的可能性，进而影响企业社会绩效。主要理论观点如下：

可利用资金假说（Available Funds Hypothesis）认为，企业的社会表现取决于可供利用的财务资源，良好的财务绩效使企业能够在社会责任上投入更多的资金，产生良好的社会表现。

闲置资源假说（The Slack Resource Hypothesis）认为，财务绩效良好的企业，将有更多的闲置资源（财务的或其他的），并给予企业更多在社会绩效领域投资的机会，例如，社区关系、员工关系或环境等。

可负担理论（Affordability Theory）考虑到社会绩效的成本，认为参与社会行为成本是昂贵的，只有财务绩效良好的企业才有能力提高社会绩效，即良好的财务绩效是企业实现社会绩效的前提。

四、财务绩效与社会绩效间存在反作用

企业财务绩效越好，企业越不会去从事社会责任行为；企业财务绩效越不好，企业越会去从事社会责任行为。管理机会主义假说指出，高财务绩效将导致低社会绩效。由于管理者追求个人目标的实现以及个人利益的最大化，当企业财务绩效良好时，企业经理人将会减少对社会责任的投资以增加个人的短期收益；当财务绩效不佳时，管理者会通过参加一些突出的社会活动来抵消令人失望的经营业绩或使之合理化。

活动3　　了解小额信贷机构的社会绩效管理

一、什么是社会绩效管理

社会绩效管理（SPM）是小额信贷机构为实现其社会目标，通过设定战略和指标、开展经营管理、产生社会绩效的过程，它是一个衡量、分析、报告和使用社会绩效信息的过程。社会绩效管理是小额信贷机构将社会绩效目标转化为现实成果的制度化过程，包括制定明确的社会目标、管理达到社会目标的过程以及利用信息以提高绩效的实践。

社会绩效管理在小额信贷行业内所起的作用日益显著。小额信贷机构是寻求财务和社会效益，具备双重底线的机构。财务目标和社会目标有时可能会冲突，社会绩效管理能够让小额信贷机构的管理人员在财务绩效与社会绩效之间进行权衡管理。对一个机构来说，有效的社会绩效管理体系将产生相关信息以更具战略性的有效方式处理两者之间的权衡。尽管社会绩效管理在小额信贷领域相对较新，但它在其他领域的发展却有着很

长的历史。

社会绩效目标是小额信贷机构社会绩效管理所要达到的目标。社会绩效目标的设定有助于小额信贷机构实现其社会绩效。小额信贷机构的社会绩效目标通常包括三个方面：第一，惠及目标客户，以可持续的方式扩大和深化对中低收入群体和被正规金融机构排斥群体的服务；第二，满足客户需求，通过对目标客户的具体需要进行系统评估，改善对目标客户的服务质量和便利程度；第三，改变客户生活，为小额信贷客户及其家庭和社区创造利益，包括改善其社会资本、社会关系和资产，减少家庭经济的脆弱性，增加收入，使小额信贷客户能获得必要服务，并满足他们的基本需求等。

二、社会绩效管理流程

对于一个小额信贷项目或机构而言，社会绩效管理的基本路径是：首先，制定项目或机构的服务宗旨，对服务的客户对象进行定位。其次，为实现宗旨制定战略，确定要实现的长期以及短期目标，设立社会绩效考核指标，设计产品和服务内容等。再次，制定和实施经营管理制度，配备人力资源，设置内控系统，运用信息系统开展经营活动，去实现宗旨和目标。最后，产生经营管理活动的成果，惠及目标客户，满足客户需求，以及改变客户生活。

这一路径的每一环节都会对最后的成果产生重要影响，或者内部或者外部影响。此外，社会绩效管理产生信息必须融入小额信贷机构的经营、运作程序和价值系统，以影响业务和战略层面的决策，从而利用社会绩效信息提高机构的整体绩效。

图7-1 社会绩效管理流程

（资料来源：刘文璞. 小额信贷管理[M]. 北京：社会科学文献出版社，2011）

三、社会绩效评价指标

小额信贷机构的社会绩效成果需要通过社会绩效评估才能体现。社会绩效评估是一个相对狭窄的概念，特指对社会绩效进行具体的评估。社会绩效评估既可以是机构内部的自我评估，也可以是外部对机构的评估。对内部评估来说，社会绩效评估可以是一种内部审计；而外部评估则与社会绩效评级相关。

社会绩效评级是使用标准的评级打分表对小额信贷机构的社会绩效进行的独立评估，是近年来在小额信贷领域兴起的业务。国际小额信贷评级公司（Micro – Credit Rating International Limited，M – CRIL）、微型金融评级机构（Microfinance Rating）、沛丰评级公司（Planet Rating）、微型评级公司（Micro Rate）是国际上在该领域开展评级业务的代表性机构。

从社会绩效的不同评价角度，有三种评价模式：利益相关者评价模式、制度管理评价模式、社会议题评价模式。

利益相关者评价模式是运用利益相关者理论来探寻企业社会责任和社会绩效问题，它认为任何一个公司的发展都离不开各种利益相关者的投入或参与，企业追求的是利益相关者的整体利益，而不仅仅是某个主体的利益。

制度管理评价模式是将利益相关者理论与新制度经济学相结合，从战略管理、企业伦理理论和组织行为学的角度研究利益相关者理论，从而更好地平衡不同利益相关者的利益要求，解决企业管理社会绩效的现实问题。

社会议题评价模式是从小额信贷应该重点关注的社会议题角度制定相应的指标。该模式认为，小额信贷社会绩效研究的议题至少有四个值得认真重视的方面：服务覆盖面、消费者保护、机构管理的平衡和报告制度（见表7 – 2）。

表7 – 2　　　　　　　　小额信贷社会绩效议题评价模式

服务覆盖面	消费者保护	机构管理的平衡	报告制度
①服务深度 ②服务广度 ③服务质量 ④服务跨度 ⑤服务品种	①避免过度负债 ②透明化的定价机制和披露机制 ③适宜的收贷制度 ④员工行为的道德规范 ⑤对客户不满投诉的反馈、纠正和补偿机制 ⑥客户数据的保护机制	①机构的治理结构 ②服务成本要适宜	①社会绩效指标体系 ②报告的形式 ③报告时间及时限 ④报告的使用对象

1. 服务覆盖面。服务覆盖面主要关注以下问题：（1）服务深度，即产品和服务能达到社会底层的程度，通常用平均贷款额度来反映，额度越小表示服务的人群越贫困，为了使国家间的指标具有可比性，通常将平均贷款额度除以该国家的人均国民收入，抵消国家收入水平不同带来的差异；（2）服务广度，即客户数量，通常用"活跃借款人数"（有效贷款客户总数）来衡量，是指目前向小额贷款机构有借款的个人或单位总数，通常拥有多笔贷款的个人算作一个借款人；（3）服务质量，即服务是否符合适用性、有效性和经济性等一般要求；（4）服务跨度，即客户获取金融产品和服务的时间长度；（5）服务品种，即提供给客户的服务是否具有多样性，是否适于客户需求。

2. 消费者保护。关于消费者保护，国际上公认有六个基本原则：避免过度负债；透明化的定价机制和披露机制；适宜的收贷制度；员工行为的道德规范，对客户的态度；

对客户不满的投诉有没有完整的反馈、纠正和补偿机制；客户数据的保护机制。

3. 机构管理的平衡。首先，机构的治理结构要制衡，包括独立及相互支持和制衡的负责人；各样平衡的技能、定位和经验；员工轮岗；规则和约束机制；收入的分配机制；适宜的利润水平；对客户提供更多的支持服务上有投入的激励等。其次，服务成本要适宜。这包括服务成本、信贷利率、储蓄利率等方面的定价区间。小额信贷应有一个合理的存贷差界限，同时要尽量控制服务客户的成本，确定一个机构和穷人双方都能接受的成本范畴。从供给方来看，机构的可持续发展能够引发市场竞争，而竞争使得客户有多元化的融资渠道，这是有益的，但客户不要因此过度负债。

4. 报告制度的支撑。社会绩效报告制度支撑是指建立起全面反映社会绩效活动情况、及时有效提供相关信息、加强内部管理的内部报告制度。

【延伸阅读7-2】
小额信贷信息交流中心的社会绩效指标体系

2005年3月，来自世界各地的小额信贷相关人士齐聚巴黎，组建了小额信贷"社会绩效工作小组"（Social Performance Task Force, SPTF），其目的是推动全行业对社会绩效工作的支持，动员利益相关者参与并在一些问题上达成共识，包括：社会绩效的术语和定义、社会绩效项目活动的协调、信息的发布和共享、建立共同的社会绩效框架、开发社会绩效报告和绩效标准体系。

工作组在调查基础上形成了一套共同的（核心）社会绩效指标，用于监测、报告和比较不同小额信贷机构的社会绩效。工作组将这套指标提供给了小额信贷信息交流市场（MIX MARKET），由在MIX MARKET上注册的机构提供并发布社会绩效数据，并形成行业基准数据。小额信贷信息交流市场采用的社会绩效指标体系如图7-2所示。

在原有22个指标体系的基础上，MIX综合了小额贷款机构、投资者以及网络的反馈以及前几年的MIX数据分析，对小额贷款机构社会绩效的指标进行了改进。2011年的新指标列表包含11项核心指标。该11项指标及指标衡量内容如下：

1. 宗旨和社会目标（Mission and Social Goals）：机构对社会宗旨、目标市场和发展目标作出书面承诺。

2. 治理（Governance）：机构理事会成员是否都接受了社会绩效管理培训，设立了专门的委员会对社会绩效进行监管。

3. 产品和服务的范围（Range of Products and Services）：机构提供的金融和非金融产品与服务。

4. 对客户的社会责任（Social Responsibility to Clients）：机构对客户保护原则的实施情况，包括防止过度负债、信息透明化、合理定价、公平公正对待客户、有效的投诉解决机制、保护客户隐私权。

5. 对客户服务成本的透明度（Transparency of Cost of Services to Clients）：机构如何向客户说明利率。

项目七　小额信贷绩效评价

图7-2　小额信贷信息交流市场的社会绩效指标体系
（注：＊是MIX MARKET期望注册机构填写的指标）

6. 人力资源和员工激励（Human Resources and Staff Incentives）：机构对员工的社会责任的政策，包括人力资源政策，理事会与员工构成，员工更换率以及员工与社会绩效目标挂钩的激励机制。

7. 对环境的社会责任（Social Responsibility to the Environment）：机构是否制定政策减少所支持企业对于环境的影响。

8. 贫困覆盖面（Poverty Outreach）：客户在加入时的贫困水平以及加入后的脱贫情况。

9. 不同信贷方法的客户覆盖面（Client Outreach by Lending Methodology）：机构提供的不同放贷方法。

10. 支持企业与创造就业（Enterprises Financed and Employment Creation）：机构贷款支持的企业数量与这些企业创造的就业机会。

11. 客户保持率（Client Retention Rate）：机构的客户保留率。

关于MIX

小额信贷信息交流中心（Microfinance Information Exchange，MIX）是为小额信贷行业提供商业信息与数据服务的主要服务商。MIX致力于通过提高透明度来加强小额信贷行业，它提供与行业相关的小额贷款机构、投资者、网络和服务供应商的综合绩效信息。MIX通过丰富多样的公共平台提供服务，这些平台包括MIX Market（www.mixmarket.org）、

MicroBanking Bulletin 和 MIX Microfinance World。

MIX 是由扶贫协商小组（Consultative Group to Assist the Poor, CGAP）创建的一家非营利性公司，并与 CGAP、花旗基金会（the Citi Foundation）、德意志银行美国基金会（Deutsche Bank Americas Foundation）、Omidyar Network、万事达基金会（MasterCard Foundation）、国际农业发展基金（IFAD）、比尔及梅琳达·盖茨基金会（Bill & Melinda Gates Foundation）、迈克尔和苏珊·戴尔基金会（Michael & Susan Dell Foundation）、福特基金会（Ford Foundation）和其他组织协同开展工作。

资料来源：刘文璞. 小额信贷管理 [M]. 北京：社会科学文献出版社，2011.

☞ **请思考**：基于材料，谈谈对小额信贷机构开展社会绩效评价的认识。

✉ **【延伸阅读 7-3】**

中国公益性和商业性小额信贷社会绩效管理比较

表 7-3 是国内学者借鉴小额信贷信息交流中心（MIX）的 22 个社会绩效管理评估指标，对我国公益性小额信贷和商业性小额信贷社会绩效管理现状进行的比较研究。

表 7-3　　　　　　　　　　　我国小额信贷社会绩效管理评价

小额信贷机构	公益性	商业性
Ⅰ 宗旨		
1. 机构宗旨和社会目标	大多具有明确的社会目标，商业化趋势，但机构面临"宗旨和目标偏移"的挑战	少数机构的宗旨和目标中含有社会绩效的元素
2. 机构治理	治理类型多样，理事会成员由利益相关方组成	实行"三权分立"制度，但董事会成员、利益相关方代表性不全面
Ⅱ 战略		
3. 产品和服务的范围	供给导向，只为受益人提供确定的服务，较少考虑产品开发	需求导向，最大限度地开发适应客户不同需要的产品
	提供综合性的扶贫服务	多数仅提供微型金融服务
4. 社会绩效培训	重视客户参与，通过客户参与实现社会绩效培训	员工培训中含有社会绩效内容，但是没有明确的社会绩效教育导向
5. 员工绩效考核和激励	对社会绩效的有效定量衡量不多，缺乏以"双重目标"为导向的人力资源管理战略及措施	以经济绩效考核为主，欠缺社会绩效考量
6. 客户的市场调研	通过小组（或中心会议）以及建立自治组织的形式，收集客户经济以及生活状况信息	对客户（尤其是低端客户）的经济状况变化没有专门的调查安排
7. 衡量客户保留	注意收集客户保留率信息	缺乏客户保留率信息
8. 贫困评估	有意识，有要求，有跟踪，但缺乏有效工具	没有专门的考虑和安排

续表

小额信贷机构	公益性	商业性
Ⅲ 政策与执行		
9. 对客户的社会责任	通过信贷以及技术培训、健康服务等社会服务，帮助客户成长	通过改善经营服务来体现社会责任，但仍然缺乏对消费者权益保护的关注
10. 客户服务成本的透明度	不以盈利为目标，利率低于商业银行贷款利率，同时并不很计较成本核算，很多公益性小额信贷机构不向客户公布贷款定价的依据和运营成本的构成	有些贷款利率高于商业银行贷款利率，定价相对灵活，不够透明
11. 对员工的社会责任	问题较多：专职化、激励机制、社会保障、职业生涯规划等差别较大	较好。专职员工、基本的福利保障、提供晋升通道、具有绩效考核激励机制
12. 对社区的社会责任	关注社区发展	缺少对社区发展的重视，但有一定的公关政策和投入
13. 对环境的社会责任	没有正式的制度安排，没有重视	有国家法规政策的约束和内部政策措施
Ⅳ 产出与成果：社会目标的成效		
14. 地理覆盖面	地域狭窄，多在贫困和传统金融覆盖不到的地方	点多面广，但贫困地区覆盖率低
15. 妇女覆盖面	特别重视妇女，有的达到100%	不区分性别
16. 客户覆盖面	客户覆盖面较低	客户覆盖广，但深度不够
17. 非金融服务的覆盖面	赋权、能力培训	覆盖范围有限
18. 就业	帮助贫困人口实现"雇用就业"和"自我就业"	有更多的方式促进就业
19. 儿童上学率	由于我国实行9年义务教育，在儿童上学方面并不存在很大的问题，因此笔者认为这一指标并不适合中国的实际情况	
20. 刚加入机构的贫困及非常贫困的客户	有要求，有统计，不准确	不统计
21. 加入机构3年或5年后仍处于贫困状态的客户	有要求，有统计，不准确	不统计
22. 加入机构3年或5年后脱贫的客户	有要求，有统计，不准确	不统计

资料来源：杜晓山，孙同全，张群. 公益性及商业性小额信贷社会绩效管理比较研究[J]. 现代经济探讨, 2011（5）.

☞ **请思考**：公益性与商业性的小额信贷在社会绩效管理方面有什么不同？如何更好地管理和实现商业性小额信贷的社会绩效目标？

【课后习题】

一、单项选择题

1. 以下属于小额信贷机构财务绩效评价的生产率指标的是（   ）。
   A. 总经营成本/平均贷款余额   B. 经营费用/平均贷款余额
   C. 有效贷款客户总数/信贷员总数   D. 贷款收益率
2. 以下属于小额信贷机构财务绩效评价的效率指标的是（   ）。
   A. 总贷款余额/信贷员总数   B. 总经营成本/平均贷款余额
   C. 有效贷款客户总数/分支机构总数   D. 贷款收益率
3. 以下属于小额信贷机构财务绩效评价的收益率指标的是（   ）。
   A. 总贷款余额/信贷员总数   B. 总经营成本/平均贷款余额
   C. 有效贷款客户总数/分支机构总数   D. 经营利润/平均净资产总额

二、多项选择题

1. 以下属于财务绩效评价指标的是（   ）。
   A. 总经营成本/平均贷款余额   B. 资产收益率
   C. 有效贷款客户总数/职员总数   D. 服务深度
2. 以下属于社会绩效评价指标的是（   ）。
   A. 经营费用/平均贷款余额   B. 服务广度
   C. 新增贫困客户   D. 服务范围
3. 以下哪些指标值表明小额信贷机构实现了可持续发展（   ）。
   A. OSS≥1   B. FSS≥1   C. SDI≤0   D. SDI>0
4. 以下反映小额信贷机构服务覆盖面的指标是（   ）。
   A. 服务深度   B. 服务广度   C. 服务品种   D. 服务跨度
5. 小额信贷社会绩效评价模式重视的方面有（   ）。
   A. 服务覆盖面   B. 消费者保护   C. 机构管理的平衡   D. 报告制度

三、简答题

1. 小额信贷机构的财务绩效与社会绩效的关系是怎样的？
2. 财务绩效与社会绩效的内涵是什么？
3. 社会责任与社会绩效的区别是什么？
4. 简述小额信贷机构的可持续发展及其评价方法。
5. 简述小额信贷机构的社会绩效管理与目标。
6. 小额信贷机构的社会绩效评价模式是怎样的？
7. 小额信贷信息交流中心的社会绩效评价核心指标有哪些？

四、实训题

小组作业：搜集某小额信贷机构的相关数据和资料，对其进行财务绩效和社会绩效评价，形成书面报告并进行交流。

参考答案：一、CBD；二、ABC、BCD、BC、ABCD、ABCD

参考文献

[1] 杜晓山. 小额信贷与普惠金融体系 [J]. 中国金融, 2010 (10).

[2] 杜晓山, 孙同全, 张群. 公益性及商业性小额信贷社会绩效管理比较研究 [J]. 现代经济探讨, 2011 (5).

[3] 何华平. 一本书看透信贷——信贷业务全流程深度剖析 [M]. 北京: 机械工业出版社, 2018.

[4] 何良刚, 黄武. 小额贷款业务管理 [M]. 北京: 中国金融出版社, 2018.

[5] 何忠伟. 农村金融与农户小额信贷 [M]. 北京: 金盾出版社, 2009.

[6] 黄革, 戴鸿广, 邢增艺. 小额贷款技术的国际经验及启示 [J]. 中国金融, 2010 (9).

[7] 黄武. 小额贷款评估技术与风险控制 [M]. 北京: 中国金融出版社, 2013.

[8] 焦瑾璞. 小额信贷在中国 [J]. 中国金融家, 2007 (4).

[9] 焦瑾璞, 王爱俭. 普惠金融: 基本原理与中国实践 [M]. 北京: 中国金融出版社, 2015.

[10] 金永熙, 邹挺骞, 陈娟娟. 小额贷款法律规范与风险防范 [M]. 北京: 法律出版社, 2016.

[11] 汪海粟, 姜玉勇. 个体工商户的行业分布、生存状态及其或然走向 [J]. 企业发展, 2014 (4).

[12] 黄波, 魏伟. 个体工商户制度的存与废: 国际经验启示与政策选择 [J]. 改革, 2014 (4).

[13] 李凤文. 做好金融服务小农户"大文章" [N]. 上海金融报, 2019-02-26 (002).

[14] 李镇西. 小企业金融服务研究 [M]. 北京: 中国金融出版社, 2011.

[15] 李直, 朱忠明. 中国小额贷款公司实践与发展 [M]. 北京: 中国发展出版社, 2013.

[16] 刘文璞, 张保民, 孙同全, 张红. 小额信贷管理 [M]. 北京: 社会科学文献出版社, 2011.

[17] 秦志辉, 于春晖. 促进小型微型企业健康发展 [N]. 人民日报, 2012-04-27 (007).

[18] 宋徐徐, 许丁. 软信息收集在中小企业贷款"信贷工厂"模式中的重要作用 [J]. 经济体制改革, 2012 (1).

[19] 汤建国. 浅议小微企业贷款调查的交叉验证 [J]. 时代金融, 2015 (1) 下旬刊.

[20] 王芳. 大数据时代背景下 IPC 信贷技术的应用研究 [D]. 北京邮电大学, 2019.

[21] 王海净, 田原, 杨伟坤. 如何做到扶贫与经济双赢——河北易县扶贫经济合作社调查 [J]. 银行家, 2016 (3).

[22] 王颂吉, 白永秀. 一个多元化农村金融组织体系框架——基于不同类型农户信贷需求的视角 [J]. 延安大学学报 (社会科学版), 2011 (1).

[23] 王晓青. 我国农村转型期农户小额贷款行为研究 [M]. 北京: 经济科学出版社, 2012.

[24] 卫恩祥, 张卫峰. 基于银行视角探析农户贷款风险成因及防范对策 [J]. 现代金融, 2020 (1).

[25] 翁一. 从 IPC 微贷技术再看大数据风控 [N]. 第一财经日报, 2019-11-05 (A12).

[26] 阎敏. 银行信贷风险管理案例分析 [M]. 北京: 清华大学出版社, 2015.

[27] 袁亚光. 关于个体工商户 [J]. 标准科学, 2015 (9).

[28] 曾刚, 陈才东. 小企业融资: 外部环境与贷款技术 [J]. 金融与经济, 2012 (8).

[29] 张双英, 谢瑞芬. 对易县扶贫经济合作社发展状况的调查与思考 [J]. 华北金融, 2008 (10).

[30] 中国金融教育发展基金会, 中国人民银行金融研究所. 中国小额信贷案例选编 [M]. 北京: 中国市场出版社, 2009.

[31] 中国人民银行, 中国银行保险监督管理委员会. 中国小微企业金融服务报告 (2018) [M]. 北京: 中国金融出版社, 2019.

[32] 庄文君. 两种小企业信贷技术介绍 [J]. 金融电子化, 2011 (3).

[33] 中国银行业协会银行业专业人员职业资格考试办公室, 银行业专业人员资格考试统编教材个人贷款 [M]. 北京: 中国金融出版社, 2018.

[34] 中国小额信贷社会绩效管理研究课题组. 商业性小额信贷社会绩效评价——基于哈尔滨银行的案例分析 [J]. 农村金融研究, 2011 (4).

高职高专金融类系列教材

一、高职高专金融类系列教材

书名	作者	职务	定价	出版时间
货币金融学概论	周建松	主编	25.00元	2006.12出版
货币金融学概论习题与案例集	周建松 郭福春等	编著	25.00元	2008.05出版
金融法概论（第二版）	朱 明	主编	25.00元	2012.04出版
（普通高等教育"十一五"国家级规划教材）				
商业银行客户经理	伏琳娜 满玉华	主编	36.00元	2010.08出版
商业银行客户经理	刘旭东	主编	21.50元	2006.08出版
商业银行综合柜台业务（第三版）	董瑞丽	主编	36.00元	2016.07出版
（国家精品课程教材·2006）				
商业银行综合业务技能	董瑞丽	主编	30.50元	2008.01出版
商业银行中间业务	张传良 倪信琦	主编	22.00元	2006.08出版
商业银行授信业务	王艳君 郭瑞云 于千程	编著	45.00元	2012.10出版
商业银行授信业务	邱俊如 金广荣	主编	32.00元	2009.02出版
商业银行业务与经营	王红梅 吴军梅	主编	34.00元	2007.05出版
金融服务营销	徐海洁	编著	34.00元	2013.06出版
商业银行基层网点经营管理	赵振华	主编	32.00元	2009.08出版
商业银行柜面英语口语	汪卫芳	主编	15.00元	2008.08出版
银行卡业务	孙 颖 郭福春	编著	36.50元	2008.08出版
银行产品	彭陆军	主编	25.00元	2010.01出版
银行产品	杨荣华 李晓红	主编	29.00元	2012.12出版
反假货币技术	方秀丽 陈光荣 包可栋	主编	58.00元	2008.12出版
小额信贷实务（第二版）	凌海波 邱俊如	主编	39.00元	2020.11出版
商业银行审计	刘 琳 张金城	主编	31.50元	2007.03出版
金融企业会计	唐宴春	主编	25.50元	2006.08出版
（普通高等教育"十一五"国家级规划教材）				
金融企业会计实训与实验	唐宴春	主编	24.00元	2006.08出版
（普通高等教育"十一五"国家级规划教材教材辅助教材）				
新编国际金融	徐杰芳	主编	39.00元	2011.08出版
国际金融概论	方 洁 刘 燕	主编	21.50元	2006.08出版
（普通高等教育"十一五"国家级规划教材）				
国际金融实务	赵海荣 梁 涛	主编	30.00元	2012.07出版
国际金融实务（第三版）	李 敏	主编	39.80元	2019.09出版
风险管理	刘金波	主编	30.00元	2010.08出版
外汇交易实务	郭也群	主编	25.00元	2008.07出版
外汇交易实务	樊祎斌	主编	23.00元	2009.01出版

书名	作者	职务	定价	出版时间
证券投资实务	徐 辉	主编	29.50元	2012.08 出版
国际融资实务	崔 荫	主编	28.00元	2006.08 出版
理财学（第二版）	边智群 朱澍清	主编	39.00元	2012.01 出版
（普通高等教育"十一五"国家级规划教材）				
投资银行概论	董雪梅	主编	34.00元	2010.06 出版
金融信托与租赁（第二版）	蔡鸣龙	主编	35.00元	2013.03 出版
公司理财实务	钭志斌	主编	34.00元	2012.01 出版
个人理财规划（第二版）	胡君晖	主编	33.00元	2017.05 出版
证券投资实务	王 静	主编	45.00元	2014.08 出版
（"十二五"职业教育国家规划教材/国家精品课程教材·2007）				
金融应用文写作	李先智 贾晋文	主编	32.00元	2007.02 出版
金融职业道德概论	王 琦	主编	25.00元	2008.09 出版
金融职业礼仪	王 华	主编	21.50元	2006.12 出版
金融职业服务礼仪	王 华	主编	24.00元	2009.03 出版
金融职业形体礼仪	钱利安 王 华	主编	22.00元	2009.03 出版
金融服务礼仪	伏琳娜 孙迎春	主编	33.00元	2012.04 出版
合作金融概论	曾赛红 郭福春	主编	24.00元	2007.05 出版
网络金融	杨国明 蔡 军	主编	26.00元	2006.08 出版
（普通高等教育"十一五"国家级规划教材）				
现代农村金融	郭延安 陶永诚	主编	23.00元	2009.03 出版
"三农"经济概论（第二版）	凌海波	编著	35.00元	2018.09 出版
商业银行网点经营管理	王德英	主编	28.00元	2018.09 出版

二、高职高专会计类系列教材

书名	作者	职务	定价	出版时间
管理会计	黄庆平	主编	28.00元	2012.04 出版
商业银行会计实务	赵丽梅	编著	43.00元	2012.02 出版
基础会计	田玉兰 郭晓红	主编	26.50元	2007.04 出版
基础会计实训与练习	田玉兰 郭晓红	主编	17.50元	2007.04 出版
新编基础会计及实训	周 峰 尹 莉	主编	33.00元	2009.01 出版
财务会计（第二版）	尹 莉	主编	40.00元	2009.09 出版
财务会计学习指导与实训	尹 莉	主编	24.00元	2007.09 出版
高级财务会计	何海东	主编	30.00元	2012.04 出版
成本会计	孔德兰	主编	25.00元	2007.03 出版
（普通高等教育"十一五"国家级规划教材）				
成本会计实训与练习	孔德兰	主编	19.50元	2007.03 出版
（普通高等教育"十一五"国家级规划教材辅助教材）				
管理会计	周 峰	主编	25.50元	2007.03 出版
管理会计学习指导与训练	周 峰	主编	16.00元	2007.03 出版
会计电算化	潘上永	主编	40.00元	2007.09 出版
（普通高等教育"十一五"国家级规划教材）				
会计电算化实训与实验	潘上永	主编	10.00元	2007.09 出版

（普通高等教育"十一五"国家级规划教材辅助教材）

书名	作者	职务	定价	出版时间
财政与税收（第三版）	单惟婷	主编	35.00 元	2009.11 出版
税收与纳税筹划	段迎春　于　洋	主编	36.00 元	2013.01 出版
金融企业会计	唐宴春	主编	25.50 元	2006.08 出版

（普通高等教育"十一五"国家级规划教材）

书名	作者	职务	定价	出版时间
金融企业会计实训与实验	唐宴春	主编	24.00 元	2006.08 出版

（普通高等教育"十一五"国家级规划教材辅助教材）

书名	作者	职务	定价	出版时间
会计综合模拟实训	施海丽	主编	46.00 元	2012.07 出版
会计分岗位实训	舒　岳	主编	40.00 元	2012.07 出版

三、高职高专经济管理类系列教材

书名	作者	职务	定价	出版时间
经济学基础（第四版）	高同彪	主编	40.00 元	2020.08 出版
管理学基础	曹秀娟	主编	39.00 元	2012.07 出版
大学生就业能力实训教程	张国威　褚义兵等	编著	25.00 元	2012.08 出版

四、高职高专保险类系列教材

书名	作者	职务	定价	出版时间
保险实务	梁　涛　南沈卫	主编	35.00 元	2012.07 出版
保险营销实务	章金萍　李　兵	主编	21.00 元	2012.02 出版
新编保险医学基础	任森林	主编	30.00 元	2012.02 出版
人身保险实务（第二版）	黄　素	主编	45.00 元	2019.01 出版
国际货物运输保险实务	王锦霞	主编	29.00 元	2012.11 出版
保险学基础	何惠珍	主编	23.00 元	2006.12 出版
财产保险	曹晓兰	主编	33.50 元	2007.03 出版

（普通高等教育"十一五"国家级规划教材）

书名	作者	职务	定价	出版时间
人身保险	池小萍　郑祎华	主编	31.50 元	2006.12 出版
人身保险实务	朱　佳	主编	22.00 元	2008.11 出版
保险营销	章金萍	主编	25.50 元	2006.12 出版
保险营销	李　兵	主编	31.00 元	2010.01 出版
保险医学基础	吴艾竞	主编	28.00 元	2009.08 出版
保险中介	何惠珍	主编	40.00 元	2009.10 出版
非水险实务	沈洁颖	主编	43.00 元	2008.12 出版
海上保险实务	冯芳怡	主编	22.00 元	2009.04 出版
汽车保险	费　洁	主编	32.00 元	2009.04 出版
保险法案例教程	冯芳怡	主编	31.00 元	2009.09 出版
保险客户服务与管理	韩　雪	主编	29.00 元	2009.08 出版
风险管理	毛　通	主编	31.00 元	2010.07 出版
保险职业道德修养	邢运凯	主编	21.00 元	2008.12 出版
医疗保险理论与实务	曹晓兰	主编	43.00 元	2009.01 出版

五、高职高专国际商务类系列教材

书名	作者	职务	定价	出版时间
国际贸易概论	易海峰	主编	36.00 元	2012.04 出版

国际商务文化与礼仪	蒋景东　刘晓枫	主编	23.00元	2012.01出版
国际结算	靳　生	主编	31.00元	2007.09出版
国际结算实验教程	靳　生	主编	23.50元	2007.09出版
国际结算（第二版）	贺　瑛　漆腊应	主编	19.00元	2006.01出版
国际结算（第三版）	苏宗祥　徐　捷	编著	23.00元	2010.01出版
国际结算操作	刘晶红	主编	25.00元	2012.07出版
国际贸易与金融函电	张海燕	主编	20.00元	2008.11出版
国际市场营销实务	王　婧	主编	28.00元	2012.06出版
报检实务	韩　斌	主编	28.00元	2012.12出版

如有任何意见或建议，欢迎致函编辑部：jiaocaiyibu@126.com。